KOĐIKI
ZAPISI O DREVNIM DOGAĐAJIMA

SVETSKA
KNJIŽEVNOST

Urednik
SIMON SIMONOVIĆ

Slika na koricama:
Noda Kjuho
POHOD NA ISTOK CARA ĐINMUA
u vlasništvu Muzeja Đingu Ćokokan
Ovu fotografiju objavljujemo uz odobrenje
Odeljenja za kulturu svetilišta Ise.
表紙：
国史絵画『神武天皇御東征』（野田九浦画）
伊勢神宮徴古館蔵
神宮司廳文化部のご好意により掲載させていただきます。

KOĐIKI

ZAPISI O DREVNIM DOGAĐAJIMA

Preveli sa starojapanskog:
Hiroši Jamasaki-Vukelić
Danijela Vasić
Dalibor Kličković
Divna Glumac

RAD

Naslov originala:
古事記

© Za srpsko izdanje, Rad, 2008

Ova knjiga objavljena je uz podršku
Sekretarijata za kulturu
Skupštine grada Beograda

NAPOMENE

1. Ova knjiga je kompletan prevod dela *Kođiki* (*Zapisi o drevnim događajima*, 712). Kao osnovni tekst za prevod uzeta je knjiga: *Kojiki, Jodai kayo*, Sabrana dela japanske klasične književnosti, knjiga 1, Šogakukan, Tokio, 1992. Taj tekst se najvećim delom oslanja na tzv. Šinpukuđi prepis, najstariji sačuvani prepis *Kođikija*, koji je 1372. sačinio Kenju, budistički sveštenik iz hrama Šinpukuđi.
2. Izvorno delo bilo je podeljeno na tri knjige, a sve naslove i podnaslove poglavlja uneli su kasniji priređivači. U ovom izdanju prihvaćena je podela na poglavlja iz gore navedenog Šogakukanovog izdanja.
3. Sve pesme su date pod rednim brojevima kako su navedene u istom izdanju, za razliku od izvornog teksta gde takvih brojeva nema. Prevodi pesama dati su u izvornim metričkim obrascima.
4. Napomene koje postoje u izvornom delu date su u zagradama u samom tekstu, dok su napomene prevodilaca date kao fusnote.
5. Toponimi su, u osnovi, navedeni u nominativu, uz dodatke reči: mesto, okrug, zemlja i sl., koje se menjaju kroz padeže (npr. zemlja Jamato, u zemlji Jamato). U manjem broju slučajeva sami toponimi se menjaju kroz padeže (npr. zemlja Jamaširo, iz Jamašira; mesto Uda, u Udi).
6. Lična imena su, u osnovi, zadržana u izvornom obliku. Ženska imena se ne menjaju kroz padeže (npr. princeza Jata no Vakiiracume, za princezom Jata no Vakiiracume). Muška imena koja se završavaju na *e, o* i *u*, menjaju

se tako što se izvornom obliku dodaju padežni nastavci (npr. bog Icuse, s bogom Icuseom). Muška imena koja se završavaju na *i*, menjaju se tako što se izvornom obliku dodaju *j* i padežni nastavci (npr. bog Ookuninuši, boga Ookuninušija). Muška imena koja se završavaju na *a*, menjaju se kao imenice ženskog roda (npr. princ Ookusaka, princu Ookusaki). Muška imena koja se završavaju na *oo*, menjaju se tako što se poslednje *o* oduzme, pa se dodaju padežni nastavci (npr. bog Haja Susanoo, bogu Haja Susanou).

Prevodioci

KNJIGA PRVA
s Uvodom

UVOD

1. O STARIM VREMENIMA

Ja, podanik Jasumaro,[1] pokorno izveštavam: Nekada davno, haos koji beše ishodište stade se zgušnjavati, a još mu se ni duh ne pokaza. Ne beše mu ni imena, ni dela. Ko bi znao njegovo obličje? No, onda se razdvojiše Nebo i Zemlja, i tri boga[2] behu početak stvaranja; pojaviše se Jin i Jang, i dva Duha[3] postaše praroditelji svega postojećeg. Pošto On[4] ode u tamu[5] i vrati se na svetlost dana, Sunce i Mesec[6] nastadoše pri omivanju očiju Njegovih, a dok je uranjao u more i iz njega izranjao, bogovi se pojaviše pri ispiranju tela Njegovog. Dakle, premda prapočeci behu tako nejasni i mračni, iz drevnih učenja saznadosmo o vremenu kada se zače kopno i iznedriše ostrva, i mada začeci behu tako daleki i slabo znani, od starih mudraca naučismo o svetu u kome

---

[1] Oo no Jasumaro, priređivač prvih istorijskih zapisa u Japanu – *Kođiki*. U znak pokornosti prema carici on ne pominje svoje prezime već samo ime, Jasumaro. Sebe je proglasio potomkom princa Kamu Jaimimija, drugog sina legendarnog cara Đinmua. Umro je 723. godine.
[2] Bogovi Ame no Minakanuši, Takami Musuhi i Kamu Musuhi, koji se pominju na početku ovih zapisa.
[3] Bog Izanaki i boginja Izanami, brat i sestra, koji su izrodili japanska ostrva, kao i druge bogove.
[4] Bog Izanaki.
[5] Bog Izanaki posećuje svoju pokojnu ženu Izanami na onom svetu, zamišljenom kao podzemni svet tame.
[6] Velika boginja Sunca, Amaterasu, i bog Meseca, Cukujomi, nastali su kada je bog Izanaki umio svoje oči po povratku sa onog sveta.

se izrodiše bogovi i postade čovek. Zaista, saznadosmo kako okačiše ogledalo,[7] ispljunuše dragulje,[8] i stotinu careva nasleđivahu jedan drugog; kako sažvakaše mač,[9] isekoše zmiju[10] i kako se zemaljski bogovi umnožavahu. Kraj reke Jasu[11] većahu, te zavedoše mir u carstvu, na žalu Obama[12] raspravljahu se, te se zemlja očisti. Tek onda bog Ho no Ninigi[13] siđe na vrh Takaćiho,[14] a car Kamujamato[15] obiđe ostrvo Akizu.[16] Čudovišni medved ukaza mu se iz reke,[17] od Takakurađija dobi nebeski mač, repati ljudi mu se isprečiše, i veliki gavran pokaza mu put u Jošino. Plešući rame uz rame, njegovi vojnici proteraše protivnike, a čuvši pesmu, potukoše neprijatelje. Beše car koji u snu shvati poruku i poštovaše bogove. Zato

---

[7] Kada se Velika boginja Amaterasu povukla u pećinu, bogovi su okačili ogledalo ispred pećine da bi je izmamili napolje.

[8] Zavetujući se sa svojom sestrom, Velikom boginjom Amaterasu, bog Haja Susanoo je sažvakao njene dragulje i ispljunuo ih.

[9] U pomenutom zavetu, Velika boginja traži od svoga brata mač, koji je zatim prelomila na tri dela, sažvakala i ispljunula.

[10] Kada je sišao sa Uzvišenog nebeskog polja, bog Haja Susanoo posekao je u zemlji Izumo osmoglavu džinovsku zmiju.

[11] Reka koja protiče Uzvišenim nebeskim poljem. Na njenoj obali Velika boginja Amaterasu okupila je bogove na većanje kada je odlučila da njeni potomci zagospodare Japanom.

[12] Peščani žal na Japanskom moru u zemlji Izumo, gde je bog Ookuninuši predao vlast bogu Take Mikazućiju, izaslaniku Velike boginje Amaterasu.

[13] Unuk Velike boginje Amaterasu, koga je poslala u misiju da gospodari Japanom.

[14] Planina u zemlji Himuka na ostrvu Kjušu.

[15] Legendarni car Đinmu (vl. 600−585 pre n. e.?), koji je, pokrenuvši vojni pohod na Istok, premestio središte svoje države sa ostrva Kjušu u zemlju Jamato na ostrvu Honšu.

[16] Ostrvo vilinog konjica, drevno ime japanskih ostrva.

[17] Treba da stoji: „sa planine". Reč je o bogu Medvedu, na koga je, u selu Kumano, Medveđe polje, naišla vojska cara Đinmua u svom pohodu na Jamato. Slede epizode sa tog pohoda.

ga proglasiše mudrim vladarem.[18] Beše car koji osmotri ima li dima sa ognjišta i postade milosrdan prema narodu. I danas ga zovu svetim carem.[19] Beše car koji odredi granice i unapredi zemlju, a vladaše iz Ćikacuomija.[20] Beše car koji uredi titule i odabra imena plemenima, a upravljaše iz Toocuasuke.[21] Premda se oni razlikovahu po brzini preduzetih koraka i ne behu svi jednaki po zapaženosti primenjenih mera, ne beše vladara koji ne promišljaše o drevnim vremenima, ne bi li povratio vrline i dobre običaje što iščezavahu, a ne beše ni takvog koji ne preispitivaše svoje doba, ne bi li osnažio zakone i drevna učenja što nestajahu.

---

[18] Car Suđin (vl. 97–30 pre n. e.?).
[19] Car Nintoku (vl. 313–399).
[20] Car Seimu (vl.131–190?). Premestio je svoj dvor u mesto Šiga u zemlji Omi.
[21] Car Ingjo (vl. 412–453). Dvor mu se nalazio u mestu Asuka u zemlji Jamato.

2. CAR TENMU I PRIREĐIVANJE HRONIKE *KOĐIKI*

Dođe vreme vladavine cara,[1] koji zagospodari Zemljom osam velikih ostrva[2] iz Velikog dvora Kijomihara u mestu Asuka. Još dok beše pritajeni zmaj,[3] već imaše vladarskih vrlina, a učestala grmljavina[4] dočeka svoj trenutak. Tumačeći pesme[5] iz sna, On spoznade da će naslediti presto, a došavši po noći do vode,[6] saznade da će zadobiti carstvo. Ali, vreme božje još ne dođe, te On u južnim planinama skide svoju odoru, kao cvrčak svoju ljušturu,[7] i tek kad mu i ljudi i dela behu naklonjeni, kao tigar uznapredova ka istočnim zemljama. U jednom času, pokrete se carska nosiljka i probi se preko planina i

---

[1] Car Tenmu (vl. 673–686), brat cara Tenćija (vl. 661–671). U građanskom ratu porazio je svoga bratanca, princa Ootomoa, i preoteo mu presto. Veoma je zaslužan za učvršćivanje centralne carske vlasti. Njegov dvor nalazio se u mestu Asuka.

[2] Drevno ime japanskog arhipelaga.

[3] Princ Ooama, kasnije car Tenmu. Zmaj, koji skriven u vodi čeka trenutak da se vine u nebo, česta je metafora za prestolonaslednika koji još nije stupio na presto.

[4] Učestala grmljavina, koja se čuje daleko na nebu, koristi se kao metafora, na isti način kao i pritajeni zmaj.

[5] Misli se na dečje pesme, zabeležene u *Hronici cara Tenćija*, Tenmuovog brata i prethodnika na prestolu.

[6] Stigavši na obalu reke Joko u zemlji Iga, princ Ooama ugledao je crni oblak kako se širi nebom i prorekao da će osvojiti presto.

[7] Princ Ooama privremeno se odriče položaja prestolonaslednika, i povlači se kao monah u planine Jošino.

reka, a šest armija[8] obruši se poput gromova, i tri vojske[9] poput munja kidisahu. Bojna koplja otkriše svoju silu, a smeoni ratnici navreše poput dima, blesnu oružje pod crvenim zastavama[10] i pobunjenički vojnici[11] popadaše kao crepovi. Ni dvanaest dana[12] ne prođe, a zli dusi očistiše se sami od sebe. Ratnici tada pustiše volove i odmoriše konje, spokojni i radosni vratiše se u prestonicu, saviše zastave, odložiše koplja i ostaše u gradu, igrajući i pevajući. U drugom mesecu godine, kada se Jupiter poklopi sa Plejadama,[13] pope se On na carski presto u Velikom dvoru Kijomihara. Po čestitosti nadmaši vladara Kena,[14] po vrlinama premaši kralja Šua.[15] Stavivši na sebe carska znamenja,[16] vladaše na šest strana, i zadobivši božansku vlast, pripoji osam oblasti. Vođen skladnim delanjem dva duha,[17] i urednim kruženjem pet kosmičkih činilaca,[18]

---

[8] Izraz koji se odnosi na carsku vojsku.

[9] Izraz koji se odnosi na vojsku carskih podanika. Ovde se verovatno misli na vojsku Ooaminog sina, princa Takećija.

[10] Carska zastava u drevnoj Kini.

[11] Vojska princa Ootomoa, sina cara Tenćija. On nasleđuje presto po očevoj smrti, ali, pošto se ubio poražen u ratu protiv svoga strica, njemu nije priznata carska titula sve do XIX veka, kada mu je dodeljeno carsko ime Kobun.

[12] Retorički izraz za kratko vreme. Rat je u stvari trajao mesec dana.

[13] Godina Petla, odnosno, druga godina vladavine cara Tenmua.

[14] Huang, legendarni Žuti car drevne Kine, koji je navodno prvi izradio odeću, lađu, kola, kuću, luk i strelu, i utemeljio medicinu primenom lekovitog bilja.

[15] Kralj Ven, osnivač dinastije Čoua, koga su Kinezi kasnije poštovali kao idealnog vladara.

[16] Tri carska znamenja: ogledalo, mač i dragulji.

[17] Jin i Jang.

[18] Pet osnovnih elemenata sveta: drvo, vatra, zemlja, metal i voda.

ustanovi načela po kojima se poštuju bogovi, čime se podsticaše dobri običaji, te pronese krasne vrline, čime se zemlja proširi. I to ne beše sve: svojom mudrošću, ogromnom poput mora, On temeljno tragaše za dalekom prošlošću, a svojim umom, blistavim poput ogledala, jasno sagleda pređašnja vremena.

Onda car prozbori: „Ja čuh da se *Hronike careva*[19] i *Knjige predanja*,[20] što su u posedu raznih plemena, već sada razlikuju od prave istine, i da je u njih uvršteno mnogo neistina. Ukoliko se te pogreške ne isprave za današnjih dana, neće proći mnogo godina, a smisao ovih hronika sasvim će se izgubiti. Jer, one su osnova i potka ove zemlje i temelj carske vlasti. Stoga, ja želim da se *Hronike careva* srede i zabeleže, a *Knjige predanja* pregledaju i razjasne, greške odbace i istina utvrdi, kako bi se one zaveštale budućim pokolenjima." U to vreme beše jedan sluga,[21] prezimena Hieda, a imena Are,[22] star dvadeset i osam godina. Rođenjem mu je data pamet tako velika da, što bi mu oči videle, usta bi mu kazivala, a što bi mu uši čule, u srce bi mu se urezalo. Zato mu car naloži da prouči i upamti *Hronike careva* i *Knjige predanja*. Međutim, vremena se menjahu, doba se smenjivahu, i car ne dočeka da se taj poduhvat završi.

---

[19] Rodoslovna dokumenta koja sadrže imena careva, sedišta njihovih dvorova, imena carica i prinčeva, godine smrti i mesto grobnica.

[20] Zbirke usmene tradicije, sastavljene od mitova, predanja i pesama.

[21] *Toneri*, dvorski činovnik niskog ranga, koji je služio caru ili princu kao telohranitelj i lični sluga.

[22] Jedni tvrde da je Hieda no Are bio muškarac, jer je *toneri* bio muški posao. Drugi smatraju da Are može biti žensko ime, s obzirom na to da je pleme Hieda pripadalo većem plemenu Sarume, čiji su pripadnici bili potomci boginje Ame no Uzume, te su dvoru davali sveštenice koje su učestvovale u verskim obredima.

3. CARICA GENMEI I ZAVRŠETAK HRONIKE *KOĐIKI*

Ponizno razmišljam kako Njeno carsko veličanstvo[1] poseduje Jedno,[2] i njime obasjava carstvo, razume trojstvo,[3] i milosrdna je prema svom narodu. Dok vlada iz Purpurne palate,[4] Njena dobrota dopire dokle god sežu tragovi konjskih kopita, a dok boravi u Tajanstvenoj palati,[5] Njena moć obasjava sve dokle stižu pramci brodova. Sunce stoji na nebu, i prstenovi[6] blistaju oko njega; oblaci lelujaju,[7] ni nalik na dim. Spojene grane i mnogostruko pirinčano klasje — takva znamenja dvorski pisari neprestano beleže, a danak stiže uz brojne tumače

---

[1] Carica Genmei (vl. 707–715), kći cara Tenćija, a nećaka i snaha cara Tenmua. Nastavlja rad na učvršćivanju centralne vlasti. Godine 710. osniva prestonicu Nara, po uzoru na kinesku, i otvara put političkom i kulturnom uzdizanju carstva. Gospodarica Oo no Jasumaroa.

[2] Prema Lao Ceovoj rečenici: „Kneževi i kraljevi dobijaju Jedno i time postaju gospodari sveta." *Jedno* je isto što i *Tao*, jedino ishodište svega.

[3] Nebo, zemlja i čovek.

[4] Naziv za carsku palatu, prema nazivu sedišta Severnjače, po kineskoj mitologiji.

[5] Naziv za carski dvor, prema nazivu kamene komore u kojoj je boravio legendarni car Huang.

[6] Dobro znamenje koje se javlja zahvaljujući vladarskim vrlinama carice Genmei.

[7] Lelujavi oblak, ni običan oblak ni dim, smatran je dobrim znamenjem.

i mnoge vatre na granicama,[8] te nema meseca da carska riznica bude prazna. Treba reći da je Njena slava iznad slave kralja Bun Meija,[9] a da Njene vrline nadmašuju one u kralja Ten Icua.[10]

Žaleći zbog grešaka i odstupanja u *Knjigama predanja*, i želeći da se greške i netačnosti u *Hronikama careva* isprave, osamnaestog dana devetog meseca četvrte godine ere Vado,[11] Ona ukazom svojim zapovedi meni, podaniku Jasumarou, da izaberem i zabeležim *Knjigu predanja* što je prouči Hieda no Are po carskoj zapovesti, i da zapis pokorno predam Njenom veličanstvu, te ja, pokorno i saglasno carskom ukazu, sakupih sve i izvrših izbor. Ali, u drevna vremena, i reči i njihova značenja behu tako prosti da je bilo teško sastaviti rečenice, izraziti misao i sve to napisati kineskim pismom. Ako bi se za sve reči primenilo japansko čitanje kineskih znakova,[12] odstupilo bi se od njihovog prvobitnog značenja, a ako bi se kineski znakovi nanizali isključivo kao glasovi, onda bi rečenice bile predugačke.[13] Stoga su ovde, povremeno, u nekim izrazima izmešana japanska i kineska čitanja, dok su neke reči napisane samo prema japanskim čitanjima. Zatim, onim rečima, kojima je teško dokučiti smisao, dodata su objašnjenja, a ukoliko su reči razumljive, posebnih napomena nema. Dalje, u prezimenima poput onog koje se kineskim znakovima piše *Nićige*, a na japanskom čita *Kusaka*, i u imenima

---

[8] Iz dalekih zemalja, preko mnogih graničnih vatri i uz pomoć mnogih tumača.

[9] Legendarni sveti kralj Ju iz dinastije Ksija.

[10] Legendarni sveti kralj Tang iz dinastije Jin.

[11] Godina 711.

[12] U nedostatku izvornog pisma, Japanci su preuzeli kineske znakove kao pojmove, a čitali su ih na japanski način.

[13] Određen broj kineskih znakova Japanci su koristili kao fonetska slova za prenošenje glasova japanskih reči.

poput onog koje se piše *Tai*, a čita *Taraši*, ostavljeni su izvorni oblici, bez promene. U osnovi, zapisi počinju postankom neba i zemlje, a okončavaju se vladavinom Oharide.[14] Tako, prvu knjigu čini doba od boga Ame no Minakanušija do boga Hiko Nagisatake Ugajafukiaezua; drugu, doba od cara Kamujamato Ivarebikoa[15] do vladavine Homude;[16] treća knjiga obuhvata vreme od cara Oosazakija[17] pa sve do Njenog veličanstva Oharide. Sveukupno, napisah tri knjige, koje ponizno predajem. Ja, podanik Jasumaro, s dubokim poštovanjem i strahom, klanjam se, iznova i iznova.

Dvadeset i osmog dana prvog meseca pete godine ere Vado.[18]

Oo no Asomi Jasumaro, viši peti rang, peti red zasluga.

---

[14] Carica Suiko (vl. 592–628).
[15] Legendarni car Đinmu (vl. 600–585 pre n. e.?).
[16] Car Oođin (vl. 270–310).
[17] Car Nintoku (vl. 313–399), sin caraOđina.
[18] Godina 712.

POSTANJE

1. PET NEBESKIH BOGOVA

Kada se na početku razdvojiše Nebo i Zemlja, na Uzvišenom nebeskom polju[1] nastade bog Ame no Minakanuši,[2] zatim bog Takami Musuhi,[3] a zatim bog Kamu Musuhi.[4] Sva tri nastadoše kao samotni bogovi[5] i nikad se ne ukazaše.[6]

I dok zemlja u začetku plutaše kao masnoća na površini vode, nošena poput meduze,[7] nastade bog po imenu Umaši Ašikabi Hikođi[8] kao što izdanak trske[9]

---

[1] Na japanskom *Takama no hara*. Izmišljena zemlja nebeskih bogova, koja se, po starom verovanju, nalazila na Nebu.

[2] Nebeski bog Središnji gospodar. Vrhovni bog, koji je, smatra se, naknadno uveden da bi ujedinio dva mitološka sistema: jedan koji je negovan u plemenskom savezu oko osnivača dvora u zemlji Jamato, a drugi koji pripada vladarima zemlje Izumo.

[3] Uzvišeni bog Stvoritelj. Vrhovni bog iz mitološkog sistema Jamato. Etimološki, reč *musu* potiče od glagola koji znači „nastati", „začeti" ili „rađati", a *hi* znači „sveti duh".

[4] Sveti bog Stvoritelj. Vrhovni bog koji pripada mitološkom sistemu Izumo.

[5] Bili su samotni bogovi jer polovi još nisu bili razdvojeni i nije bilo odgovarajućih bogova sa kojima bi mogli biti par.

[6] Ovi bogovi predstavljaju apstraktne pojmove i nemaju pojavni oblik.

[7] Uticaj trećeg mitološkog sistema koji se pripisuje primorskom narodu Ama.

[8] Predivni stari bog trskovog izdanka. Kao posledica stapanja više mitoloških sistema, ovo božanstvo u svom imenu nosi oznaku za muško *hiko*, iako polovi još nisu bili razdvojeni.

[9] Trska raste i do 15 cm na dan, i njena životna snaga obožavana je kao simbol plodnosti zemlje.

niče, a zatim bog Ame no Tokotaći.[10] I ova dva božanstva nastadoše kao samotni bogovi i nikad se ne ukazaše.

Ovih pet božanstava jesu posebni nebeski bogovi.

---

[10] Bog večnosti Neba. On je tako koncipiran da bi se pokazalo kako je Nebo konačno uobličeno posle aktivnosti bogova Stvoritelja.

2. SEDAM POKOLENJA BOGOVA

Potom nastade bog po imenu Kuni no Tokotaći,[1] a zatim bog Tojo Kumono.[2] I ova dva božanstva nastadoše kao samotni bogovi i nikad se ne ukazaše.
Potom nastadoše bog Uhiđini[3] i sestra mu, boginja Suhiđini.[4] Zatim bog Cunogui[5] i sestra mu, boginja Ikugui.[6] Zatim bog Ootonođi[7] i sestra mu, boginja Ootonobe.[8] Zatim bog Omodaru[9] i sestra mu, boginja Ajakašikone.[10] Zatim bog Izanaki[11] i sestra mu, boginja Izanami.[12]

---

[1] Bog večnosti Zemlje. Od njega počinje proces uobličavanja Zemlje.

[2] Bog bujnog polja oblaka.

[3] Bog blata. Od njega, na dalje, bogovi će imati partnera suprotnog pola, odnosno svoju sestru i suprugu.

[4] Boginja peska. Zajedno sa bogom blata oličenje je stvaranja tla.

[5] Bog bokorenja bilja.

[6] Boginja rađanja bilja. Zajedno sa bogom bokorenja bilja oličava nastajanje biljnog sveta.

[7] Bog velikih vrata. Vrata označavaju polni organ, u ovom slučaju muški.

[8] Boginja velikih vrata. Vrata ovde označavaju ženski polni organ. Zajedno sa bogom velikih vrata označava nastajanje životinjskog sveta.

[9] Bog usavršavanja Zemlje. S njim je završeno stvaranje Zemlje.

[10] Boginja velikog poštovanja. Njenim nastankom izražava se divljenje prema ostvarenom delu.

[11] Bog zavođenja.

[12] Boginja zavođenja.

Svi oni, od boga Kuni no Tokotaćija do boginje Izanami, nazivaju se sedam pokolenja bogova. (Prva dva samotna boga činiše po jedno pokolenje, a sledećih deset, koji behu u paru, takođe činjahu po jedno.)

BOG IZANAKI I BOGINJA IZANAMI

1. BOŽANSKO VENČANJE NA OSTRVU ONOGORO

Onda, svi nebeski bogovi[1] slovom svojim zapovediše bogu Izanakiju i boginji Izanami: „Uobličite i učvrstite ovu plutajuću Zemlju!" I zaduživši ih tako, dadoše im draguljima optočeno nebesko koplje.[2] Onda, njih dvoje, stojeći na lebdećem nebeskom mostu,[3] urinuše nebesko koplje i promešaše njime, začu se zvuk nalik ključanju morske vode, a kad izvukoše koplje, slane kapi sa njegovog vrha nataložiše se i skupiše, te tako nastade kopno. Beše to ostrvo Onogoro.[4]

Sišavši na to ostrvo, podigoše nebeski stub i uz njega izgradiše palatu od osam hvati.[5] Onda bog Izanaki upita svoju sestru, boginju Izanami: „Kako posta telo tvoje?" Na to će ona: „Telo moje nastajaše i nastajaše,

---

[1] Misli se na pet posebnih nebeskih bogova.

[2] *Ame no nuboko*, sveto koplje. Bronzano koplje širokog sečiva, *hoko*, prvobitno je bilo oružje iz Kine, ali je u Japanu do III veka poprimilo obredni karakter. U ovoj knjizi *hoko* je prevedeno samo kao „koplje", ali treba ga shvatiti više kao magijsko oruđe nego kao ubojito oružje.

[3] *Ame no ukihaši*, izmišljeni most na Nebu, sličan dugi, kojim bogovi silaze na Zemlju.

[4] Izmišljeno ostrvo. Njegovo ime znači Samozgrušano. Priča verovatno odražava način proizvodnje soli kuvanjem morske vode u kotlu, kakav je primenjivao primorski narod *Ama* na ostrvu Avađi na Unutrašnjem moru.

[5] Osam je sveti broj i znači mnoštvo. Hvat, na starojapanskom jeziku *hiro*, mera za dužinu i predstavlja raspon raširenih ruku.

al osta jedno mesto gde ne sraste." Na to će bog Izanaki: „Telo moje nastajaše i nastajaše, al ima jedno mesto gde preteče. Zato, da stavimo mesto moje što preteče u tvoje što ne sraste i zatvorimo ga, da bismo stvorili zemlju. Kako bi to bilo?" A boginja Izanami odgovori: „Neka bude tako." Bog Izanaki na to reče: „Onda, hajde da ja i ti obiđemo oko nebeskog stuba,[6] sretnemo se i spojimo." Dogovoriše se tako, a bog Izanaki će dalje: „Ti obiđi sa desne strane, a ja ću sa leve, i tako ćemo se sresti." Složiše se i u tome, i kad obiđoše oko stuba, boginja Izanami prozbori prva: „Ah, krasnog li momka!" a za njom će bog Izanaki: „Ah, krasne li deve!" I kada jedno drugo tako oslovi še, bog Izanaki reče svojoj sestri: „Nije dobro da žena prozbori prva." No i pored toga, provedoše svadbenu noć u skrovitoj odaji i rodiše nedonošče nalik pijavici, po imenu Hiruko.[7] Ovo dete staviše u čamac od trske[8] i pustiše ga niz vodu. Zatim rodiše ostrvo Ava.[9] No, ni ono se ne ubraja u decu koju izrodiše.

---

[6] Obilaženje oko svetog stuba je obred molitve za bogat rod, rasprostranjen u predelima gde se gaji pirinač, od Južne Kine do Indokine.

[7] Dete rođeno bez kostiju poput pijavice. Pijavice, na japanskom *hiru*, žive u močvarnim predelima pogodnim za gajenje pirinča. U skladu sa kineskim shvatanjem, rađanje bogalja objašnjava se time što se ovde žena prva izjasnila, iako muškarac mora da ima prvenstvo. Ali, priča se, verovatno, u izvornom obliku odnosila na tabu incesta koji je prekršen stupanjem u brak dvoje bogova – brata i sestre. Priča je kasnije modifikovana, pošto su bog Izanaki i boginja Izanami postali praroditelji carske loze.

[8] Stari običaj sahranjivanja u vodi.

[9] Izmišljeno ostrvo.

2. RAĐANJE ZEMLJE

Tu se dvoje bogova stadoše savetovati: „Deca koju do sada rađasmo, ne behu valjana. Treba to saopštiti nebeskim bogovima." Rekavši to, odmah se uspeše gore da čuju reč nebeskih bogova. Na zapovest nebeskih bogova, poče gatanje iz plećke jelena,[1] i oni ovako rekoše: „Nije dobro što žena prozbori prva. Vratite se dole i zborite kako treba". Na te reči, dva božanstva ponovo siđoše na ostrvo, potom krenuše da obilaze oko nebeskog stuba, isto kao i ranije. I tu bog Izanaki prozbori prvi: „Ah, krasne li deve!" a za njim će boginja Izanami: „Ah, krasnog li momka!" Izgovorivši to, spojiše se i rodiše dete, ostrvo Avađi no Honosavake.[2] Zatim rodiše ostrvo Ijo no Futana.[3] Ono imađaše jedno telo a četiri glave.[4] Svakoj glavi nadenuše zasebno ime. I to: zemlju Ijo nazvaše

---

[1] Gatanje na osnovu znakova koji se pojavljuju na plećki jelena kada se ona peče na vatri.

[2] Ostrvo je dobilo ime Avađi zato što se nalazi na putu od zemlje Jamato do zemlje Ava (na ostrvu Šikoku). Drugi deo imena, Honosavake, predstavlja personifikaciju ostrva. *Vake* je titula koju je carski dvor dodeljivao starešinama plemena u V i VI veku. Na ovom ostrvu, u mestu Taga, nalazi se svetilište posvećeno bogu Izanakiju.

[3] Ostrvo Šikoku. Zemlja Ijo, sadašnja prefektura Ehime, smatrana je najznačajnijom od sve četiri zemlje koje su ga sačinjavale, pa je celo ostrvo nazvano po njoj. Drugi deo imena, Futana, „dva imena", ostrvo je dobilo po tome što svaka zemlja na njemu ima po dva imena, ili što njegove četiri zemlje čine po dva para božanstva.

[4] Personifikacija ostrva. Po animističkom shvatanju tadašnjih Japanaca, u svakom mestu obitava božanstvo.

Ehime[5], zemlju Sanuki nazvaše Iijorihiko,[6] zemlju Ava nazvaše Oogecuhime[7], a zemlju Tosa nazvaše Takejorivake.[8] Zatim rodiše ostrvo Oki no Micugo[9], znano i kao Ame no Ošikorovake.[10] Zatim rodiše ostrvo Cukuši.[11] I ovo ostrvo imađaše jedno telo a četiri glave. Svakoj glavi nadenuše zasebno ime, i to: zemlju Cukuši nazvaše Širahivake,[12] zemlju Tojo nazvaše Tojohivake,[13] zemlju Hi nazvaše Takehimukai Tojokuđihinevake,[14] a zemlju Kumaso nazvaše Takehivake.[15] Zatim rodiše ostrvo Iki, znano i kao Ame Hitocubašira.[16] Zatim rodiše ostrvo

---

[5] Sadašnja prefektura Ehime. Drugo ime znači Najstarija kći.

[6] Sadašnja prefektura Kagava. Drugo ime znači Duh hrane, i on čini par sa boginjom Ehime.

[7] Sadašnja prefektura Tokušima. Drugo ime znači Boginja žitarica, jer se zemlja zvala *Ava*, Proso.

[8] Sadašnja prefektura Koći. Drugo ime znači Silni duh; on čini par sa boginjom Oogecuhime.

[9] Grupa ostrva Oki, koja se nalaze severno od zemlje Izumo, sadašnje prefekture Šimane, na Japanskom moru. *Micugo* znači „trojke", pošto se jedno od tih ostrva sastoji od tri manja.

[10] Drugo personifikovano ime sa titulom *vake*, znači „nebesko zgušnjavanje" i zgrušavanje.

[11] Ostrvo Kjušu. U to vreme delilo se na četiri zemlje, među kojima je zemlja Cukuši bila najznačajnije političko središte i najvažnija raskrsnica puteva.

[12] Sadašnja prefektura Fukuoka. Drugo ime sa titulom *vake* znači Mesto obasjano Suncem.

[13] Sadašnja prefektura Oita. Drugo ime sa titulom *vake* znači Mesto puno Sunca.

[14] Obuhvata sadašnje prefekture Nagasaki i Kumamoto. Drugo ime sa titulom *vake* znači Mesto okrenuto Suncu i Mesto svetog Sunca.

[15] Obuhvata južni deo sadašnje prefekture Kumamoto, prefekturu Kagošima, kao i južni deo prefekture Mijazaki. Drugo ime sa titulom *vake* znači Mesto silnog Sunca.

[16] Ostrvo Iki, nalazi se severno od Kjušua. Drugo ime znači Nebeski usamljeni stub.

Cušima, znano i kao Ame no Sadejorihime.[17] Zatim rodiše ostrvo Sado.[18] Zatim rodiše ostrvo Oojamato Tojoakizu,[19] znano i kao Amacumisora Tojoakizunevake.[20] Izrodiše, dakle, najpre ovih osam ostrva, i zato se ova zemlja zove Oojašima, Zemlja osam velikih ostrva.[21]

A kada se vratiše po drugi put, rodiše ostrvo Kibi no Košima, znano i kao Takehikatavake.[22] Zatim rodiše ostrvo Azuki, znano i kao Oonodehime.[23] Zatim rodiše ostrvo Ooshima, znano i kao Ootamaruvake.[24] Zatim rodiše ostrvo Hime, znano i kao Ame Hitocune.[25] Zatim rodiše ostrvo Ćika, znano i kao Ame no Ošio.[26] Zatim

---

[17] Ostrvo Cušima nalazi se severno od Ikija, na sredini između Kjušua i Korejskog poluostrva. Drugo ime znači Boginja ribarskih mreža.

[18] Ostrvo Sado nalazi se u Japanskom moru, blizu zemlje Koši, sadašnje prefekture Nigata. Zemlja Koši bila je severna granica uprave dvora u zemlji Jamato. Ostrvo, izgleda, nije imalo starešinu sa titulom *vake*.

[19] Ostrvo Honšu, čije središte je bila zemlja Jamato, sadašnja prefektura Nara. Drugi deo imena, Tojoakizu, znači Zemlja gde bogato rađa žito.

[20] Personifikacija ostrva sa titulom *vake*.

[21] Drugo ime Japana. Nazivi osam glavnih ostrva nisu isti u svim hronikama, ali se u svima pominje ovih pet ostrva: Honšu, Kjušu, Šikoku, Sado i Oki.

[22] Sada poluostrvo Kođima u Unutrašnjem moru. Zemlja Kibi, sadašnja prefektura Okajama, dobila je ime po jednoj vrsti prosa. Značenje drugog imena sa titulom *vake* nije poznato.

[23] Ostrvo Šodo u Unutrašnjem moru. *Azuki* znači „crveni pasulj". Značenje imena boginje nije poznato.

[24] Ostrvo Oošima, danas Jaširo, u zemlji Suho, sadašnjoj prefekturi Jamagući. Značenje drugog imena sa titulom *vake* nije poznato.

[25] Ostrvo Hime nalazi se u moreuzu Suho, u blizini istočnog dela ostrva Kjušu. Drugo ime znači Nebesko usamljeno ostrvo.

[26] Arhipelag Goto, blizu severozapadnog dela ostrva Kjušu. Njegovo drugo ime znači Nebesko mnoštvo.

rodiše ostrvo Futago,[27] znano i kao Ame Futaja. (Od ostrva Kibi no Košima do ostrva Ame Futaja, ukupno je šest ostrva.)

---

[27] Pošto reč *futago* znači „blizanci", verovatno se odnosi na arhipelag Danđo, koji sačinjavaju Muško i Žensko ostrvo. Nalazi se jugozapadno od arhipelaga Goto i predstavlja zapadnu granicu uticaja zemlje Jamato. Njegovo drugo ime znači Dve nebeske kolibe.

3. RAĐANJE BOGOVA

Porodivši Zemlju, nastaviše dalje rađati bogove. Tako rodiše boga po imenu Ookoto Ošio.[1] Zatim rodiše boga po imenu Ivacućibiko,[2] zatim boginju Ivasuhime,[3] zatim boga po imenu Ootohivake,[4] zatim boga po imenu Ame no Fukio,[5] zatim boga po imenu Oojabiko,[6] zatim rodiše boga po imenu Kazamocuvake no Ošio,[7] zatim boga mora po imenu Oovatacumi, a zatim bogove ušća, boga po imenu Haja Akicuhiko i sestru mu, boginju Haja Akicuhime.[8] (Od boga Ookoto Ošioa do boginje Haja Akicuhime, ukupno je deset bogova.)

Imena bogova koje izrodiše dvoje bogova, bog Haja Akicuhiko i boginja Haja Akicuhime, od kojih jedno vladaše rekama a drugo morima, jesu sledeća: bog Avanagi; zatim boginja Avanami;[9] zatim bog Curanagi; zatim boginja Curanami;[10] zatim bog Ame no Mikumari; zatim bog Kuni no Mikumari;[11] zatim bog Ame no

---

[1] Bog svršenog velikog poduhvata. Ne zna se da li se odnosi na tek završeno rađanje Zemlje ili na gradnju kuće, koja sledi.
[2] Bog kamenja i zemlje.
[3] Boginja kamenja i peska.
[4] Bog dveri.
[5] Bog krova.
[6] Bog kuće.
[7] Bog vetrokaza ili bog vetrobrana.
[8] Bog i boginja ulivanja vode.
[9] Bog i boginja pene.
[10] Bog i boginja vodene površine.
[11] Bog nebeske vododelnice i bog zemaljske vododelnice.

Kuhizamoći; a zatim bog Kuni no Kuhizamoći.[12] (Od boga Avanagija do boga Kuni no Kuhizamoćija, ukupno je osam bogova.)

Zatim, bog Izanaki i boginja Izanami rodiše boga vetra po imenu Šinacuhiko, zatim boga drveća po imenu Kukunoći, zatim boga planina po imenu Oojamacumi, zatim boginju polja po imenu Kajanohime. Njeno drugo ime beše Nocući. (Od boga Šinacuhikoa do boginje Nocući, ukupno je četiri boga.)

Imena bogova koje izrodiše dvoje bogova, bog Oojamacumi i boginja Nocući, od kojih jedno vladaše planinama, a drugo poljima, jesu sledeća: bog Ame no Sazući; zatim bog Kuni no Sazući;[13] zatim bog Ame no Sagiri; zatim bog Kuni no Sagiri;[14] zatim bog Ame no Kurado; zatim bog Kuni no Kurado;[15] zatim bog Ootomatohiko; a zatim boginja Ootomatohime.[16] (Od boga Ame no Sazućija do boginje Ootomatohime, ukupno je osam bogova.)

Zatim bog Izanaki i boginja Izanami rodiše boga po imenu Tori no Ivakusubune,[17] znanog i kao bog Ame no Torifune.[18] Zatim rodiše boginju Oogecuhime.[19] Zatim rodiše boga vatre po imenu Hi no Jagihajao.[20]

---

[12] Bog nebeske vodolije i bog zemaljske vodolije.

[13] Bog nebeskog tla i bog zemaljskog tla.

[14] Bog nebeske magle i bog zemaljske magle.

[15] Bog nebeske doline i bog zemaljske doline.

[16] Bog i boginja izgubljenih. Verovatno zato što se čovek često izgubi u useku pod maglom.

[17] Bog leteće kamene kamforove lađe. Lađe su često izrađivane od tvrdog kamforovog drveta.

[18] Nebeska leteća lađa.

[19] Boginja žitarica. Njeno ime je već pomenuto kao drugo ime zemlje Ava (videti fusnotu 8 na str. 25), ali to ne znači da se radi o istoj boginji.

[20] Bog vatrenog rasplamsaja.

Beše znan i kao bog Hi no Kakabiko,[21] i kao bog Hi no Kagucući.[22] Rađanjem ovog deteta, sagore Njena plodotvorna utroba, te ona bolesna pade u postelju. Iz njenog izbljuvka nastadoše bog po imenu Kanajamabiko, a zatim boginja Kanajamabime.[23] Zatim, iz njenog izmeta nastadoše bog Hanijasubiko, a zatim boginja Hanijasubime.[24] Zatim, iz njene mokraće nastadoše boginja Micuhanome,[25] a zatim bog Vaku Musuhi.[26] Dete ovog boga zvaše se boginja Tojoukebime.[27] I tako, boginja Izanami, zbog toga što rodi boga vatre, naposletku ode.[28] (Od boga Ame no Torifunea do boginje Tojoukebime, ukupno je osam bogova.)

Bog Izanaki i boginja Izanami izrodiše ukupno četrnaest ostrva i trideset pet bogova. (Njih je boginja Izanami rodila dok još ne beše otišla. Samo ostrvo Onogoro ne rodi ona. A ono nedonošče Hiruko i ostrvo Ava, ne ubrajaju se u decu koju izrodiše.)

---

[21] Bog vatrenog usijanja.
[22] Bog vatrenog bleštavila.
[23] Bog i boginja rudnika.
[24] Bog i boginja ilovače.
[25] Boginja navodnjavanja.
[26] Bog mladog stvaranja.
[27] Boginja bogatog rađanja. Ona se slavi u spoljašnjem hramu svetilišta Ise.
[28] Boginja Izanami nije umrla, već je otišla u podzemni svet mrtvih, u Zemlju noćne tame.

4. ODLAZAK BOGINJE IZANAMI

I reče tada bog Izanaki: „Kako da te, moja ljubljena ženo, zamenim jednim detetom?" te puzaše, plačući, oko uzglavlja Njenog i nogu Njenih, a iz Njegovih suza nastade boginja Nakisavame,[1] što obitava pod drvetom u podnožju ustalasanih brežuljaka planine Kagu.[2] A izdahnula boginja Izanami bi sahranjena na planini Hiba, na granici zemalja Izumo i Hoki.[3]

I isuče bog Izanaki svoj mač dugačak deset šaka,[4] što mu beše za pasom, te odrubi njime glavu sinu svome, bogu vatre Kagucućiju. Krv što osta pri vrhu mača Njegova, kanu na hrpu svetoga kamenja, i tako nastade bog Ivasaku,[5] zatim bog Nesaku,[6] a zatim bog Ivacucu-

---

[1] Boginja plačne planine. Poređenje žuborenja planinske reke sa narikačama. Hram posvećen ovoj boginji nalazi se u gradu Konošita, Pod drvetom, u prefekturi Nara.

[2] Planina Kagu nalazi se na granici gradova Sakurai i Kašivabara, u prefekturi Nara.

[3] Na granici zemalja Izumo i Hoki, odnosno sadašnjih prefektura Šimane i Totori ne postoji odgovarajuća planina. Verovatno se odnosi na planinu Hiba, na granici prefektura Šimane i Hirošima (južno od Totorija). Prema drugom predanju, boginja Izanami sahranjena je u zemlji Kumano, sadašnjoj prefekturi Vakajama, južno od zemlje Jamato, sadašnje Nare.

[4] Šaka, na starojapanskom *cuka*, mera za dužinu, odgovara širini šake. Deset šaka znači „veoma dugačak".

[5] Bog što seče kamen. Na osnovu starog verovanja da čudesni mač stišava vatru.

[6] Bog što seče stenu.

noo.⁷ A krv što ostade pri dnu mača Njegova, kanu na hrpu svetoga kamenja, i tako nastade bog Mikahajahi,⁸ zatim bog Hihajahi,⁹ zatim bog Take Mikazućinoo,¹⁰ znan i kao bog Takefucu,¹¹ ili kao bog Tojofucu¹² (tri boga). A krv što mu se beše skupila na ruci, poteče mu između prstiju i tako nastadoše bog Kuraokami¹³ i boginja Kuramicuha.¹⁴

Svi oni, od boga Ivasakua, do boginje Kuramicuhe, ukupno njih osam, nastadoše od mača Njegova.

Od glave ubijenog boga vatre Kagucućija, nastade bog Masakajamacumi.¹⁵ Zatim, od prsiju njegovih nastade bog Odojamacumi.¹⁶ Zatim, od trbuha njegova nastade bog Okujamacumi.¹⁷ Zatim, od muškosti nje-

---

[7] Značenje imena ovog boga nije razjašnjeno, osim da ima veze sa stenom.
[8] Bog brze munje.
[9] Bog brze vatre.
[10] Silni bog Gromovnik. Ratnički bog koji se vezuje za kult mača. Smatra se da je imao epitet Velikog boga, ali ga je izgubio pošto se pleme čiji je zaštitnik bio, pokorilo dvoru u Jamatu. Njemu je posvećeno svetilište Kašima, u kome se i dan-danas kao božje blago čuva starinski mač dugačak 270 cm. Nalazi se u gradu Kašima u sadašnjoj prefekturi Ibaraki, u istočnom delu Japana.
[11] Silni bog blistavog sečiva. Još jedan Veliki bog koji se vezuje za kult mača, spojen s bogom Take Mikazućijem. Svetilište Katori, posvećen njemu, nalazi se u gradu Sahara u sadašnjoj prefekturi Čiba, u istočnom delu Japana. Dva svetilišta, Kašima i Katori, predstavljala su uporišta carskog dvora za dalje širenje uticaja na severne krajeve Japana.
[12] Plodni bog blistavog sečiva.
[13] Bog kiše i snega u dolini. Zamišljen je kao velika zmija.
[14] Boginja vode u dolini. I ona je zamišljena kao velika zmija.
[15] Bog planinske uzbrdice.
[16] Bog planinske nizbrdice.
[17] Bog dalje planine.

gove nastade bog Kurajamacumi.[18] Zatim, od leve ruke njegove nastade bog Šigijamacumi,[19] a zatim od desne nastade bog Hajamacumi.[20] Zatim, od leve noge njegove nastade bog Harajamacumi,[21] a zatim od desne nastade bog Tojamacumi.[22] (Od boga Masakajamacumija do boga Tojamacumija beše ukupno osam bogova.) Mač kojim bog Izanaki poseče boga Kagucućija naziva se Ame no Ohabari, a znan je i kao Icu no Ohabari.[23]

---

[18] Bog planinske doline.
[19] Bog šumovite planine.
[20] Bog planinskog podnožja.
[21] Bog planinskog polja.
[22] Bog bliže planine.
[23] Značenje imena ovog mača nije razjašnjeno, osim epiteta koji znače „nebeski", odnosno „moćni". Kao božanstvo, on upravlja vodom.

5. BOG IZANAKI POSEĆUJE ZEMLJU JOMI

Onda bog Izanaki požele da vidi svoju dragu, boginju Izanami, pa krenu za njom u Zemlju Jomi.[1] Kada boginja izađe kroz dveri palate svoje da ga dočeka, bog Izanaki ovako joj se obrati: „Ljubljena ženo moja! Zemlja što je ja i ti stvarasmo još nije dovršena. Stoga mi se vrati!" Na to mu boginja Izanami odgovori: „Kako mi je žao. Da si bar ranije došao! Ja već okusih od jela pripravljenih na ognjištu[2] u Zemlji noćne tame. Ali, duboko sam zahvalna što si ti, moj ljubljeni mužu, ušao ovamo. I ja želim da se vratim, pa ću najpre govoriti sa bogom Noćne tame.[3] Ti, pak, nemoj gledati u mene." Rekavši ovo, Ona se vrati u svoju palatu, ali je ne beše zadugo i On ne mogaše više čekati. Stoga otkinu zubac sa kraja svetog češlja[4] što beše zadenut u snop Njegove kose[5]

---

[1] Zemlja noćne tame ili Zemlja noćnih duhova. Ona je podzemni svet mrtvih. Duga nizbrdica koja vodi u nju i prostrana podzemna palata ili komora, podsećaju na velike grobnice koje su se gradile u Japanu od III do V veka. Verovatno je ranije zemlja mrtvih bila zamišljena kao prekomorska Zemlja večnosti.

[2] Verovalo se da onaj koji okusi hranu iz drugog sveta postaje njegov stanovnik. Ognjište je bilo kultno mesto gde su drevni Japanci održavali razne obrede. To je povezano s verovanjem da hrana skuvana na vatri pročišćava dušu i telo.

[3] Na japanskom *Jomocukami*. Pominje se samo ovde.

[4] Češalj od bambusa koji ima magijsku moć.

[5] Muška frizura. Kosa podeljena na sredini i upletena u prstenove sa obe strane.

s leve strane, upali jedan plamen,[6] uđe unutra i vide mnoštvo crva, kako uz potmulu tutnjavu gmižu svud po Njoj. Na glavi beše joj Ooikazući,[7] na grudima beše joj Honoikazući,[8] na trbuhu beše joj Kuroikazući,[9] na međunožju beše joj Sakuikazući,[10] na levoj ruci beše joj Vakaikazući,[11] a na desnoj Cućiikazući.[12] Na levoj nozi beše joj Nariikazući,[13] a na desnoj Fušiikazući. I tako, nastade ukupno osam bogova gromova.

Videvši to, bog Izanaki se zgrozi, pa poče da beži, a boginja Izanami mu reče: „Ti si me osramotio!" i odmah posla grdobe[14] u poteru za Njim. Onda bog Izanaki zbaci sa svoje kose krasni venac od loze, te od njega, za tren oka, izraste divlje grožđe. Dok ga grdobe skupljahu i proždirahu, bog Izanaki pobeže dalje. A kad one ponovo za Njim krenuše, On otkinu zubac sa svetog češlja što beše zadenut u snop Njegove kose s desne strane i baci ga, te od njega, za tren oka, izrastoše mladice bambusa.[15] Dok ih one čupahu i proždirahu, bog Izanaki opet pobeže dalje. Zatim boginja Izanami posla za Njim onih osam bogova gromova, i uz njih još hiljadu pet stotina vojnika Zemlje noćne tame.[16] Isuče bog Izanaki svoj mač dugačak deset šaka, što mu beše

---

[6] U palati je vladao potpuni mrak. Upaliti jedan plamen bio je tabu, jer se verovalo da to donosi nesreću.

[7] Bog velikog groma.

[8] Bog vatrenog groma.

[9] Bog crnog groma.

[10] Bog cepajućeg groma.

[11] Bog mladog groma.

[12] Bog zemljinog groma.

[13] Bog grmećeg groma.

[14] Ružne devojke iz Zemlje noćne tame, na japanskom *Jomocušikome*. Personifikacija nečistoće smrti.

[15] Češalj je napravljen od bambusa.

[16] Personifikacija mnoštva zlih duhova.

za pasom, te poče da beži zamahujući njime iza sebe,[17] a oni za Njim, te stigoše tako pod brdo Hira,[18] na granici Zemlje noćne tame, gde je raslo drvo breskve,[19] sa kojega On uzbra tri ploda[20] i baci ih na njih, te oni pobegoše natrag. Tada bog Izanaki reče breskvi: „Kao što si pomogla meni, pomozi i svim ovozemaljskim ljudima koji niču kao trava[21] u ovoj Središnjoj zemlji trščanih polja,[22] i koji tuguju i pate kad zapadnu u kakvu nevolju." To reče i dade breskvi ime bog Ookamuzumi.[23] Na kraju, u poteru pođe i sama boginja Izanami. Bog Izanaki zagradi put uz brdo Hira ogromnim kamenom, što ga ni hiljadu ljudi ne bi moglo pomeriti. Njih dvoje se, sa tim ogromnim kamenom između sebe, sučeliše i razvenčaše jedno od drugoga, kad boginja Izanami reče: „Ljubljeni mužu moj! Zbog svega što si mi učinio, ja ću svakoga dana pomoriti hiljadu ljudi iz tvoje zemlje!" Na to joj bog Izanaki odgovori: „A ja ću, ljubljena ženo moja, svakoga dana sagraditi hiljadu i pet stotina porodiljskih koliba![24]" Od tada, svakoga dana neizbežno umre hiljadu ljudi, a hiljadu i pet stotina bude rođeno. Otuda boginju Izanami zovu

---

[17] Magijska radnja kojom se odbija delovanje zlih duhova.

[18] Na japanskom *Jomocu Hirasaka*. To je litica na granici između podzemne Zemlje noćne tame i ovog sveta.

[19] Po kineskom verovanju, breskva ima moć da odgoni zle duhove.

[20] Po kineskom verovanju, tri je sveti broj.

[21] Po tadašnjem shvatanju, ljudi su jedna vrsta trave koja niče iz zemlje.

[22] Zemlja koja se nalazi u sredini između Uzvišenog nebeskog polja i podzemne Zemlje noćne tame. Trska ima izvanrednu životnu snagu, te su polja obrasla trskom, pogodna za gajenje pirinča, bila simbol plodnosti.

[23] Bog velikog božanskog duha (ili ploda).

[24] Porođaj se obavljao u posebno sagrađenoj kolibi, jer se verovalo da krv predstavlja nešto nečisto.

Velika boginja Noćne tame.[25] Zovu je i Velika boginja Ćišiki[26] jer Ona sustiže boga Izanakija. A veliki kamen kojim je On zagradio put uz brdo Zemlje noćne tame, nazivaju Veliki bog Ćigaeši[27] i Veliki bog Jomido[28] što pregrađuje put. Spomenuto brdo Hira u zemlji Izumo danas zovu brdo Juja.[29]

---

[25] Uzdigla se iznad spomenutog boga Noćne tame i postala gospodarica Zemlje noćne tame.
[26] Velika boginja što sustiže na putu.
[27] Veliki bog što odvraća od puta.
[28] Veliki bog vrata noćne tame.
[29] U gradu Higaši Izumo u sadašnjoj prefekturi Šimane postoji mesto Ija sa svetilištem Juja.

6. PROČIŠĆENJE BOGA IZANAKIJA

Posle svega, Veliki bog Izanaki reče: „Bejah u grdnoj i nečistoj zemlji. Moraću, stoga, da se operem"[1], odmah ode u zemlju Himuka[2] na ostrvo Cukuši,[3] te se opra i očisti[4] u vodi na polju Avaki, kod tesnaca Taćibana.[5]
Od štapa što ga odbaci[6] nastade bog po imenu Cukitacu Funato.[7] Zatim, od pojasa što ga odbaci nastade bog po imenu Mići no Nagaćiha.[8] Zatim, od torbe što je odbaci nastade bog po imenu Tokihakaši.[9] Zatim, od košulje što je odbaci nastade bog po imenu Vazurainouši.[10] Zatim, od čakšira što ih odbaci nastade bog po imenu Ćimata.[11] Zatim, od kape što je odbaci nastade

---

[1] Pranje tela čistom vodom radi pročišćavanja od grehova i nečistoće, *misogi*, jedan je od najznačajnijih verskih obreda u šintoizmu.

[2] Sadašnja prefektura Mijazaki. Reč *himuka* znači „mesto okrenuto suncu".

[3] Ostrvo Kjušu.

[4] Stresanje grehova i nečistoće sa tela, *harai*, još jedan značajan obred pročišćavanja u šintoizmu.

[5] Polje Avaki i tesnac Taćibana su najverovatnije mitološka mesta, nazvana po dvema istoimenim vrstama zimzelenog drveća.

[6] Bacanje svih predmeta nošenih prilikom posete Zemlji noćne tame jedan je vid obreda *harai*.

[7] Bog Ne-ulazi. Ubadanjem štapa u zemlju označeno je mesto gde zli dusi ne smeju ulaziti.

[8] Bog kamenog zaštitnika dugog putovanja.

[9] Značenje imena ovog boga nije poznato, ali se pretpostavlja da je to bog drešenja i merenja jer se pominje u vezi sa torbom.

[10] Bog gospodar smetnji.

[11] Bog račvanja puta.

bog po imenu Akiguinouši.[12] Zatim, od grivne što je odbaci sa leve ruke nastade bog po imenu Okizakaru,[13] zatim bog Okicunagisabiko[14] i bog Okicukaibera.[15] A od grivne što je odbaci sa desne ruke nastade bog po imenu Hezakaru,[16] zatim bog Hecunagisabiko,[17] a zatim bog Hecukaibera.[18]

> Ovih dvanaest bogova, od boga Funatoa do boga Hecukaibere, nastadoše skidanjem onoga što bog Izanaki imađaše na sebi.

Onda On reče: „Uzvodno je struja brza, a nizvodno spora", te skoči i uroni u brzak u srednjem toku, tu se ispra i tako nastadoše bogovi nesreće, Jasomagacuhi[19] i Oomagacuhi.[20] Ova dva boga nastadoše od prljavštine što je On pokupi na putu kroz nečistu zemlju. Zatim, da bi se ispravilo zlo koje oni činiše, nastade bog po imenu Kamunaobi,[21] zatim bog Oonaobi,[22] a zatim boginja po imenu Izunome[23] (ukupno tri božanstva). Zatim kad se ispra na morskom dnu, nastadoše bogovi po imenu So-

---

[12] Bog što proždire nečistoće.
[13] Bog odbacivanja nečistoće na pučinu. Smatrali su da dragulj na narukvici pripada bogu mora, pa se ovde nabrajaju bogovi koji se vezuju za more.
[14] Bog pučinskog žala. Na žalovima su se održavali obredi očišćenja.
[15] Puno značenje imena ovog boga nije poznato, osim da se odnosi na pučinu.
[16] Bog odbacivanja nečistoće na obalu.
[17] Bog obalskog žala.
[18] Puno značenje imena ovog boga nije poznato, osim da se odnosi na obalski pojas mora.
[19] Bog osamdeset nesreća. Broj osamdeset označava mnoštvo.
[20] Bog velikih nesreća.
[21] Bog božanske ispravke.
[22] Bog velike ispravke.
[23] Boginja svete moći. Predstavlja božansku moć šamanke. Uneta je radi svetog broja tri.

kocuvatacumi[24] i Sokocucunoo.[25] Kad se ispra u sredini mora, nastadoše bogovi po imenu Nakacuvatacumi[26] i Nakacucunoo.[27] Kad se ispra na površini mora, nastadoše bogovi po imenu Uvacuvatacumi[28] i Uvacucunoo.[29] Ova tri boga, koja u imenu imaju Vatacumi, kao svoje pretke slavi pleme Azumi no Murađi,[30] čiji su pripadnici potomci boga Ucušihiganasakua,[31] sina boga Vatacumija. Bogovi Sokocucunoo, Nakacucunoo i Uvacucunoo jesu tri velika boga u svetilištu Suminoe.[32]

Dalje, kada bog Izanaki umi levo oko, nastade boginja po imenu Velika boginja Amaterasu.[33] Zatim, kad umi desno oko, nastade bog po imenu Cukujomi.[34] Zatim, kad opra nos, nastade bog po imenu Take Haja Susanoo.[35]

Ovih deset bogova, od boga Jasomagacuhija do boga Haja Susanoa, nastadoše pranjem tela Njegova.

---

[24] Bog dna mora.
[25] Bog dna pristaništa. Slavi se kao bog plovidbe.
[26] Bog sredine mora.
[27] Bog sredine pristaništa.
[28] Bog površine mora.
[29] Bog površine pristaništa.
[30] Pleme iz okruga Azumi u zemlji Cukuši, sadašnjoj prefekturi Fukuoka. Pripadalo je primorskom narodu Ama, kojim je u ime dvora upravljao starešina. Na ostrvu Šiga, uporištu tog plemena i danas se nalazi svetilište posvećeno ovim bogovima Vatacumi. *Murađi* je jedna od najviših naslednih titula koju je dvor dodeljivao starešinama plemena božanskog porekla.
[31] Značenje imena ovog boga nije poznato.
[32] Današnje svetilište Sumijoši.
[33] Velika boginja što obasjava nebo, odnosno Velika boginja Sunca, pretkinja je carske porodice.
[34] Bog čitanja Mesečevih mena, odnosno bog Meseca, koji u ovim zapisima nema značajnu ulogu.
[35] Hrabri, brzi i silni bog, odnosno, bog oluje (prirodnih sila).

7. DEOBA VLASTI IZMEĐU TROJE UZVIŠENE DECE

Na to se bog Izanaki jako obradova i kaza: „Izrodi se mnogo moje dece, i na kraju njihovog rađanja, ja dobih tri uzvišena deteta". I odmah s vrata skide nisku sa draguljima što zazveckaše, dariva Veliku boginju Amaterasu, pa reče: „Ti, boginjo, vladaj Uzvišenim nebeskim poljem!" I tako joj poveri vlast. Ta niska dragulja sa njegovog vrata beše bog po imenu Mikuratana.[1] Zatim se obrati bogu Cukujomiju: „Ti, bože, vladaj Zemljom noći![2]" I tako mu poveri vlast. Onda se obrati bogu Take Haja Susanou: „Ti, bože, vladaj Morskim poljem!" I tako mu poveri vlast.

---

[1] Bog što obitava na polici u skladištu.
[2] Na japanskom jeziku *Joru no Osukuni*, što znači Zemlja koju guta noć, odnosno Zemlja kojom vlada noć.

8. POVLAČENJE BOGA IZANAKIJA

Dok ostali bogovi vladahu, poštujući zapovesti kojima im vlast beše poverena, bog Haja Susanoo ne upravljaše dodeljenom mu zemljom, već plakaše i jadikovaše, sve dok mu brada duga osam šaka[1] ne dopre do prsa.[2] Od tolikog plača njegovog, zelene planine osušiše se kao goleti, a reke i mora sasvim presahnuše.[3] Usled toga, galama zlih bogova sve preplavi, kao kad muve navale u petom mesecu,[4] desiše se svakojake nesreće koje izazvaše na hiljade zlih duhova. Onda Veliki bog Izanaki reče bogu Haja Susanou: „Zašto ti ne upravljaš zemljom koju ti poverih, već plačeš i jadikuješ?" Na to mu bog Susanoo odgovori: „Plačem jer želim da odem u podzemnu zemlju Ne no Katasu,[5] zemlju svoje pokojne majke." Na ove reči, Veliki bog Izanaki jako se razljuti, pa reče: „Onda ti ne smeš

---

[1] Osam je sveti broj, a osam šaka znači „veoma dug".

[2] Fraza koja znači „dok ne poraste".

[3] Bog Susanoo toliko je plakao da se sva voda u prirodi pretvorila u njegove suze. Ovakav opis pokazuje da je Susanoo bog prirodnih sila, pre svega oluje, a neki to tumače kao opis toga kako vulkanski pepeo posle erupcije pokrije celu oblast, pretvarajući je u pustoš.

[4] Vreme sađenja pirinčanih mladica, kada se pojavljuju ogromni rojevi muva.

[5] Zemlja u zabiti dna zemlje, ili Podzemna zemlja tvrdog peska. To je Zemlja noćne tame, kojom vlada Velika boginja Izanami, pokojna majka boga Susanoa.

živeti u ovoj zemlji", i izopšti ga božanskim izopštenjem. Tada se Veliki bog Izanaki povuče u mesto Taga u zemlji Omi.[6]

---

[6] Svetilište Taga u sadašnjoj prefekturi Šiga. U nekim starim prepisima ove knjige, umesto zemlje Omi stoji ostrvo Avađi, gde u mestu Taga, takođe, postoji svetilište posvećeno Velikom bogu Izanakiju. S obzirom na to da je Avađi prvo ostrvo koje su Izanaki i Izanami rodili, verovatno je ovo starija varijanta.

VELIKA BOGINJA AMATERASU I BOG SUSANOO

1. BOG SUSANOO USPINJE SE NA NEBO

Onda bog Haja Susanoo kaza: „Kad je već tako, o tome ću izvestiti Veliku boginju Amaterasu pre no što odem dole." Dok se on uspinjao ka nebesima, drhtale su sve planine i reke i tresla se cela zemlja i tlo. Čuvši to, prepade se Velika boginja Amaterasu, pa reče: „Moj brat sigurno ne dolazi ovamo gore sa dobrim namerama. On, bez sumnje, želi da preotme moju zemlju." Čim to reče, rasplete kosu, razdeli je i skupi u dva snopa, sa leve i sa desne strane,[1] obavi po jednu nisku od pet stotina dragulja[2] dugu osam stopa[3] oko oba snopa kose, oko ukrasnog venca od loze na kosi, kao i oko leve i desne ruke; uprti tobolac sa hiljadu strela na leđa, a okači jedan sa pet stotina strela o bok; stavi silni štitnik na lakat ruke[4] i podiže luk; zagazi sve do bedara u tvrdu zemlju, koja prštaše na sve strane kao snežne pahuljice. Uz silni ratnički poklič zatrupta nogama, i dočekavši ga tako, upita: „Zašto si došao ovamo gore?" Na to joj

---

[1] Frizura tipična za muškarce. Velika boginja dočekuje svoga brata u ratničkoj opremi, kao muškarac.

[2] Po verovanju drevnih Japanaca, niska dragulja imala je magijsku moć.

[3] Stopa, na starojapanskom *saka*, mera za dužinu, koja je iznosila oko 30 cm. Osam stopa znači „veoma dug".

[4] Ratnik je na levom laktu nosio štitnik. Kada bi odapeo strelu, struna bi udarila u štitnik i proizvela moćan zvuk koji bi uplašio protivnike.

bog Haja Susanoo odvrati: „Nemam nečasnih namera. Samo me Veliki bog upita zašto plačem i jadikujem, a ja mu odgovorih: 'Plačem, jer želim da odem u zemlju svoje pokojne majke.' Veliki bog mi na to reče: 'Ti ne možeš ostati u ovoj zemlji.' To mi reče, pa me izopšti božanskim izopštenjem. Tako ja dođoh, nameran da te izvestim i da se od tebe oprostim. Drugih namera nemam."

Tada Velika boginja Amaterasu prozbori: „A kako da znam da su tvoje namere čiste i jasne?" Bog Haja Susanoo joj odvrati: „Neka svako od nas izrodi decu pod božijim zavetom!"[5]

---

[5] Na japanskom jeziku *ukehi*. Jedna vrsta gatanja da bi se saznala božja volja. Unapred se određuje šta će se desiti ako je neko u pravu.

2. ZAVET DVA BOGA

I njih dvoje stajahu na suprotnim obalama nebeske reke Jasu[1] i zavetovahu se, kad Velika boginja Amaterasu prva zatraži od boga Take Haja Susanoa da joj preda svoj mač dugačak deset šaka što mu beše za pasom, prelomi ga na tri dela, i uz zveckanje dragulja sa niske,[2] ispra delove mača u nebeskom izvoru Mana,[3] sažvaka ih i ispljunu, a u izmaglici njenog daha nastade boginja po imenu Takiribime,[4] znana i kao boginja Okicušimahime,[5] zatim boginja Ićikišimahime,[6] znana i kao boginja Sajoribime,[7] a zatim boginja Takicuhime[8] (tri boginje). Bog Haja Susanoo zatraži od Velike boginje Amaterasu nisku od pet stotina dragulja dugu osam stopa, upletenu u snop kose na levoj strani njene glave. Uz zveckanje dragulja sa niske, ispra ih u nebeskom izvoru Mana, sažvaka ih i ispljunu, a u izmaglici njegovog daha nastade bog po imenu Masakacuakacu

---

[1] Sveta reka koja protiče kroz Uzvišeno nebesko polje.
[2] Zveckanje dragulja je magijska radnja.
[3] Sveti izvor ili bunar koji se nalazi na Uzvišenom nebeskom polju. Istoimeno svetilište nalazi se u gradu Macue u prefekturi Simane.
[4] Boginja magle na pirinčanom polju. Jedna od tri boginje koje se slave u svetilištu Munakata.
[5] Boginja ostrva Oki.
[6] Boginja svetog ostrva.
[7] Boginja šamanske moći.
[8] Boginja brzaka.

Kaćihajahi Ame no Ošihomimi.[9] Onda on zatraži od nje dragulje upletene u snop kose na desnoj strani njene glave, sažvaka ih i ispljunu, a u izmaglici njegovog daha, nastade bog po imenu Ame no Hohi.[10] Onda on zatraži od nje dragulje upletene u ukrasni venac od loze na njenoj kosi, sažvaka ih i ispljunu, a u izmaglici njegovog daha nastade bog po imenu Amacuhikone.[11] I opet, zatraži od nje dragulje upletene oko njene leve ruke, sažvaka ih i ispljunu, a u izmaglici njegovog daha nastade bog po imenu Ikucuhikone.[12] Onda zatraži od nje dragulje upletene oko njene desne ruke, sažvaka ih i ispljunu, a u izmaglici njegovog daha nastade bog po imenu Kumano Kusubi.[13] Ukupno pet bogova. Tada Velika boginja Amaterasu reče bogu Haja Susanou: „Ovih pet dečaka koji se kasnije rodiše nastajahu iz stvari što pripadahu meni, i stoga, oni su, prirodno, moja deca. Tri devojčice koje se prve rodiše nastajahu iz stvari što pripadahu tebi, i stoga, one su tvoja deca." Tim rečima, ona ih podeli.

I tako, prvorođena boginja Takiribime obitava u hramu Okicu svetilišta Munakata.[14] Zatim, boginja Ićikišimahime obitava u hramu Nakacu svetilišta Munakata.[15] Zatim, boginja Takicuhime obitava u hramu Hecu sveti-

---

[9] Nebeski bog bogatog klasja pirinča. Prvi deo imena ovog boga epitet je koji mu je pridodat kasnije, a znači Duh prave, moje, brze pobede.

[10] Nebeski bog pirinčanog klasja.

[11] Nebeski bog sin Sunčev.

[12] Životni bog sin Sunčev.

[13] Bog Čudesni duh iz mesta Kumano. Mesto Kumano je u zemlji Izumo, sadašnjoj prefekturi Šimane.

[14] Pučinski hram svetilišta Munakata na ostrvu Oki, Ostrvo na pučini, u sadašnjoj prefekturi Fukuoka na severu ostrva Kjušu.

[15] Srednji hram pomenutog svetilišta na ostrvu Oošima (Veliko ostrvo).

lišta Munakata.[16] Ove tri boginje slavi pleme Munakata no Kimi[17] kao svoja tri velika božanstva. Od petorice dečaka koji se kasnije rodiše, bog Ame no Hohi, odnosno njegov sin, bog Take Hiratori[18] (on je predak Izumo no Kuninomijacukoa,[19] Muzaši no Kuninomijacukoa,[20] Kamicuunakami no Kuninomijacukoa,[21] Šimocuunakami no Kuninomijacukoa,[22] Iđimu no Kuninomijacukoa,[23] Cušima no Agata no Ataija,[24] Toocuomi no Kuninomijacukoa[25] i drugih). Zatim bog Amacuhikone je (predak Oošikoći no Kuninomijacukoa,[26] Nukatabe no Jue no Murađija,[27]

---

[16] Obalski hram pomenutog svetilišta u mestu Tašima na obali mora Genkai. Sva ova mesta zauzimaju značajne geografske položaje na plovnom putu prema Korejskom poluostrvu, a boginje su bile izuzetno poštovane kao zaštitnice plovidbe.

[17] Primorsko pleme sa severa Kjušua.

[18] Silni bog Seoske ptice.

[19] Upravitelj zemlje Izumo, sadašnje prefekture Šimane. *Kuninomijacuko*, upravitelj zemlje, nasledna je titula koju je carski dvor dodeljivao moćnim lokalnim vladarima. Po predaji vlasti caru, oni su dobijali potvrdu da su u rodu sa carskom kućom.

[20] Pleme iz zemlje Muzaši (staro ime zemlje Musaši), sadašnjih prefektura Tokio, Kanagava i Saitama.

[21] Pleme iz zemlje Kamicuunakami (staro ime zemlje Kazusa), sadašnje prefekture Ćiba.

[22] Pleme iz zemlje Šimocuunakami (staro ime zemlje Šimofusa), sadašnje prefekture Ćiba.

[23] Pleme iz okruga Iđimi (kasniji Isumi) u zemlji Kazusa.

[24] Pleme sa ostrva Cušima. *Atai*, upravitelj okruga, nasledna je titula koju je carski dvor dodeljivao lokalnim vladarima.

[25] Pleme iz zemlje Toocuomi (staro ime zemlje Suruga), sadašnje prefekture Šizuoka.

[26] Pleme iz zemlje Oošikoći (staro ime zemlje Kavaći), južnog dela sadašnje prefekture Osaka.

[27] Pleme iz mesta Nukata u zemlji Jamato, sadašnjoj prefekturi Nara. Sufiks *be* u imenima plemena označava da su ona služila dvoru obavljajući određenu proizvodnu ili uslužnu delatnost. U ovom slučaju, zaduženje mu je bilo *jue*, odgoj nekog od prinčeva ili

Ki no Kuninomijacukoa,[28] Jamato no Tanaka no Ataia,[29] Jamaširo no Kuninomijacukoa,[30] Makuta no Kuninomijacukoa,[31] Mićinoširi no Kihe no Kuninomijacukoa,[32] Suha no Kuninomijacukoa,[33] Jamato no Amući no Mijacukoa,[34] Takeći no Agatanušija,[35] Kamo no Inakija,[36] Sakikusabe no Mijacukoa[37] i drugih).

---

princeza. *Murađi* je jedna od najviših titula koju je dvor dodeljivao starešinama plemena božanskog porekla.

[28] Pleme iz zemlje Ki (staro ime zemlje Ubaraki), sadašnje prefekture Ibaraki. Postoji i mišljenje da je reč o prefekturi Vakajama.

[29] Pleme iz mesta Tanaka u zemlji Jamato.

[30] Pleme iz zemlje Jamaširo, sadašnje prefekture Kjoto.

[31] Pleme iz okruga Mukata u zemlji Kazusa.

[32] Pleme iz okruga Kihe u zemlji Mićinoširi (staro ime zemlje Ivaki), sadašnjoj prefekturi Fukušima.

[33] Pleme iz okruga Suha u zemlji Šinano, sadašnjoj prefekturi Nagano. Postoji i mišljenje da je reč o zemlji Suho, sadašnjoj prefekturi Jamagući.

[34] Pleme iz mesta Amući u zemlji Jamato. *Mijacuko*, upravitelj, nasledna je titula koju je carski dvor dodeljivao starešinama lokalnih plemena.

[35] Pleme iz okruga Takeći u zemlji Jamato. *Agatanuši*, načelnik okruga, nasledna je titula koju je carski dvor dodeljivao starešinama lokalnih plemena koji su pretežno obavljali sakralnu funkciju.

[36] Pleme iz okruga Kamo u zemlji Omi, sadašnjoj prefekturi Šiga. *Inaki*, upravnik skladišta pirinča, titula je koju je carski dvor dodeljivao seoskim starešinama koji su upravljali carskim posedima.

[37] Pleme čije zaduženje je bilo da čuva spomen na cara Kensoa. Ime *sakikusa* označava jednu vrstu ljiljana, a pominje se u vezi sa carevim ocem, princom Ošihavakeom.

3. BOG SUSANOO DIVLJE SLAVI POBEDU

Onda bog Haja Susanoo reče Velikoj boginji Amaterasu: „Zahvaljujući mojim čistim i jasnim namerama, deca koju ja stvorih nežne su deve. Sudeći po tome, ja bez sumnje pobedih." To izgovori, pa divlje slaveći pobedu stade rušiti međe i zatrpavati jarke na pirinčanim poljima Velike boginje Amaterasu, i uneredi se svud po hramu u kojem je ona kušala prve prinošene joj plodove.[1] Uprkos svemu što joj učini, Velika boginja Amaterasu ga ne prekori, već prozbori: „Ovo što liči na izmet, moj brat učini misleći da to pijan bljuje. A to što poruši međe i zatrpa jarkove na pirinčanim poljima, moj brat učini misleći da je šteta što se zemlja tako slabo iskorišćava." Iako ona svojim rečima ovako ublažavaše njegova nedela, on ne samo da ih se ne okanu, već postade još bezočniji. Dok Velika boginja Amaterasu beše u svetoj tkaonici nadgledajući tkanje božanskih haljina, on napravi rupu na samom slemenu krova, odra nebeskog šarenog konja naopako, od repa prema glavi,[2] pa ga kroz tu rupu ubaci u tkaonicu. Kad to vide nebeska tkalja, prestraši se, te se nabode svojim međunožjem na tkački čunak i izdahnu.

---

[1] Ovde su nabrojani neki od nebeskih grehova. Osam nebeskih grehova su: rušenje međa, zatrpavanje jaraka, uništavanje cevi za vodu, sejanje po već zasejanim poljima, postavljanje kočeva po pirinčanim poljima, dranje naživo, dranje od repa prema glavi, kao i uneređivanje po svetim mestima. Nazivaju se nebeski samo kada se odnose na osvećena pirinčana polja, pripremljena za verske obrede, zato što su prvi obavljeni na Uzvišenom nebeskom polju. Kušanje prvog roda pirinča najvažniji je obred koji japanski car upražnjava i danas.

[2] Jedan od nebeskih grehova.

4. POVLAČENJE U NEBESKU PEĆINU

Videvši ovo, uplaši se Velika boginja Amaterasu, otvori vrata nebeske pećine i zatvori se u nju.[1] Na to, tama ispuni čitavo Uzvišeno nebesko polje, a mrak obavi čitavu Središnju zemlju trščanih polja. Usled toga nasta večita noć. I galama hiljadu bogova sve preplavi, kao kad muve navale u petom mesecu, a desiše se i svakojake nesreće. Zbog toga, okupi se osam miliona[2] bogova u suvom koritu nebeske reke Jasu i zadužiše boga Omoikanea,[3] sina boga Takami Musuhija,[4] da smisli šta im je činiti; okupiše ptice dugog poja[5] i večnog života[6] da zapoju; izvadiše najtvrđe nebesko kamenje[7] iz gornjeg toka nebeske reke Jasu, izvadiše gvožđe iz nebeskog rudnika, dovedoše kovača Amacumaru[8] i naložiše boginji Išikoridome[9] da

---

[1] Postoji tumačenje da je to asocijacija na pomračenje Sunca ili odraz nekadašnjeg običaja da se onaj ko je doživeo nesreću zatvori u pećinu ili neku drugu odaju dok se ne pročisti odricanjem od svih ugodnosti života. Novija tumačenja ukazuju da je reč o obredu inicijacije kojim se simbolizuje smrt i ponovno rađanje.
[2] „Osam miliona" je stalni epitet za nebeske bogove, a znači mnoštvo.
[3] Bog mudrosti.
[4] Jedan od tri vrhovna boga koji su se prvi iznedrili kad su se nebo i zemlja razdvojili. Videti fusnotu 3 na str. 18.
[5] Pevac koji peva dugim i otegnutim glasom.
[6] Smatralo se da glas pevca priziva jutro i rasteruje zlo, pa tako obezbeđuje večni život.
[7] Materijal za nakovanj i kalup.
[8] Nebeski kovač.
[9] Starica boginja livenja kamenim kalupom.

izlije ogledalo;[10] naložiše bogu Tamanoji[11] da izradi nisku od pet stotina dragulja dugu osam stopa; pozvaše, zatim, boga Ame no Kojanea[12] i boga Futotamu[13] da izvade celu plećku iz jelena sa nebeske planine Kagu[14] i da uzmu drvo crvene trešnje sa te planine, te da se tako pripreme za gatanje;[15] iskopaše iz korena sveto drvo klejera sa pet stotina grana[16] što raste na nebeskoj planini Kagu, pa na njegove gornje grane staviše nisku od pet stotina dragulja dugu osam stopa, na njegove srednje grane okačiše ogledalo od osam pedalja,[17] a na njegove donje grane obesiše bele i plave platnene trake,[18] i sve to bog Futotama držaše kao uzvišene ponude, a bog Ame no Kojane očita uzvišene molitve, dok bog Ame no Tađikarao[19] osta skriven uz vrata nebeske pećine, a boginja Ame no Uzume[20] podveza rukave stabljikom

---

[10] Ogledala iz tog vremena bila su od bronze i nije pronađeno ni jedno ogledalo od gvožđa.

[11] Bog izrade dragulja.

[12] Bog krasnih reči, predak plemena Nakatomi čije zaduženje je bilo organizovanje verskih obreda na dvoru.

[13] Bog velikog dragulja. Predak plemena Inbe čije zaduženje je takođe bilo organizovanje verskih obreda na dvoru.

[14] Istoimena sveta planina nalazi se u zemlji Jamato, sadašnjoj prefekturi Nara.

[15] Gatanje gledanjem u plećku jelena, pečenu na kori trešnjevog drveta.

[16] Drvo klejera, na japanskom *sakaki*, šintoističko sveto drvo. Pet stotina grana znači „mnogo grana", tj. da je drvo razgranato.

[17] Pedalj, na starojapanskom *ata*, stara kineska mera za dužinu (oko 12 cm). Veličina običnih bronzanih ogledala, iskopanih iz grobnica iz IV i V veka, ne prelazi 30 cm. Prema tome, ogledalo od osam pedalja jednostavno znači „veliko sveto ogledalo".

[18] Platnene trake privezane za štap koriste se u šintoističkim obredima.

[19] Nebeski bog snažnih ruku.

[20] Nebeska boginja cvetno kićene kose, što znači da je bila sveštenica, odnosno šamanka. Ona je pretkinja plemena Sarume

puzavice nebeske crvotočine s nebeske planine Kagu, i u kosu uplete puzavicu nebeske kurike, u ruku uze svežanj lišća niskoraslog bambusa sa nebeske planine Kagu, ispred vrata nebeske pećine okrete bačvu i stade trupkati nogama po njoj i, zaposednuta božanskim duhom, razgoliti grudi, pa razveza učkur svoje suknje i razotkri svoje međunožje.[21] Na to svih osam miliona bogova prasnuše u smeh da se čitavo Uzvišeno nebesko polje zaori.

Začudi ovo Veliku boginju Amaterasu, te ona odškrinu vrata nebeske pećine i prozbori iznutra: „Trebalo je da mojim povlačenjem tama ispuni Uzvišeno nebesko polje, a mrak obavije Središnju zemlju trščanih polja, al otkud sad to da Ame no Uzume ovako pleše, a svih osam miliona bogova grohotom se smeje?" Na to Ame no Uzume reče: „Ima jedan bog još uzvišeniji od Tebe, i zato se mi radujemo, smejemo se i plešemo." I dok ona ovako zboriše, bog Ame no Kojane i bog Futotama izneše ono ogledalo i pokazaše ga Velikoj boginji Amaterasu, na šta se ona još više začudi, te se, malo po malo, pomaljaše iza vrata da pogleda, kad je bog Ame no Tađikarao, koji beše skriven, uhvati za ruku i izvuče napolje, a bog Futotama smesta razape sveti konopac[22] iza njenih leđa i ovako reče: „Ne vraćaj se više unutra." I tako, kada boginja Amaterasu izađe, i Uzvišeno nebesko polje i Središnja zemlja trščanih polja, prirodno, behu obasjani i osvetljeni.

---

no Kimi, čiji su pripadnici služili caru u verskim obredima na dvoru.
[21] Magijski čin za obnavljanje životne snage.
[22] Ritualni ukrasni konopac od slame i pamuka kojim se označava božansko obitavalište.

5. PROGONSTVO BOGA SUSANOA I POREKLO PET ŽITARICA

Onda svih osam miliona bogova većahu, te za kaznu bogu Haja Susanou odrediše globu od hiljadu tovara, odsekoše mu bradu i nokte sa ruku i nogu da bi se on tako iskupio,[1] pa ga izopštiše božanskim izopštenjem.

Onda bog Haja Susanoo zaiska hranu od boginje Oogecuhime.[2] A kad boginja Oogecuhime iz svog nosa, usta i zadnjice izvadi razne đakonije i od njih pripremi raznorazna jela, te mu ih prinese, bog Haja Susanoo, videvši iz potaje šta je ona učinila, pomisli da mu ona to nudi opoganjenu hranu, pa je smesta ubi. Iz tela[3] ubijene boginje nastade sledeće: iz njene glave svilena buba, iz njena dva oka pirinač, iz njena dva uha proso, iz njenog nosa crveni pasulj, iz njenog međunožja ječam, a iz njene zadnjice soja. Onda Majka boginja Kamu Musuhi[4] naloži da se zrna sakupe i upotrebe za seme.

---

[1] Odsecanje brade i noktiju kazne su kojima se čisti od greha. Puštanje brade nekada je bio znak da je čovek odrastao, a dugi nokti bili su simbol pripadnosti aristokratiji.

[2] Boginja žitarica. Videti fusnotu 19 na str. 29.

[3] Odraz verovanja o smrti i vaskrsenju žitarica.

[4] Iako je na početku ovih zapisa opisan kao samotni bog, ovde se pominje kao Majka boginja Zemlje. Smatra se da pripada mitološkom sistemu zemlje Izumoa i zato nije slučajno da se pojavljuje na početku priče o osnivačima te države.

BOG SUSANOO UBIJA DŽINOVSKU ZMIJU

1. DŽINOVSKA OSMOGLAVA ZMIJA

Pošto ga izopštiše, bog Susanoo siđe u zemlju Izumo, do mesta Torikami u gornjem toku reke Hi.[1] Uto, niz reku doploviše štapići za jelo. Bog Susanoo pomisli kako uzvodno ima ljudi, pa krenu naviše da ih potraži, kad tamo, starac i starica među sobom držahu neku devu i plakahu. „Ko ste vi?" upita ih bog Susanoo. A starac mu odgovori: „Ja sam sin zemaljskog boga Oojamacumija.[2] Ime mi je Ašinazući,[3] mojoj ženi Tenazući,[4] a mojoj kćeri Kušinadahime.[5]" I opet upita bog Susanoo: „A zašto plačeš?" Starac odgovori: „U nas nekada beše osam kćeri, ali džinovska osmoglava zmija[6]

---

[1] Današnja reka Hii u prefekturi Šimane. U njenom gornjem toku nalazio se rudnik gvožđa, pa je ova oblast imala poseban značaj za vladare zemlje Izumo.

[2] Zemaljski bog planine. Istoimeni bog pominje se ranije kao sin boga Izanakija i boginje Izanami, ali je ovde reč o drugom, zemaljskom i lokalnom bogu.

[3] Značenje imena ovog boga nije sasvim jasno, ali se pretpostavlja da znači Bog što miluje noge, a smisao toga je da on brižno neguje svoju decu.

[4] Značenje imena ove boginje nije sasvim jasno, ali se pretpostavlja da znači Boginja što miluje ruke.

[5] Boginja divnog pirinčanog polja. Ime se sastoji od dva dela, prefiksa *kuši*, divan, i *inada*, pirinčano polje. Prefiks *kuši* predstavlja i homonim za češalj, u koji je bog Susanoo pretvara da bi je sakrio od zmije.

[6] Bogu vode često se pripisuje oblik zmije. Ovde se verovatno radi o personifikaciji reke Hii, koja je nekada imala razgranate pritoke i rukavce.

iz zemlje Koši[7] svake godine dođe i proguta po jednu.[8] Plačem jer je sada vreme da opet dođe." A kad ga upita: "Kako ona izgleda?" ovaj mu odgovori: "Oči su joj crvene poput plodova ljoskavca, a na telu joj osam glava i osam repova. I još, po njoj rastu mahovina, čempresi i kedrovi, prostire se koliko osam dolina i osam gora, a pogledaš li joj stomak, on je uvek otečen i krvav." (Ljoskavac se nekad zvao *akakagaći*, crvenooka zmija, a danas *hoozuki*.)

---

[7] Zemlja Koši obuhvata sadašnje prefekture Fukui, Tojama i Nigata. U njoj je uvek bio jedan od centara moći drevnog Japana. Međutim, postoji i tumačenje da je reč o mestu Koši u donjem toku reke Hii u samom Izumu.

[8] Odraz drevnog običaja žrtvovanja devica bogu vode.

2. MAČ KUSANAGI

Tada se bog Haja Susanoo obrati starcu: „Hoćeš li mi dati tu tvoju kćer?" A ovaj mu odgovori: „Činiš mi čast, ali ja ti ni uzvišeno ime ne znam." Na to mu bog Susanoo reče: „Ja sam rođeni brat Velike boginje Amaterasu. Upravo sada siđoh sa nebesa." Bog Ašinazući i boginja Tenazući rekoše: „Biće nam onda čast. Dajemo ti je." Tada bog Haja Susanoo smesta pretvori devu u sveti češalj, zadenu ga za snop svoje kose, te bogu Ašinazućiju i boginji Tenazući ovako kaza: „Pripremite osam puta prevreli sake,[1] pa okolo podignite ograde i na njima otvorite osam kapija, na svakoj kapiji namestite po postolje, na svako postolje stavite po bačvu, i u svaku bačvu nalijte taj osam puta prevreli sake, pa čekajte." Onda oni pripremiše sve kako im je rečeno i tako čekahu, kad, baš kao što starac i kaza, dođe džinovska osmoglava zmija. U svaku bačvu smesta uroni po jednu od svojih osam glava i ispi sake. Napi se i na mestu se opruži, te zaspa. Tada bog Haja Susanoo isuče svoj mač dugačak deset šaka, što mu beše za pasom, i iseče džinovsku zmiju na komade, a reka Hi poteče crvenom krvlju. Ali, kada poseče jedan od središnjih repova, okrnji mu se sečivo. On se začudi i vrhom mača raspori rep, kad tamo ugleda dugi britki mač. Podiže ga, a pošto mu se mač učini neobičnim, o tome obavesti Veliku boginju Amaterasu i predade joj ga. To je mač Kusanagi.[2]

---

[1] Osam puta prevreli *sake* označava žestoko piće, slično prepečenici.

[2] Mač kojim se kosi trava. Jedno je od tri sveta blaga koja se prenose sa cara na cara. Čuva se u svetilištu Acuta u gradu Nagoja.

3. PALATA SUGA

Potom bog Haja Susanoo potraži po zemlji Izumo mesto gde će podići palatu. I stigavši u mesto Suga,[1] reče: „Dođoh ovde i duša mi se razvedri." Tu sazda palatu da bi se nastanio u njoj. Ovo mesto se i dan-danas zove Suga, Vedrine. Kad ovaj Veliki bog poče da gradi palatu Suga, odatle se podigoše oblaci.[2] Tu on sačini pesmu.[3] U toj pesmi kaza:

1
Osam oblaka
    diže se nad Izumom.[4]
Da ženu skrijem
    osam ograda dižem.
    Ah, tih osam ograda.

Onda pozva onog boga Ašinazućija i kaza mu: „Imenujem te starešinom moje palate", te mu još dodeli i drugo ime — bog Inada no Mijanuši Suga no Jacumimi.[5]

---

[1] Mesto kod današnjeg grada Oohigaši u prefekturi Šimane, gde se nalazi svetilište Suga. Reč *suga* ovde se etimološki vezuje za reč *sugasugaši*, vedar.

[2] Dizanje oblaka smatralo se dobrim znamenjem.

[3] Ova pesma smatra se prvom *vaka* pesmom. Sastavljena je od trideset i jednog sloga, što je najrasprostranjeniji pesnički oblik u Japanu.

[4] Izraz „diže se osam oblaka" stalni je epitet za zemlju Izumo, nastao zbog značenja njenog imena, Zemlja izlazećeg oblaka.

[5] Bog Starešina palate u Inadi i Oštrouhi u Sugi. Ime ukazuje na njegovo šamansko poreklo.

Onda sa boginjom Kušinadahime provede svadbenu noć u skrovitoj odaji, i rodi mu se sin, bog Jašimađinumi.[6] I opet, uze za ženu Kamu Ooićihime,[7] kćer boga Oojamacumija,[8] te mu se rodiše sinovi, bog Ootoši,[9] zatim bog Uka no Mitama[10] (dva boga). Najstariji sin, bog Jašimađinumi, uze za ženu kćer boga Oojamacumija, Konohanaćiruhime,[11] te mu se rodi sin, bog Fuha no Mođikunusunu.[12] Ovaj bog uze za ženu kćer boga Okamija,[13] po imenu Hikavahime,[14] te mu se rodi sin, bog Fukabući no Mizujarehana.[15] Ovaj bog uze za ženu boginju Ame no Cudohećine,[16] te mu se rodi sin, bog Omizunu.[17] Ovaj bog uze za ženu kćer boga Funozunoa,[18] po imenu boginja Futemimi,[19] te mu se rodi sin, bog Ame no Fujukinu.[20] Ovaj bog uze za ženu kćer velikog boga Sašikunija,[21] po imenu Sašikuni Vakahime,[22] te mu se rodi sin, bog Ookuninuši.[23] Znan je i

---

[6] Značenje imena ovog boga nije poznato.
[7] Značenje imena ove boginje nije poznato.
[8] Bog planine.
[9] Bog bogatog roda.
[10] Bog Duh žitarica.
[11] Boginja opadanja cveća.
[12] Značenje imena ovog boga nije poznato.
[13] Bog vode.
[14] Boginja reke Hi.
[15] Značenje imena ovog boga nije poznato, osim da ima veze sa vodom.
[16] Nebeska boginja što skuplja vodu.
[17] Bog Veliki gospodar vode.
[18] Značenje imena ovog boga nije poznato.
[19] Značenje imena ove boginje nije poznato.
[20] Značenje imena ovog boga nije poznato.
[21] Značenje imena ovog boga nije poznato.
[22] Značenje imena ove boginje nije poznato.
[23] Bog Veliki gospodar Zemlje. U procesu sistematizacije mitologije zemlje Izumo, mnogi bogovi su integrisani pod ovim ime-

kao bog Oonamuđi,[24] i još kao bog Ašihara Šikoo,[25] i još kao bog Jaćihoko,[26] i još kao bog Ucušikunitama.[27] On imaše ukupno pet imena.

---

nom vrhovnog boga, a o tome govori činjenica da mu se pripisuje mnogo imena.
[24] Veliki bog Zemlje.
[25] Silni bog trščanog polja. Njegovo ime Šikoo znači „ružan i silan čovek", u smislu posedovanja demonske moći.
[26] Bog osam hiljada kopalja.
[27] Bog Duh zemlje jave, duhovni poglavar zemlje.

PODVIZI BOGA OOKUNINUŠIJA

1. BELI ZEC IZ INABE

Beše u tog boga Ookuninušija osamdesetoro braće.[1] Međutim, oni svu zemlju prepustiše bogu Ookuninušiju. A evo kako mu je prepustiše: kad tih osamdeset bogova naumiše da svaki za sebe zatraži ruku Inaba no Jagamihime,[2] zaputiše se onamo zajedno i povedoše boga Oonamuđija[3] kao slugu, da im nosi vreću. Dođoše do rta Keta,[4] kad tamo ležaše jedan zec, posve nag. Tada mu osamdeset bogova kazaše: „Evo šta ti valja činiti: okupaj se u morskoj vodi, pa lezi na vrh planine da te vetar produva." I zec učini kako mu osamdeset bogova rekoše. Kako se slana voda na njemu sušila, sva mu je koža od vetra ispucala. Tako on u mukama i bolovima ležaše i plakaše, kada ga ugleda bog Oonamuđi, koji stiže poslednji, te ga upita: „Zašto ležiš tu i plačeš?" a zec mu ovako odgovori: „Bejah na ostrvu Oki[5] i htedoh ovamo, ali ne imadoh čime preći preko mora. Nasama-

---

[1] Broj osamdeset označava mnoštvo.
[2] Boginja iz mesta Jagami u zemlji Inaba, u jugoistočnom delu sadašnje prefekture Totori.
[3] Dok je Ookuninuši, Veliki gospodar Zemlje, ime koje mu je kasnije dodeljeno kao ujedinitelju zemlje Izumo i gospodaru Središnje zemlje tršćanih polja, Oonamuđi je bilo ime koje je on nosio kao lokalni bog. Ovo je, stoga, priča o tome kako je Oonamuđi kroz razne podvige postao Veliki gospodar Zemlje.
[4] Rt Keta, sa plažom Beli zec, nalazi se u sadašnjoj prefekturi Totori.
[5] Grupa ostrva Oki nalazi se na Japanskom moru, 40 km severno od grada Izumoa.

rih, stoga, morskoga psa govoreći mu: 'Hajde da se ti i ja nadmećemo i da izbrojimo u kojega je od nas dvojice više rođaka. Dovedi ti sve svoje rođake, koliko god ih imaš, i poređaj ih sve od ovoga ostrva pa do rta Keta. Onda ću ja pretrčati preko vas i prebrojati vas. Tako ćemo znati ima li vas više nego nas.' Tako mu kazah, a kad se oni tako nasamareni poređaše, ja trčah preko njih brojeći, i taman kad bejah nadomak kopna, rekoh im: 'Nasamario sam vas!' A kako ovo izustih, dograbi me onaj poslednji, te sa mene strgnu odelo. Zato plakah i jadikovah, dok malopre ne naiđoše osamdesetorica bogova i kazaše mi: 'Okupaj se u morskoj vodi, pa lezi tu na vetru.' Uradih kako mi rekoše, al me rane sveg prekriše." Na to ga bog Oonamuđi poduči: „Idi iz ovih stopa na ušće reke u more, operi se u slatkoj vodi, pa odmah uzmi polen rogoza[6] što tamo raste, prospi ga po zemlji i valjaj se po njemu, pa će rane na tvome telu zaceliti i koža će ti biti kao ranije." Učini zec kako ga ovaj poduči, i njegovo telo odmah postade kao pre. To je Beli zec iz Inabe. On se danas naziva Usagikami, bog Zec. Tada zec reče bogu Oonamuđiju: „Niko od ovih osamdeset bogova neće dobiti Jagamihime. Ti ćeš je osvojiti, iako im sada nosiš vreću."

---

[6] Žuti polen iz rogozovog klipa u to vreme je upotrebljavan kao lek za zaustavljanje krvarenja i smirivanje bola. Ovde je bog Ookuninuši prikazan kao lekar-vrač, što je tada bio jedan od uslova da se postane vladar.

2. STRADANJA BOGA OOKUNINUŠIJA

Tada Jagamihime odgovori osamdesetorici bogova: „Neću da slušam što govorite. Poći ću za boga Oonamuđija." To rasrdi osamdesetoricu bogova i oni naumiše da ga ubiju, dogovoriše se, pa kad stigoše u podnožje planine Tema[1] u zemlji Hoki,[2] rekoše mu: „U ovoj planini živi crveni vepar. Mi ćemo ga poterati dole, a ti ga sačekaj i ulovi! Ako li ga, pak, ne sačekaš i ne uloviš, ubićemo te." Kazavši to, oni užariše jedan veliki kamen nalik vepru, te ga pustiše niz planinu. Kad on uhvati užareni kamen što ga oni poteraše dole, istoga časa sprži se na njemu i umre. A majka njegova,[3] ridajući i jadikujući, ode na Nebo i obrati se boginji Kamu Musuhi za pomoć. Ona odmah posla boginje školjki Kisagaihime[4] i Umugihime[5] da ga izleče i ožive. Tada Kisagaihime sastruga školjku i sakupi prah, a Umugihime ga uze, napravi od toga mleko poput majčina,[6] namaza time boga Oonamuđija, te on ponovo postade krasan momak i prohoda.

---

[1] Danas mesto Tenman, deo grada Aimi u prefekturi Totori.
[2] Zapadni deo sadašnje prefekture Totori. Graničila se sa zemljom Izumo.
[3] Boginja Sašikuni Vakahime. Videti fusnotu 22 na str. 59.
[4] Boginja školjke anadare, kći boginje Kamu Musuhi.
[5] Boginja školjke kapice, kći boginje Kamu Musuhi.
[6] Mešanjem istrugane školjke anadare i soka kapice, pravljen je melem za opekotine.

3. ODLAZAK U ZEMLJU NE

Kad to videše, osamdeset bogova opet ga na prevaru odvedoše u planinu, oboriše jedno ogromno drvo, zabiše u njega klin,[1] i nateraše ga da uđe u procep. Tada iščupaše klin, te ga tako ubiše. A njegova majka, opet ridajući, krenu u potragu za njim, i kada ga nađe, smesta rascepi ono drvo, izvede ga i ožive, pa mu ovako reče: „Ostaneš li ovde, osamdeset bogova na kraju će te uništiti", i odmah ga uputi bogu Oojabikou[2] u zemlju Ki,[3] izbegavajući zlosrećni pravac. Uskoro stigoše i osamdeset bogova tražeći ga i goneći, i kad su zapetih lukova zatražili da im ga preda, bog Oojabiko ga pusti da umakne kroz raklje stabla, govoreći mu: „Idi u podzemnu zemlju Ne no Katasu,[4] u kojoj obitava bog Susanoo! Taj Veliki bog će sigurno nešto smisliti." Kada bog Oonamuđi posluša božansku reč i dođe bogu Susanou, Susanoova kći, Suseribime,[5] izađe da ga vidi. Oni se zagledaše jedno u drugo i venčaše se. Potom, ona se vrati u kuću i reče svome ocu: „Dođe nam prekrasan bog." Veliki bog izađe da ga vidi i reče: „Ah, njega zovu bog

---

[1] Odraz tadašnjeg načina izrade drvne građe.

[2] Bog kuće, sin boga Izanakija i boginje Izanami. Asocijacija na izradu drvne građe. Videti fusnotu 6 na str. 28.

[3] Zemlja Ki je sadašnja prefektura Vakajama, južno od zemlje Jamato. Dobila je ime *Ki*, Drvena, jer je to šumovit planinski kraj.

[4] Bog Susanoo je ostvario želju da ode u podzemnu zemlju kojom je vladala njegova pokojna majka, Velika boginja Izanami.

[5] Značenje imena ove boginje nije poznato.

Ašihara Šikoo,⁶" pa ga odmah pozva da uđe i smesti ga da prespava u pećini u kojoj beše zmija. Onda boginja Suseribime svome mužu dade maramu protiv zmija,⁷ pa mu reče: „Kad zmije krenu da te ujedu, triput mahni ovom maramom, pa ćeš ih oterati." On učini kako ga ona poduči i zmije se umiriše. I tako on prespava mirno, pa izađe napolje. A narednoga dana, kad ga uveče Veliki bog smesti da prespava u pećini u kojoj beše osa i stonoga, ona mu dade maramu protiv osa i stonoga i poduči ga kao i prethodnog dana. I tako on sutradan opet mirno izađe napolje. Opet, Veliki bog odape zviždeću strelu u polje i zapovedi mu da je donese. Čim on uđe u polje, Veliki bog svud unaokolo upali vatru. Dok bog Oonamuđi smišljaše kako da izađe, dođe mu jedan miš i reče: „Iznutra je šuplje šuplje, a spolja je usko usko."⁸ Pošto mu miš tako reče, on nagazi to mesto i upade u jamu, a dok beše tako skriven, vatra prođe.⁹ Tada se pojavi isti onaj miš, noseći u zubima zviždeću strelu, i predade mu je. Samo, njegovi mišići već behu pojeli sva pera s nje.

A Oonamuđijeva žena, Suseribime, ridajući dođe i donese sve što treba za pogreb, a i otac njen, Veliki bog, izađe u polje misleći da je bog Oonamuđi već mrtav. Kada mu on ipak predade strelu, Veliki bog ga povede kući, pozva ga u odaju tako prostranu da između stubova beše po osam pedalja, i zapovedi da mu trebi vaši iz glave. Kad mu ovaj pogleda glavu, vide da je puna

---
⁶ Silni bog trščanih polja, jedno od pet imena boga Ookuninušija. Bog Susanoo ga je tim imenom nazvao zato što je došao iz Središnje zemlje trščanih polja.

⁷ Marama kojom su žene pokrivale ramena. Smatralo se da poseduje magičnu moć da otera zle duhove, u ovom slučaju zmije.

⁸ Zagonetka magijskog karaktera.

⁹ Bog Ookuninuši je uspeo da reši zagonetku i tako se spasao.

stonoga. Onda njegova žena uze bobice crnog koprivića i crvene gline i dade ih svome mužu. On te bobice zubima zdrobi, uze u usta i onu glinu, pa sve to ispljunu, a Veliki bog pomisli kako on to zubima drobi stonoge i pljuje ih, te mu stoga posta mio srcu, i tako utonu u san. Tada bog Oonamuđi uze Velikog boga za kosu i priveže je za svaku od krovnih greda u toj odaji, zatvori vrata kamenom, tako velikim da ga ni pet stotina ljudi ne bi moglo pomeriti, uprti na leđa svoju ženu Suseribime, uze mač života, te luk i strelu života,[10] kao i nebeski koto optočen draguljima,[11] i stade bežati. On tad dotaknu drvo nebeskim kotoom optočenim draguljima i zemlja zabruja. Veliki bog se, iznenađen, trže iz sna, a kako povuče kosu, odaja se sva sruši. I dok on odvezivaše kosu vezanu za krovne grede, oni mu daleko umakoše. Potera ih do brda Hira,[12] i gledajući za njima u daljini, stade dozivati boga Oonamuđija i govoriti mu: „Tim mačem života i lukom i strelom života što su kod tebe, poteraj svoju polubraću do podnožja brda i rasteraj ih po rečnim brzacima, pa ti, mili moj, postani bog Ookuninuši[13] i bog Ucušikunitama,[14] uzmi moju kćer Suseribime za svoju prvu ženu, a u podnožju planine Uka[15] postavi

---

[10] Mač, luk i strela života simboli su svetovne moći koja nastaje i raste.

[11] Muzički instrument *koto*, sličan liri u antičkoj Grčkoj, simbol je sakralne moći.

[12] Brdo Hira ili *Jomocu Hirasaka*, litica koja se nalazi na granici između podzemne Zemlje Ne i ovog sveta. Videti fusnotu 18 na str. 36.

[13] Bog Veliki gospodar Zemlje, gospodar zemlje Izumo i Središnje zemlje trščanih polja. Videti fusnotu 23 na str. 59.

[14] Bog Duh zemlje jave. Videti fusnotu 27 na str. 60.

[15] Drugo ime planine Misaki, koja se nalazi severoistočno od svetilišta Izumo. Reč *uka*, hrana, ukazuje na to da bog Ookuninuši ima osobine boga žitarica.

jake stubove svoje palate na steni duboko u zemlji i podigni na krovu rogove visoke sve do Uzvišenog nebeskog polja, te se tu nastani, ti nevaljalče!" Kada tako bog Oonamuđi, mačem i lukom stade goniti onih osamdeset bogova, potera ih do podnožja brda i rastera ih po rečnim brzacima, i tako prvi stade graditi zemlju.

Tada mu se Jagamihime podade, kao što se beše zavetovala. Onda on dovede Jagamihime kući, no ona se uplaši njegove prve žene, Suseribime, pa se vrati u roditeljski dom, ostavivši u rakljama stabla dete što ga beše rodila. To dete stoga nazvaše bog Kinomata, bog raklji stabla, a znan je i kao bog Mii.[16]

---

[16] Bog izvora i bunara.

4. OOKUNINUŠI PROSI NUNAKAVAHIME

Ovaj bog Jaćihoko[1] pođe da zatraži ruku Nunakavahime iz zemlje Koši,[2] i kada beše pred njenom kućom, on zapeva:

2
Bog Jaćihoko,
    bog presveti i moćni,
ne nađe ženu
    širom Osam ostrva.[3]
Tamo daleko,
    u toj zemlji Koši,
živi ta deva,
    rekoše mu, premudra,
živi ta deva,
    kazaše mu, prekrasna;
krenu na put
    da je zaprosi,

---

[1] Bog osam hiljada kopalja, jedno od imena boga Ookuninušija. Koplje širokog sečiva, na japanskom *hoko*, bronzano je oružje kineskog porekla, a u Japanu je služilo više za verske obrede nego za borbu. Korišćeno je uglavnom u zapadnim oblastima sa središtem na ostrvu Kjušu, ali ne i u zemlji Jamato, što ukazuje na pripadnost ovog boga posebnom mitološkom sistemu.

[2] Sadašnja prefektura Nigata. U gradu Itoigava nalazi se svetilište posvećeno boginji Nunakavahime. Ova oblast odranije je bila poznata po proizvodnji žada.

[3] Drugo ime Japana. Videti fusnotu 21 na str. 26.

devi stiže
 da je isprosi.
Još ne odvezah⁴
 ni svoga mača temnjak,
niti pak skinuh
 putnu kabanicu,
a dveri već
 na domu gde deva spi
gurah i ljuljah,
 tako pred njima stajah,
vukoh, drmusah,
 tako pred njima stajah,
kad drozd zazvižda
 sa gore zelene,
i poljska ptica
 fazan bučno zakriča,
baštenska ptica
 pevac kukuriknu.
Kako su mrske
 te ptice što sad poju!
Udri ih, udri,
 neka ne poju više,
slugo nebeski⁵
 što mene verno pratiš!
Priča se
 da sve desilo se
 ovako.

A Nunakavahime ne otvori vrata, već iz kuće odgovori pesmom:

---

⁴ Prelazak iz trećeg u prvo lice česta je pojava u ovakvim pesmama i pokazuje kako se izvođač u toku pesme identifikuje sa glavnim junakom.

⁵ Postoji mišljenje da treba da stoji „slugo primorski" umesto „slugo nebeski". To bi značilo da pomenuti sluga pripada primorskom narodu Ama, koji je bio potčinjen vladajućem plemenu čiji je vrhovni bog bio Jaćihoko.

3
Ti Jaćihoko,
    presveti i moćni!
Ko meka trava
    žena sam nejaka,
moje srce je
    ptica na morskom žalu,
a sada sam još
    ptica mala i sama,
no sutra
    ptica ću tvoja već biti,
pa molim te,
    ne daj da je ubije
sluga nebeski
    što tebe verno prati!
Priča se
    da sve desilo se
    ovako.

4
Čim Sunce zađe
    za goru zelenu,
pašće noć tamna
    ko klekove bobe.[6]
Kad s osmehom
    jutarnje Sunce priđe,
ruke mi bele
    kao dudove strune[7]
i grudi mlade
    ko snežne pahuljice,
grli ih nežno,
    grli i nežno miluj,
glavu spusti
    na ruku mi bisernu,

---

[6] Stalni epitet za noć, tamu ili crnu boju.
[7] Stalni epitet za belu boju.

noge opruži
    da ti i ja usnimo.
A sada
    nemoj čeznuti za mnom,
ti Jaćihoko,
    presveti i moćni! –
Priča se
    da sve desilo se
    ovako.

Tako se te noći ne sastaše, već se naredne noći venčaše.

5. LJUBOMORNA SUSERIBIME

A boginja Suseribime, prva žena ovoga boga, beše veoma ljubomorna. Ojađen time, njen muž naumi da krene iz zemlje Izumo u zemlju Jamato. Spreman za put, stavi jednu ruku na sedlo svoga konja, a jednu nogu podiže u uzengiju i zapeva:

5

U ruhu crnom
    ko klekove bobe
sav do tančina
    on tako doteran,
ko morska ptica
    što u grudi gleda,
maše krilima –
    ruho mu ne pristaje,
skida ga,
    baca ga na žalo.
U ruhu modrom
    ko ptica vodomar[1]
sav do tančina
    on tako doteran,
ko morska ptica
    što u grudi gleda
maše krilima –
    ni to ne pristaje,

---

[1] Stalni epitet za modru boju.

skida ga
    i baca ga na žalo.
Da stuca broć
    gajen na njivi za brdom,
i u ruhu bojenom
    u broću crvenom
sav do tančina
    tako doteran,
ko morska ptica
    što u grudi gleda,
maše krilima –
    ovo pristaje.
Oh, ti ljubljena,
    ženo mi, Boginjo!
Kad već odem
    sa jatom svojih ptica,
i kad povedem
    za sobom svoje ptice,
mada ti kažeš
    da nećeš plakati,
ipak si sirak
    na padinama brdskim,
pognute glave
    gorke ćeš suze liti,
kao što maglu
    jutarnja kiša rađa,[2]
oh, mlada travo,
    ženo mi, Boginjo! –
Priča se
    da sve desilo se
        ovako.

Uto boginja donese sake u velikom peharu, priđe i pruži mu ga, te zapeva:

---

[2] Stalni epitet za maglu.

6

Ti, Jaćihoko,
    o, presveti i moćni!
    Dragi moj Ookuninuši![3]
Pošto si ti
    baš pravi muškarac,
obilaziš
    na ostrvima hridi,
obilaziš
    na svakom žalu hridi,
svuda imaš
    žene ko mladu travu.
A ja sam ipak
    žena, jadna i sama,
osim tebe
    nikoga nemam,
osim tebe
    svog muža nemam.
Ispod zastora
    što njiše se šaren,
ispod pokrovca
    što mek je i svilen,
ispod prekrivke
    što šušti dudova,
grudi mi mlade
    ko snežne pahuljice
i ruke bele
    kao dudove strune,
grli ih nežno,
    grli i nežno miluj,
glavu spusti
    na ruku mi bisernu,

---

[3] Pretpostavlja se da je ovaj stih kasnije umetnut, jer remeti osnovni metrički obrazac ove vrste dugačke pesme starog Japana (5/7/5/7...7/7).

noge opruži
    da ti i ja usnimo,
ispij sake,
    to božansko piće!

Ovako pevajući, jedno drugom nazdraviše, zagrliše se, i tako pomireni ostadoše do dana današnjeg. Ove pesme nazivaju se *kamu gatari*, pesme o bogovima.

6. POTOMCI BOGA OOKUNINUŠIJA

Onda bog Ookuninuši uze za ženu boginju Takiribime,[1] koja obitavaše u hramu Okicu svetilišta Munakata, te mu se rodi sin, bog Ađisuki Takahikone,[2] a zatim mlađa mu sestra, boginja Takahime,[3] znana i kao boginja Šitateruhime.[4] Ovog boga, Ađisuki Takahikonea, danas nazivaju Veliki bog u Kamu.[5] I opet, bog Ookuninuši uze za ženu boginju Kamu Jatatehime,[6] te mu se rodi sin, bog Kotošironuši.[7] I opet, uze za ženu kćer boga Jašimamuđija,[8] boginju Totori,[9] te mu se rodi sin, bog Torinarumi.[10] Ovaj bog uze za ženu

---

[1] Boginja koja je nastala od mača boga Susanoa. Ovu boginju slavi primorsko pleme Ama sa severa ostrva Kjušu. Videti fusnotu 4 na str. 46.

[2] Bog koji se vezuje za zemljoradnju, možda bog lopate. Kasnije se pominje i kao Gromovnik. Takahikone znači Uzvišeni princ.

[3] Boginja Uzvišena princeza.

[4] Boginja cvetnog odsjaja.

[5] Svetilište Takakamo, posvećeno ovom bogu, nalazi se u mestu Kamokami u zemlji Jamato, u sadašnjem gradu Gose u prefekturi Nara, gde je bilo sedište plemena Kamo.

[6] Značenje imena ove boginje nije poznato.

[7] Ime ovog boga, Božje reči, pokazuje da je on šamanskog porekla. Njegovo svetilište, Kamonocuha, takođe se nalazi u gradu Gose.

[8] Značenje imena ovog boga nije poznato.

[9] Značenje imena ove boginje nije poznato.

[10] Značenje imena ovog boga nije poznato.

boginju Hinateri Nukatabićio Ikoćini,[11] te mu se rodi sin, bog Kuniošitomi.[12] Ovaj bog uze za ženu boginju Ašinadaka,[13] znanu i kao Jagavaehime,[14] te mu se rodi sin, bog Hajamika no Take Sahajađinumi.[15] Ovaj bog uze za ženu kćer boga Ame no Mikanušija,[16] Sakitamahime,[17] te mu se rodi sin, bog Mikanušihiko.[18] Ovaj bog uze za ženu kćer boga Okamija,[19] Hinarašibime,[20] te mu se rodi sin, bog Tahiriki Šimarumi.[21] Ovaj bog uze za ženu kćer boga Hihiragi no Sonohanamazumija,[22] boginju Ikutama Sakitamahime,[23] te mu se rodi sin, bog Mironami.[24] Ovaj bog uze za ženu kćer boga Šikijamanušija,[25] Aonumanu Ošihime,[26] te mu se rodi sin, bog Nunoošitomi Torinarumi.[27] Ovaj bog uze za ženu boginju Vakacukušime,[28] te mu se rodi sin, bog Ame no Hibara Oošinadomi.[29] Ovaj bog uze za ženu

---

[11] Značenje imena ove boginje nije poznato.
[12] Značenje imena ovog boga nije poznato.
[13] Značenje imena ove boginje nije poznato.
[14] Značenje imena ove boginje nije poznato.
[15] Značenje imena ovog boga nije poznato, ali je verovatno u vezi sa gromom i munjom.
[16] Bog Gospodar munje.
[17] Boginja Duh sreće.
[18] Sin boga Gospodara munje.
[19] Bog vode.
[20] Značenje imena ove boginje nije poznato.
[21] Značenje imena ovog boga nije poznato.
[22] Bog cveta zelenike.
[23] Boginja Duh života i sreće.
[24] Značenje imena ovog boga nije poznato.
[25] Značenje imena ovog boga nije poznato.
[26] Značenje imena ove boginje nije poznato.
[27] Značenje imena ovog boga nije poznato.
[28] Značenje imena ove boginje nije poznato.
[29] Značenje imena ovog boga nije poznato.

kćer boga Ame no Sagirija,[30] boginju Toocumaćine,[31] te mu se rodi sin, bog Toocujamasakitaraši.[32]

Svi ovi bogovi, od boga Jašimađinumija,[33] pa sve do boga Toocujamasakitarašija, nazivaju se bogovima sedamnaest pokolenja.[34]

---

[30] Bog nebeske magle. Istoimeni bog pominje se u poglavlju „Rađanje bogova". Videti fusnotu 14 na str. 29.

[31] Značenje imena ove boginje nije poznato.

[32] Značenje imena ovog boga nije poznato.

[33] Sin boga Susanoa. Ovo upućuje na zaključak da je ovaj deo zapisa bio nekada sastavni deo opšteg rodoslova bogova, sa Velikim bogom Susanoom kao rodonačelnikom.

[34] Treba da stoji: petnaest pokolenja.

7. BOG SUKUNABIKONA I BOG PLANINE MIMORO

Dok je bog Ookuninuši prebivao na rtu Miho[1] u zemlji Izumo, dođe mu bog odeven u ljušturu noćnog leptira,[2] ploveći na belim talasima mora, u čamcu od ploda nebeske rastavine.[3] Upita ga za ime, no ovaj mu ne odgovori. Onda upita svekolike bogove, sluge svoje, a svi uglas rekoše: „Ne znamo." Onda mu Taniguku, bog Krastava žaba,[4] reče: „To će sigurno znati Kuebiko.[5]" I on odmah pozva Kuebikoa, te ga upita, a ovaj mu odgovori: „To je bog Sukunabikona,[6] sin boginje Kamu Musuhi." Onda se obratiše uzvišenoj majci boginji Kamu Musuhi, a ona im odgovori: „Ovo zaista jeste moje dete. On je jedno od moje dece, ali mi je skliznuo kroz prste. A ti, sine moj, pobratimi se sa bogom Ašihara Sikoom, te izgradite ovu zemlju." Od tada bog Suku-

---

[1] Rt Miho nalazi se blizu današnjeg grada Mihoseki u prefekturi Šimane, na obali Japanskog mora.

[2] Misli se na leptira svilene bube.

[3] Lekovita biljka povijuša, *kagami* (sada *kagaimo*), slična primorskoj rastavini, čiji plod ima oblik čamca.

[4] Zbog svoje osobine da padne u zimski san ispod zemlje, krastava žaba je u staro vreme smatrana tajanstvenim bićem, sposobnim da se provlači kroz doline i podzemno carstvo, i tako stigne do kraja sveta.

[5] Stari naziv za strašilo.

[6] Mali bog zemlje, ime dato kao pandan za Oonamuđija, Velikog boga zemlje. To je patuljasti, vragolasti bog, koji inače živi u Zemlji večnosti kao duh predaka i upravlja plodnošću.

nabikona i bog Oonamuđi zajedno delahu i izgrađivahu tu zemlju. No, malo potom, bog Sukunabikona pređe u Zemlju večnosti.[7] A onaj Kuebiko, koji beše rasvetlio ime boga Sukunabikone, danas je znan kao bog Jamada no Sohodo.[8] Ovaj bog ne može da hoda, ali poznaje sve stvari pod kapom nebeskom.

Onda bog Ookuninuši, zabrinut, reče: „Kako mogu ja sâm da izgradim ovu zemlju? Koji bi bog mogao sa mnom graditi ovu zemlju?" Tada mu priđe nekakav bog koji obasja more.[9] Ovaj bog mu reče: „Ako umiriš moj božanski duh kako valja, moći ću da s tobom izgradim ovu zemlju. Ako li ne, zemlja se neće podići." Na to bog Ookuninuši odgovori: „Ako je tako, reci mi, na koji način da umirim tvoj božanski duh?" a ovaj mu kaza: „Meni u slavu obavi sveto pročišćenje na vrhu planine[10] na istoku zelene ograde zemlje Jamato." Ovo je bog koji obitava na vrhu planine Mimoro.[11]

---

[7] Zemlja predaka, koja se po verovanju nalazi iza morskog horizonta. Njoj je kasnije pridodata osobina začarane zemlje gde čovek stiče večni život.

[8] Strašilo što stoji nasred pirinčanog polja. Predstavlja zaštitnika roda.

[9] Ovaj bog zove se Oomononuši, Veliki gospodar duhova. I on je, izgleda, došao preko mora iz Zemlje večnosti.

[10] Planina Miva, skladnog kupastog oblika, visine 467 m, nalazi se u jugoistočnom delu kotline Nara. Sama planina predstavlja svetilište boga Oomononušija.

[11] Reč *mimoro* značila je „posvećena pećina" ili „prebivalište božanstava". Uspostavljanjem centralne vlasti u zemlji Jamato, planina Miva postaće jedino mesto koje nosi to počasno ime.

8. POTOMCI BOGA OOTOŠIJA

Uzgred, već pomenuti bog Ootoši[1] uze za ženu kćer boga Kamu Ikusubija,[2] Inohime,[3] te mu se rodi sin, bog Ookuni Mitama,[4] zatim bog Kara,[5] zatim bog Sohori,[6] zatim bog Širahi,[7] a zatim bog Hiđiri[8] (pet bogova). I opet, uze za ženu boginju Kagujohime,[9] te mu se rodi sin, bog Ookagujamatoomi,[10] zatim bog Mitoši[11] (dva boga). I opet, uze za ženu Amećikaru Mizuhime,[12] te

---

[1] Bog bogatog roda, sin Velikog boga Susanoa. Nije razjašnjeno zašto se ovaj bog ponovo javlja, i to baš na ovom mestu. Videti fusnotu 9 na str. 59.

[2] Značenje imena ovog boga nije poznato, ali se veruje da je u vezi sa boginjom Stvoriteljkom Kamu Musuhi.

[3] Značenje imena ove boginje nije poznato. Svetilište posvećeno njoj nalazilo se u okrugu Izumo u zemlji Izumo.

[4] Bog Sveti duh zemlje.

[5] Smatra se da je ime ovog boga u vezi sa korejskim doseljenicima, jer *Kara* može da označava Koreju.

[6] Značenje imena ovog boga nije poznato, ali se smatra da je i ono u vezi sa Korejom.

[7] Značenje imena ovog boga nije poznato. Pošto njegovo ime sadrži reč „Sunce", verovatno je jedan od bogova koji su u vezi sa zemljoradnjom.

[8] Ime mu se sastoji od reči „dan" i „znati", i veruje se da ovaj bog ima veze sa kalendarom.

[9] Značenje imena ove boginje nije poznato.

[10] Značenje imena ovog boga nije poznato.

[11] Bog godišnjeg roda.

[12] Značenje imena ove boginje nije poznato, ali se veruje da ima veze sa vodom.

mu se rodi sin, bog Okicuhiko,[13] zatim kći, boginja Okicuhime,[14] znana i kao boginja Oohehime.[15] Nju svi ljudi slave kao boginju ognjišta. Zatim bog Oojamakui,[16] znan i kao bog Jamasue no Oonuši.[17] Ovaj bog obitava na planini Hie[18] u zemlji Ćikacuomi,[19] a takođe obitava u mestu Macunoo[20] u okrugu Kazuno, i poseduje zviždeću strelu.[21] Zatim bog Nivacuhi,[22] zatim bog Asuha,[23] zatim bog Hahiki,[24] zatim bog Kagujamatoomi,[25] zatim bog Hajamato,[26] zatim bog Nivatakacuhi,[27] zatim boginja Oocući,[28] znana i kao majka boginja Cući.[29] Devet bogova.[30]

Od boga Ookuni Mitame do boginje Oocući, ukupno šesnaest bogova, potomaka boga Ootošija.

---

[13] Značenje imena ovog boga nije poznato.
[14] Značenje imena ove boginje nije poznato.
[15] Boginja velikog ognjišta.
[16] Značenje imena ovog boga nije poznato, ali se veruje da je u vezi sa planinom.
[17] Bog Veliki gospodar planinskog vrha.
[18] Današnja planina Hiei, severoistočno od Kjota. Na njoj se nalazi svetilište Hie.
[19] Zemlja Omi, sadašnja prefektura Šiga.
[20] Svetilište Macunoo nalazi se zapadno od Kjota. Slavili su ga kineski doseljenici.
[21] Smatra se da je bog imao oblik zviždeće strele. Strela je simbol boga gromova.
[22] Bog Duh dvorišta.
[23] Puno značenje imena ovog boga nije poznato, ali se veruje da je u vezi sa stambenom zgradom.
[24] Puno značenje imena ovog boga nije poznato, ali se veruje da je u vezi sa stambenom zgradom, kao i kod prethodnog boga.
[25] Značenje imena ovog boga nije poznato.
[26] Bog proplanka.
[27] Boginja Visoki duh dvorišta.
[28] Boginja velike zemlje, koji upravlja pirinčanim poljima.
[29] Majka boginja zemlje.
[30] Treba da stoji: deset bogova.

Bog Hajamato uze za ženu boginju Ookecuhime,[31] te mu se rodi sin, bog Vakajamakui,[32] zatim bog Vakatoši,[33] zatim mlađa mu sestra boginja Vakasaname,[34] zatim bog Mizumaki,[35] zatim bog Nacutakacuhi,[36] znan i kao bog Nacunome,[37] zatim boginja Akibime,[38] zatim bog Kukutoši,[39] zatim bog Kukuki Vakamurocunane.[40]

Od sina boga Hajame[41] do boga Vakamurocunanea, ukupno osam bogova.

---

[31] Boginja hrane.
[32] Značenje imena ovog boga nije poznato.
[33] Mlađi bog godišnjeg roda.
[34] Boginja sadilice pirinča.
[35] Bog navodnjavanja.
[36] Bog leta u jeku.
[37] Bog leta.
[38] Boginja jeseni.
[39] Bog stabljika, koji upravlja rastom pirinča.
[40] Bog građe za novu komoru. Misli se na svetu komoru gde se prinose prvi otkosi pirinča.
[41] Drugo ime boga Hajamatoa.

POKORAVANJE SREDIŠNJE ZEMLJE TRŠČANIH POLJA

1. KAKO IZASLAŠE BOGA AME NO HOHIJA

Velika boginja Amaterasu slovom svojim zapovedi: „Neka Zemljom bogatih trščanih polja i pirinčanog klasja što rađa hiljadu jeseni i još pet stotina jeseni[1] gospodari moj sin, bog Masakacuakacu Kaćihajahi Ame no Ošihomimi[2]", to mu poveri i posla ga dole s Neba. Onda bog Ame no Ošihomimi stade na lebdeći nebeski most i reče: „U Zemlji bogatih trščanih polja i pirinčanog klasja što rađa hiljadu jeseni i još pet stotina jeseni, čini se, veliki je metež", pa se opet vrati gore i zamoli Veliku boginju Amaterasu za novu zapovest. Tu bog Takami Musuhi[3] i Velika boginja Amaterasu slovom svojim zapovediše da se osam miliona bogova okupi na obali nebeske reke Jasu, zadužiše boga Omoikanea[4] da smisli šta im je činiti, pa Velika boginja reče: „Ova Središnja zemlja trščanih polja poverena je mome sinu da njome gospodari. No, kako čujem, u njoj je mnogo silovitih

---

[1] Eufemizam magijskog karaktera za naziv Japana. Označava zemlju punu polja obraslih trskom, koja će se dolaskom nebeskih bogova pretvoriti u pirinčana polja i večito donositi bogate žetve.
[2] Prvi sin Velike boginje Amaterasu. Videti fusnotu 9 na str. 47.
[3] Uzvišeni bog Stvoritelj. Videti fusnotu 2 na str. 9, fusnotu 3 na str. 18 i fusnotu 4 na str. 51. Ovde se prvi put pominje uz Veliku boginju Amaterasu i u ulozi vrhovnog boga Uzvišenog nebeskog polja.
[4] Bog mudrosti. Videti fusnotu 3 na str. 51.

i besnih zemaljskih bogova. Prema tome, kojeg boga ćemo poslati da ih pokori?" Tu bog Omoikane i svih osam miliona bogova izvećaše, te joj odgovoriše: „Treba poslati boga Ame no Hohija.[5]" I oni izaslaše boga Ame no Hohija, no ovaj se umili bogu Ookuninušiju i ne javi se ni posle tri godine.

---

[5] Drugi sin Velike boginje Amaterasu. Videti fusnotu 10 na str. 47. Njegov sin, bog Take Hiratori, pominje se, između ostalih, i kao predak upravitelja zemlje Izumo, što objašnjava njegovu prisnu vezu sa bogom Ookuninušijem. Videti fusnote 18 i 19 na str. 48.

2. KAKO IZASLAŠE AME NO VAKAHIKOA

Onda bog Takami Musuhi i Velika boginja Amaterasu opet upitaše svekolike bogove: „Bog Ame no Hohi, koga izaslasmo u Središnju zemlju trščanih polja, već dugo se ne javlja. Kojeg ćemo boga sada poslati?" Na to odgovori bog Omoikane: „Treba izaslati sina boga Amacukunitame,[1] Ame no Vakahikoa.[2]" Tako Ame no Vakahikou darovaše nebeski luk za jelene[3] i nebesku strelu sa perom,[4] pa ga izaslaše. I čim Ame no Vakahiko siđe dole, za ženu uze kćer boga Ookuninušija, Šitateruhime,[5] i nadajući se da će tu zemlju dobiti, on se ne javi ni posle osam godina. Onda Velika boginja Amaterasu i bog Takami Musuhi opet upitaše svekolike bogove: „Ame no Vakahiko već dugo se ne javlja. Kojeg ćemo boga sada poslati da ispita zašto se Ame no Vakahiko dugo zadržao dole?" A kad svi bogovi i bog Omoikane odgovoriše: „Treba poslati fazanicu po imenu Nakime[6]", ono dvoje bogova rekoše fazanici: „Idi i ovako upitaj

---

[1] Bog Duh nebeske zemlje. Ime je pandan drugom imenu boga Ookuninušija, koje glasi bog Duh zemlje jave. Videti fusnotu 27 na str. 60.

[2] Nebeski mladi princ. Uz ime mu se nikada ne pominje reč bog, što je verovatno posledica njegovog izdajničkog delovanja.

[3] Dat je Ame no Vakahikou kao znamenje nebeskog boga. Zove se i nebeski luk od drveta ruja.

[4] U paru sa lukom predstavlja znamenje nebeskog boga. Zove se i nebeska strela za jelene.

[5] Videti fusnotu 4 na str. 76.

[6] Kričuća žena. Asocijacija na narikaču.

Ame no Vakahikoa: 'Mi te poslasmo u Središnju zemlju tršćanih polja da tamo pokoriš i umiriš besne bogove. Pa zašto se, onda, ne javljaš već osam godina?'"

I tako, Nakime siđe s Neba i spusti se na sveto drvo *kacura*[7] kraj kapije Ame no Vakahikoa i do reči prenese poruku nebeskih bogova. A Ame no Sagume,[8] čuvši reči ove ptice, ovako nagovori Ame no Vakahikoa: „Krik ove ptice je zloslutan. Zato je ustreli." I Ame no Vakahiko smesta uze nebeski luk od drveta ruja i nebesku strelu za jelene, što mu ih podariše nebeski bogovi, te ustreli fazanicu. No, strela, probovši joj grudi, uzlete gore i stiže do mesta na obali nebeske reke Jasu, gde behu Velika boginja Amaterasu i bog Takagi.[9] Bog Takagi je drugo ime boga Takami Musuhija. I, bog Takagi uze tu strelu i pogleda, a na peru strele krv. Onda bog Takagi reče: „Ovo je strela koju podarismo Ame no Vakahikou", i smesta je pokaza svekolikim bogovima, pa kaza: „Ako je ta strela dovde stigla pošto je Ame no Vakahiko njome pobio zle bogove ne ogrešivši se o naše zapovesti, neka ga ne pogodi. Ako li su mu, pak, namere nečasne, neka od nje strada", i uze onu strelu, te je hitnu natrag kroz istu rupu, i ona pogodi visoko podignuta prsa Ame no Vakahikoa koji ležaše u svojoj jutarnjoj postelji,[10] te on

---

[7] Drvo *kacura* (cercidifil), sadilo se često ispred kapija i smatralo se svetim, jer bi na njega sišlo božanstvo sa Neba.

[8] Nebeski uhoda.

[9] Bog Visoko drvo. Drugo ime vrhovnog boga Takami Musuhija prvi put se pominje ovde i potpuno zamenjuje prvo ime u daljem tekstu. Bog Takagi predstavljen je kao nosilac kraljevskih prerogativa, odlučuje o znamenjima nebeskih ratnika, dok je Velikoj boginji Amaterasu dodeljena uloga šamanke, što je odraz prvobitne državne organizacije kod Japanaca.

[10] U obredu nove žetve car u jednom trenutku leži na kosoj postelji sa podignutim prsima i spuštenim nogama. Ovaj opis ukazuje da se Ame no Vakahiko već ponaša kao monarh.

izdahnu. (Ovako je nastala izreka „Čuvaj se vraćene strele".) A fazanica se ne vrati. Tako je nastala današnja izreka „Fazan – glasnik što se ne vraća".

I naricanje Šitateruhime, žene Ame no Vakahikoa, nošeno vetrom stiže do Neba. Čuvši to, bog Amacukunitama, otac Ame no Vakahikoa, i njegova prva žena i deca što behu na Nebu, siđoše dole, i tu tugujući i naričući odmah podigoše kolibu žalosti,[11] te divljoj guski nameniše da nosi hranu,[12] čaplji nameniše da nosi metlu,[13] vodomaru nameniše da pripremi hranu,[14] vrapcu nameniše da očisti pirinač,[15] a fazanici nameniše da nariče,[16] i tako podelivši zaduženja, pevahu i igrahu osam dana i osam noći. Uto stiže bog Ađišiki Takahikone[17] da i on ožali Ame no Vakahikoa, no Vakahikoov otac i njegova prva žena, što behu sišli sa Neba, naričući uglas rekoše: „Moj sin nije mrtav, evo ga!" „Moj gospodar nije mrtav, ovde je!", te ga obgrliše oko ruku i nogu, plačući. Oni se prevariše jer dvojica bogova behu veoma slični po liku i stasu. Zato se prevariše. No tu se bog Ađišiki Takahikone veoma razljuti: „Ja samo dođoh da ga oplačem jer mi beše dobar prijatelj. A vi me poredite sa nečistim pokojnikom!" reče, te isuče svoj mač dugačak

---

[11] Privremeno zdanje, gde se smeštaju posmrtni ostaci do prave sahrane.

[12] Asocijacija na način koračanja te ptice.

[13] Čaplja na glavi ima ćubu koja podseća na metlu kojom se čisti odaja sa posmrtnim ostacima.

[14] Vodomaru je namenjena uloga kuvara jer je izvanredan lovac na ribu.

[15] Vrapčevi pokreti repom liče na tucanje pirinča drvenim tučkom.

[16] Fazanov krik podseća na naricanje. Videti fusnotu 6 na str. 86.

[17] Sin boga Ookuninušija i stariji brat Takahime, tj. Šitateruhime. Piše se i kao Ađisuki Takahikone. Videti fusnotu 2 na str. 76.

deset šaka, što mu beše za pasom, iseče kolibu žalosti i nogama je rasturi. Sada je to Mojama, Brdo žalosti, što se diže nad gornjim tokom reke Aimi u zemlji Mino.[18] A mač kojim iseče kolibu žalosti zove se Oohakari, a znan je i kao Kamudo no Curugi.[19] Kada bog Ađišiki Takahikone u svojoj srdžbi odlete, mlađa mu sestra, boginja Takahime,[20] požele da svima obznani njegovo ime. Tada ispeva pesmu:

7
Mlađana tkalja
    na nebeskome polju,
oko vrata još
    ogrlica je krasi.
Na ogrlici
    kamenje je drago,
pruža se
    preko dve doline!
To mi je bog
    Ađišiki Takahikone!

Ovo je pesma *hinaburi*, pesma rustičnog stila.[21]

---

[18] Zemlja Mino je sadašnja prefektura Gifu. Položaj brda nije utvrđen. Pobunjenik je najčešće sahranjivan na udaljenoj planini na rubu središnjih provincija.

[19] Mač božanske oštrine.

[20] Drugo ime Šitateruhime, žene Ame no Vakahikoa.

[21] Jedna vrsta pesme kakva je onda postojala po žanrovskoj podeli na carskom dvoru.

3. KAKO IZASLAŠE BOGA TAKE MIKAZUĆIJA

Reče tada Velika boginja Amaterasu: „Kojega ćemo boga sada izaslati?" Na to će bog Omoikane i svekoliki bogovi: „Treba izaslati boga po imenu Icu no Ohabari,[1] koji obitava u pećini na Nebu,[2] u gornjem toku nebeske reke Jasu. A ako ne njega, onda njegovog sina, boga Take Mikazućinoa.[3] Taj bog, Ame no Ohabari,[4] beše pregradio reku i tako zatvorio put da drugi bogovi ne mogu proći. Treba stoga izaslati boga Ame no Kakua[5] da ga pita." I poslaše tako boga Ame no Kakua, a kad on upita boga Ame no Ohabarija, ovaj mu odgovori: „Biće mi čast. Stojim vam na usluzi. Ipak, na taj put treba izaslati moga sina, boga Take Mikazućija", i odmah im ga predade. A uz boga Take Mikazućija izaslaše još i boga Ame no Torifunea.[6]

---

[1] Mač kojim je bog Izanaki posekao boga Kagucućija. Videti fusnotu 23 na str. 33.
[2] Ova pećina više podseća na rudnik gvožđa i nije ona pećina u koju se povukla Velika boginja Amaterasu. Videti str. 51.
[3] Silni bog Gromovnik koji se vezuje za kult mača. Videti fusnotu 10 na str. 32.
[4] Drugo ime boga Icu no Ohabarija. Pregradio je reku da bi obezbedio vodu neophodnu za kovanje mača.
[5] Bog Jelen. Asocijacija na kovačke mehove, koje su nekada pravili od jelenske kože.
[6] Nebeska leteća lađa. Videti fusnotu 18 na str. 29.

4. POKORAVANJE BOGA KOTOŠIRONUŠIJA

I tako ova dva boga siđoše na malu obalu Inasa[1] u zemlji Izumo, a bog Take Mikazući isuče mač dugačak deset šaka, postavi ga u talase vrhom okrenutim nagore, pa sedeći skrštenih nogu na vrhu mača upita boga Ookuninušija: „Velika boginja Amaterasu i bog Takagi slovom svojim izaslaše me da te upitam: 'Ta Središnja zemlja tršćanih polja koja je sada u tvom posedu, jeste zemlja kojom će gospodariti moj sin!' i tako poveri zemlju svome sinu. Onda, kakve su tvoje namere?" Na to mu ovaj odgovori: „Ja ti to ne mogu kazati. Neka ti kaže moj sin, bog Jae Kotošironuši.[2] No, on ode do rta Miho da lovi ptice i peca ribu, i još se ne vrati." Bog Take Mikazući posla boga Ame no Torifunea po boga Jae Kotošironušija i pozva ga da dođe, pa kad i njega upita, bog Jae Kotošironuši kaza svome ocu: „Biće mi čast. Predaćemo ovu zemlju sinu Nebeske boginje", pa odmah nogom prevrnu svoj čamac i božanski pljesnuvši okrenutim dlanovima stvori ogradu od zelenog granja, pa nesta u njoj.[3]

---

[1] Istoimena obala i danas se nalazi u gradu Oojaširo u prefekturi Šimane. Njeno ime može da se tumači i kao „da ili ne" i zato se javlja kao mesto pregovora.

[2] Bog osmostruki gospodar božjih reči. Videti fusnotu 7 na str. 76. Atribut „osmostruki" pridodat mu je kasnije jer je postavio osmostruku ogradu u moru da bi u njoj nestao.

[3] Rečenica se može čitati i kao: „...pa odmah nogom prevrnu svoj čamac i božanski pljesnu okrenutim dlanovima, te ga preobrazi u ogradu od zelenog granja, pa nesta u njoj." Postavljanje ograde od granja obraslog zelenim lišćem u moru, predstavlja obeležavanje svetog mesta gde obitava božanstvo.

5. POKORAVANJE BOGA TAKE MINAKATE

Upita tada bog Take Mikazući boga Ookuninušija: „Tako sada reče tvoj sin, bog Kotošironuši. Imaš li još nekoga sina koji bi imao šta da kaže?" Ovaj mu odgovori: „Imam još sina po imenu bog Take Minakata.[1] Sem njega nemam više nikoga." Dok je tako govorio, dođe bog Take Minakata, na dlanovima noseći ogroman kamen kakav ni hiljadu ljudi ne može pomeriti, te reče: „Ko to dođe u moju zemlju i u potaji tako zbori? Hajde, onda, da ja i ti odmerimo snage! Prvo ću ja tebe uhvatiti za ruku!" Bog Take Mikazući mu dade da ga uhvati za ruku, koja se istog trena preobrazi u ledeni stub, a onda u oštricu mača. Bog Take Minakata prepade se i uzmače. Sad bog Take Mikazući zatraži da uhvati njega za ruku, i kad je uhvati, stiskom je smrska poput mlade trske, otkinu je i baci, a onaj smesta pobeže. Tu ga stade goniti i stiže ga kod jezera Suha u zemlji Šinano,[2] a kad ga htede ubiti, bog Take Minakata mu reče: „Pokoravam se! Nemoj me ubiti! Neću se maknuti nikuda sa ovog mesta. Neću se protiviti zapovesti moga oca, boga Ookuninušija. Neću se protiviti ni rečima boga Jae Kotošironušija. Predaću ovu Središnju zemlju trščanih polja onako kako zapoveda sin Nebeske boginje."

---

[1] Silni bog jezerske vode. Njegovo ime ne pominje se među potomcima boga Ookuninušija. Videti str. 76.

[2] Jezero Suha (kasnije Suva) nalazi se u sadašnjoj prefekturi Nagano i poznato je po svetilištu Suva, gde obitava boginja Minakata Tomi, majka boga Take Minakate.

6. BOG OOKUNINUŠI USTUPA ZEMLJU

Onda se bog Take Mikazući vrati i reče bogu Ookuninušiju: „Tvoja dva sina, bog Kotošironuši i bog Take Minakata, kazaše da se neće protiviti onome što slovom svojim zapovedi sin Nebeske boginje. A kakve su tvoje namere?" On mu na to odgovori: „Ni ja se neću protiviti onome što rekoše moja dva sina. Daću ovu Središnju zemlju trščanih polja celu, kako mi je zapoveđeno. Želim samo da mi sagradite dom nalik blistavoj palati iz koje će vladati sin Nebeske boginje, da postavite jake stubove na steni duboko u zemlji i da podignete na krovu rogove visoke sve do Uzvišenog nebeskog polja,[1] a ja ću se povući daleko iza osamdeset, manje od sto, krivudavih staza.[2] A niko od sto osamdeset bogova, moje dece, neće se protiviti ukoliko će bog Jae Kotošironuši služiti sinu Nebeske boginje stojeći ispred ili iza njega." Kako im kaza, oni mu sagradiše nebesku palatu na maloj obali Tagiši[3] u zemlji Izumo, a bog Kušijatama,[4] potomak bogova

---

[1] Stalni epitet za opis velike palate, odnosno velikog svetilišta.

[2] Izraz „daleko, iza osamdeset, manje od sto, krivudavih staza" označava zemlju Izumo, za koju se smatralo da je veoma udaljena od zemlje Jamato, gde će sinovi Nebeske boginje podići svoje palate. Stalni epitet „manje od sto" odnosi se na brojeve pedeset i osamdeset, koji označavaju mnoštvo.

[3] Mesto nije poznato. Postoji mišljenje da je to grad Takeši u prefekturi Šimane, severno od sadašnjeg položaja velikog svetilišta Izumo.

[4] Bog osam čudesnih bisera.

ušća,[5] preuze da se stara o jelima, i dok pripremaše nebesku trpezu, blagosilja je, te se preobrazi u kormorana, zaroni do morskoga dna, izroni sa glinom u ustima i od nje načini osamdeset nebeskih pladnjeva, poseče stabljike morske trave i od njih načini daščicu za paljenje vatre, od stabljike zelenih algi načini štap za paljenje vatre, založi vatru, pa ovako kaza:

> Neka vatra što je potpalih
> gori do Nebeskog polja,
> toliko, dok se na novoj presvetloj palati
> Uzvišene majke boginje Kamu Musuhi
> ne uhvati čađ od osam pedalja,
> a dole do stene
> dok se zemlja ne sažeže i ne očvrsne.
> A ti ribari
> što bacaju dudovu mrežu
> dugu hiljadu hvati,
> uz graju vuku, iz vode izvuku
> tolko grgeča,
> velikih usta i peraja
> da se pod njima
> ugibaju stolovi.
> Tih nebeskih riba ja ću ti prineti.

Tek se onda bog Take Mikazući vrati gore i izvesti kako je pokorio i umirio Središnju zemlju trščanih polja.

---

[5] Bog Haja Akicukiho i boginja Akicuhime. Videti fusnotu 8 na str. 28.

BOG HO NO NINIGI, UNUK NEBESKE BOGINJE

1. ROĐENJE HO NO NINIGIJA I ZAPOVEST O SILASKU

Tada Velika boginja Amaterasu i bog Takagi slovom svojim ovako naložiše prestolonasledniku, bogu Masakacuakacu Kaćihajahi Ame no Ošihomimiju:[1] „Upravo nam kazaše da je Središnja zemlja trščanih polja pokorena. Siđi, stoga, dole i gospodari njome kako ti je povereno." A bog Masakacuakacu Kaćihajahi Ame no Ošihomimi odgovori: „Dok se spremah za silazak, rodi mi se sin. Ime mu je bog Amenikiši Kuninikiši Amacuhiko Hiko Ho no Ninigi.[2] Njega treba poslati dole." Ovaj bog rodi se kad bog Ame no Ošihomimi uze za ženu kćer boga Takagija, Jorozuhata Tojoakicušihime,[3] a njihova deca su dva boga, Ame no Hoakari[4] i Hiko Ho no Ninigi. I tako, kao što ovaj kaza, naložiše bogu Hiko Ho no Ninigiju: „Poveravamo ti Središnju zemlju bogatih trščanih polja i pirinčanog klasa da gospodariš njome. Stoga ćeš sići sa Neba dole, kako ti je naloženo."

---

[1] Sin Velike boginje Amaterasu. Videti fusnotu 9 na str. 47.
[2] Bog nebeskog izobilja i zemaljskog izobilja, Nebeski princ, Sin Sunca, Izobilje pirinčanog klasa, ili skraćeno bog izobilja. On silazi sa neba na zemlju kao tek rođena beba. To je odraz obreda ustoličenja novog cara, koji simbolizuje rađanje novog života.
[3] Boginja hiljadu razboja i bogate žetve.
[4] Bog nebeskog zrenja pirinča.

2. BOG SARUTABIKO KAO PREDVODNIK

Kad bog Hiko Ho no Ninigi htede sići sa Neba, na osmokrakom nebeskom raskršću[1] stajaše nekakav bog što gore obasjavaše Uzvišeno nebesko polje, a dole obasjavaše Središnju zemlju tršćanih polja. Velika boginja Amaterasu i bog Takagi slovom svojim naložiše boginji Ame no Uzume:[2] „Ti si žena krhka, ali pogledom pobediš svakoga boga sa kojim se suočiš. I zato pođi, te ovako upitaj: 'Ko to tako stoji na putu kojim sa Neba silazi moj sin?'" A kada ga ona tako i upita, on joj odgovori: „Ja sam zemaljski bog po imenu Sarutabiko.[3] Dođoh ovamo jer čuh da sin Nebeske boginje silazi s Neba, pa htedoh da ga dočekam i budem mu na usluzi kao predvodnik."

---

[1] Mesto koje se nalazi između Neba i Zemlje, gde se ukršta mnogo puteva.

[2] Boginja koja je igrala šamansku ulogu prilikom izvlačenja Velike boginje Amaterasu iz Nebeske pećine. Videti fusnotu 20 na str. 52–53. Njoj se ovde pripisuje neobična moć pogleda, što se nekada smatralo neophodnom osobinom šamana.

[3] Značenje imena ovog boga nije poznato. Smatra se da je on muški i zemaljski pandan nebeskoj boginji Ame no Uzume, koja je predak plemena Sarume no Kimi i zato i on u imenu nosi reč *saru*, majmun. Ako je tako, njegovo ime bi značilo bog Majmun zaštitnik pirinčanih polja.

3. UNUK NEBESKE BOGINJE SILAZI SA NEBA

Bog Ho no Ninigi onda siđe s neba, a u pratnji mu behu bog Ame no Kojane, bog Futotama, boginja Ame no Uzume, boginja Išikoridome i bog Tamanoja, ukupno pet starešina plemena, podeljenih po zaduženjima.[1] Tada mu Velika boginja Amaterasu dade nisku dragulja dugu osam stopa i ogledalo, kojima je behu izmamili iz pećine, kao i mač Kusanagi,[2] pridruži mu i boga večnog života Omoikanea,[3] boga Tađikaraoa[4] i boga Ame no Ivatovakea,[5] te mu reče: „Smatraj da je ovo ogledalo sam moj duh i klanjaj mu se kao da se klanjaš meni. Neka, zatim, bog Omoikane preuzme obrede i neka ih vrši meni u slavu." Ova dva boga[6] slave se u svetilištu

---

[1] Ovi bogovi koji su se našli u pratnji boga Ninigija, igrali su značajnu ulogu u izmamljivanju Velike boginje Amaterasu iz Nebeske pećine. Videti str. 51–52.

[2] Tri sveta blaga, simbol legitimiteta carstva, ovde se prvi put pominju zajedno. O prva dva blaga videti str. 52, a o maču Kusanagi videti fusnotu 2 na str. 57.

[3] Bog Omoikane ovde se pominje uz epitet „večni život" da bi se istakla njegova moć razmišljanja nadaleko do u večnost.

[4] Bog koji je Veliku boginju izvukao iz Nebeske pećine. Videti fusnotu 19 na str. 52.

[5] Bog kamenih vrata. Mada se ovde prvi put pominje, nema sumnje da predstavlja vrata Nebeske pećine gde se sakrila Velika boginja.

[6] Bog ogledala, odnosno Velika boginja Amaterasu, i bog Omoikane.

Isuzu, Grivni od zvončića.[7] Zatim, boginja Tojuuke[8] boravi u spoljašnjem hramu, u mestu Vatarai. A bog Ame no Ivatovake znan je i kao bog Kušiivamado,[9] i kao bog Tojoivamado.[10] On je bog zaštitnik dvorske kapije. Zatim, bog Tađikarao obitava u okrugu Sana.[11] A onaj bog Ame no Kojane je (predak Nakatomi no Murađija[12]). Bog Futotama je (predak Inube no Obitoa[13]). Boginja Ame no Uzume je (pretkinja Sarume no Kimija[14]). Boginja Išikoridome je (pretkinja Kagamicukuri no Murađija[15]). Bog Tamanoja je (predak Tamanoja no Murađija[16]).

Tada naložiše bogu Hiko Ho no Ninigiju i on napusti Nebeski kameni presto,[17] te razgrnu osmostruke nebeske

---

[7] Svetilište Ise. Nalazi se na obali reke Isuzu u sadašnjoj prefekturi Mie. Pošto Isuzu znači pedeset zvončića, uz tu reč često se koristi stalni epitet „grivna od zvončića".

[8] Boginja Tojoukebime. Videti fusnotu 27 na str. 30. Hram posvećen ovoj boginji nalazi se u mestu Vatarai u prefekturi Mie.

[9] Bog čudesne kamene kapije.

[10] Bog bogate kamene kapije.

[11] Svetilište Sana nalazi se u sadašnjem gradu Take u prefekturi Mie.

[12] Moćno pleme u antičkom Japanu, zaduženo za verske obrede na dvoru. Njegovo ime Nakatomi, sluga na sredini, ukazuje na ulogu medijatora između bogova i cara.

[13] Pleme koje je ujedinilo plemena koja su za dvor izrađivala obredne predmete. *Obito*, starešina, naslednja je titula, koju je dvor dodeljivao plemenima sa posebnim zaduženjima.

[14] Pleme koje je dvoru davalo šamanske plesačice. *Kimi* je jedna od titula koju je dvor dodeljivao starešinama lokalnih plemena.

[15] Pleme koje je izrađivalo obredna ogledala za potrebe dvora. U stara vremena pre cara Tenmua ono nije imalo tako visoku titulu kao što je *murađi*, te se smatra da je titula *mijacuko* greškom prepisana kao *murađi*.

[16] Pleme koje je izrađivalo dragulje za verske obrede. Videti fusnotu 11 na str. 52.

[17] Atribut „kameni" znači postojan i čvrst, i ne ukazuje na materijal od kog je presto sazdan. Potomak Nebeske boginje ustoličio se pre nego što je sišao na zemlju.

oblake što se protežu, stade sebi silovito krčiti put, pa čvrsto kroči i uspravno stade na lebdeći nebeski most,[18] i odatle siđe na sveti vrh planine Takaćiho[19] u zemlji Himuka na ostrvu Cukuši. Tada bog Ame no Ošihi[20] i bog Amacukume[21] uprtiše nebeske tobolce čvrste kao stena, opasaše se mačevima sa kuglom na vrhu balčaka, ponesoše nebeske lukove od drveta ruja, i pod miškom nebesku strelu za jelene, pa hodiše pred njim i služahu mu. Taj bog Ame no Ošihi (predak je Ootomo no Murađija[22] i drugih). Bog Amacukume (predak je Kume no Ataija[23] i drugih).

Tada bog Ho no Ninigi kaza: „Ovo je mesto okrenuto ka zemlji Kara[24] i put odavde vodi pravo do rta Kasasa;[25] ovo je zemlja koju neposredno obasjava jutarnje sunce i u kojoj sija večernje sunce. Zato je ovo mesto nadasve dobro", i kazavši tako, postavi jake stubove svoje palate na steni duboko u zemlji, podiže na krovu rogove visoke sve do Uzvišenog nebeskog polja i tu se nastani.

---

[18] Značenje ove rečenice nije sasvim razjašnjeno, ali se smatra da se ovaj opis odnosi na neke od obrednih radnji koje car vrši za praznik Velike žetve, prvi put posle ustoličenja.

[19] Vulkan (1574 m) na granici izmeđi prefektura Mijazaki i Kagošima na ostrvu Kjušu. Ime planine Takaćiho znači Visoko brdo od hiljadu pirinčanih klasova, i ima više simbolično mitološko značenje.

[20] Nebeski bog Duh prevlasti.

[21] Nebeski bog plemena Kume.

[22] Ugledno pleme, nosilac oružane sile carskog dvora.

[23] Vojno pleme koje je bilo potčinjeno plemenu Ootomo.

[24] Misli se na zemlje na Korejskom poluostrvu.

[25] Danas poluostrvo Noma u gradu Kasasa u prefekturi Kagošima.

4. BOGINJA AME NO UZUME I BOG SARUTABIKO

Onda bog Ho no Ninigi reče boginji Ame no Uzume: „Ti pokorno otprati velikog boga Sarutabikoa što mi služiše kao predvodnik, jer jedino ti otkri ko je zaista on. Ti, takođe, ponesi uvaženo ime tog boga i služi potomku Nebeske boginje.[1]" Zbog ove zapovesti, pripadnici plemena Sarume no Kimi nose ime muškog boga Sarutabikoa, a njihove žene nazivaju Sarume no Kimi. Kada ovaj bog Sarutabiko beše u Azaki[2] (ime mesta), dok je lovio ribu ruku mu uhvati biserna školjka,[3] povuče ga u more i on se udavi. Kada potonu do samog morskog dna, ime mu beše Sokodoku Mitama,[4] kada morska voda zagrgota, ime mu beše Cubutacu Mitama,[5] a kada se more zapenuša, ime mu beše Avasaku Mitama.[6]

---

[1] Bog Sarutabiko vraća se u svoje svetilište, a boginja Ame no Uzume preuzima i njegovo ime i ulogu na carskom dvoru. Ova epizoda pokazuje blisku vezu oboje bogova koje je slavio primorski narod Ama u zemlji Ise.

[2] Svetilište Azaka sa tri hrama, nalazi se u gradu Macuzaka u današnjoj prefekturi Mie.

[3] Velika školjka sa dva kapka. Ova školjka se na starojapanskom jeziku zvala *hirabu*, a nije utvrđeno kojoj vrsti pripada. U svakom slučaju, slična je bisernoj školjki.

[4] Sveti duh koji je stigao do dna.

[5] Sveti duh koji ispušta mehuriće.

[6] Sveti duh kome penuša voda. Ovo trojstvo ukazuje na njegovog nosioca, primorski narod Ama. Videti fusnote 23–28 na str. 36–37. Pripadnici primorskog naroda, čiji su bogovi Sarutabiko i

Kada se boginja Ame no Uzume, otprativši boga Sarutabikoa, vrati u svoje mesto,[7] potera i okupi sve ribe sa širokim i uskim perajima i upita ih: „Da li ćete služiti potomku Nebeske boginje?" a svaka mu odgovori: „Pokorno ću služiti", dok morski krastavac jedini ništa ne odgovori. Tada boginja Ame no Uzume reče: „Ova usta morskog krastavca, usta su što ništa ne odgovoriše", uze bodež i proreza mu usta. Zato su i danas usta morskog krastavca prorezana. Zbog svega toga, kada se carskom dvoru prinosi prvi ulov morskih plodova iz zemlje Šima,[8] daruje se i pripadnicama plemena Sarume no Kimi.

Ame no Uzume, izvodili su na carskom dvoru ples koji predstavlja davljenika, u znak pokornosti caru.

[7] Izraz „vrati se" ukazuje na poreklo boginje Ame no Uzume, zemlju Ise.

[8] Deo sadašnje prefekture Mie.

5. KLETVA NA VENČANJU KONOHANA NO SAKUJABIME

Onda bog Amacuhiko Hiko Ho no Ninigi, na rtu Kasasa srete prelepu devu. „Čija si ti kći?"[1] upita je, a ona mu odvrati: „Ja sam kći boga Oojamacumija[2] i ime mi je Kamu Atacuhime,[3] a zovu me još i Konohana no Sakujabime.[4]" On je tada upita: „Imaš li braće i sestara?" a ona mu odgovori: „Imam stariju sestru, Ivanagahime.[5]" Tada on reče: „Želim da te uzmem za ženu, šta ti kažeš na to?" a ona mu odvrati: „Nije na meni da kažem. Reći će ti moj otac, bog Oojamacumi." Kada on njenom ocu, bogu Oojamacumiju, posla izaslanika da je zaprosi, ovaj se veoma obradova, pa mu dade za ženu i stariju kćer Ivanagahime i otpremi po njima stotinu stolova prepunih darova.[6] Pošto starija sestra beše strašno ružna, bog Ho no Ninigi prepade se kad je ugleda, te je

---

[1] Uobičajen način da se momak obrati devojci kada želi da se njome oženi, jer bi pristanak mogao dati samo starešina njene porodice, odnosno njen otac.
[2] Bog planine. Ovaj bog pominje se i ranije kao sin Izanakija i Izanami. Videti str. 29. Ali, ovde je reč o lokalnom, zemaljskom bogu.
[3] Boginja plemena Ata. Pleme Ata pripada narodu Hajato, koji je živeo na jugu ostrva Kjušu, u sadašnjoj prefekturi Kagošima. Pod ovim imenom, ona je oličenje predanja o pokoravanju naroda Hajato dinastiji nebeskih sinova.
[4] Princeza procvetavanja cveća. Pod tim imenom ona je oličenje mita o svetom venčanju nebeskog boga žitarica i zemaljske boginje plodnosti.
[5] Princeza večnog kamena.
[6] Izraz „stolova prepunih darova" označava bogat miraz.

posla natrag, a zadrža samo mlađu joj sestru, Konohana no Sakujabime i provede noć sa njom. Bog Oojamacumi postide se jako što je Ivanagahime vraćena i uputi mu po glasniku sledeće reči: „Ja ti dadoh obe svoje kćeri zato što se zavetovah[7] da će, ako uzmeš Ivanagahime da ti služi, život potomaka Nebeske boginje biti večan poput stene, čvrst i stamen, uprkos snegu što pada i vetru što duva, a da će, ako uzmeš Konohana no Sakujabime da ti služi, njihov život procvetati kao cvetovi na drveću. Pa ipak, ti si vratio Ivanagahime i zadržao samo Konohana no Sakujabime. Zato će život potomaka Nebeske boginje biti kratkotrajan poput cvetova na drvetu." Iz tog razloga, do dana današnjeg, život careva[8] nije dugovečan.

Kasnije, Konohana no Sakujabime dođe bogu Ho no Ninigiju i reče: „Ja sam noseća i sada kada se bliži vreme porođaja dođoh da ti to saopštim, jer ne bih da u potaji rodim dete Nebeskog boga." Onda on prozbori: „Može li biti da je Sakujabime noseća posle samo jedne noći? To nije moje dete. To mora biti dete kakvog zemaljskog boga." Na to ona odgovori: „Ako je dete koje nosim dete zemaljskog boga, ono se neće srećno roditi. Ako je to dete Nebeskog boga, srećno će se roditi." Rekavši to, ona sagradi porodiljsku odaju bez vrata dugu osam hvati, uđe u nju, zatvori je blatom, a kada dođe vreme za porođaj, zapali je i porodi se. Ime deteta što se rodi kada se vatra divlje razbukta, beše bog Hoderi.[9] (Ovo je predak Ata no Kimija naroda Hajato.[10]) Ime deteta koje se

---

[7] Jedna vrsta gatanja, *ukehi*. Videti fusnotu 5 na str. 45.
[8] Ovde se u *Kođikiju* prvi put pominje reč „car".
[9] Bog vatre što obasjava. Aluzija na zrenje pirinčanog klasja, kada ono dobija crvenu boju.
[10] Hajato je narod koji je bio nastanjen na jugu ostrva Kjušu. Bilo je više plemena, kao što su: Ata, Sacuma, itd., a ovde se pleme

zatim rodi beše bog Hosuseri.[11] Ime deteta koje se zatim rodi beše bog Hoori,[12] znan i kao bog Amacuhiko Hiko Hohodemi[13] (tri boga).

Ata uzima kao predstavnik celog naroda Hajato. Reč *haja*, etimološki gledano, toponimskog je porekla, i Hajato bi značilo „narod iz Haje", ali budući da je bio poznat po svojoj ratobornosti, *haja* se tumači i kao „silni" (kao kod boga Take Haja Susanoa), te dobija kineski znak koji znači „soko". Pokoravanje ovog naroda bilo je od presudnog značaja za dinastiju japanskih careva.

[11] Bog vatre što rasplamsava, odnosno bog vatre što napreduje.

[12] Bog vatre što se smiruje. Rođen onda kada se vatra smirivala i nije naškodila majci i deci, što je potvrda da je on sin Nebeskog boga.

[13] Drugo ime boga Hoorija po svojoj konstrukciji pokazuje da je naslednik Nebeskog boga. Reč *ho* u ovom imenu ne piše se ideogramom koji označava „vatru", već „pirinčano klasje", što otkriva njegovu pravu osobinu kao nebeskog boga žitarica.

BOG HOORI

1. UMISAĆIBIKO I JAMASAĆIBIKO

Bog Hoderi,[1] kao Umisaćibiko,[2] loviše one sa širokim i one sa uskim perajima, a bog Hoori,[3] kao Jamasaćibiko,[4] loviše one sa oštrim krznom i one sa mekim krznom. Jednom bog Hoori reče svom starijem bratu, bogu Hoderiju: „Hajde da ti i ja razmenimo naša oruđa", i tako on tri puta iskaše, a bog Hoderi ne htede. Međutim, naposletku jedva ga privoli na razmenu. A kad bog Hoori loviše ribu oruđem za ribolov, ne samo da ne uhvati nijednu ribu, već u moru izgubi bratovljevu udicu. Tada stariji brat, bog Hoderi zatraži svoju udicu, i reče: „Gorski plen možeš uloviti svojim gorskim, a morski – svojim morskim oruđem. Da vratimo svakome svoje." Na to mu bog Hoori odvrati: „Dok lovih tvojom udicom ne ulovih nijednu ribu, a naposletku je izgubih u moru." Ali, stariji brat uporno iskaše i navaljivaše. I kada mlađi brat izlomi svoj mač dugačak deset šaka i napravi pet stotina udica za uzvrat, ovaj ih ne uze. Ni kada mu napravi hiljadu udica za uzvrat, ovaj ih ne primi, već reče: „Još uvek hoću svoju pravu udicu."

---

[1] Bog vatre što obasjava. Videti fusnotu 9 na str. 103.
[2] Mladić koji lovi morski plen, ili mladić koji lovi oruđem za ribolov, što znači ribar.
[3] Bog vatre što se smiruje. Videti fusnotu 12 na str. 104.
[4] Mladić koji lovi gorski plen, ili mladić koji lovi oruđem za lov, što znači lovac.

2. POSETA MORSKOJ PALATI

I tako mlađi brat plakaše i jadikovaše na obali mora, kad mu dođe bog Šiocući[1] i upita ga: „Zašto ti, Soracuhiko,[2] plačeš i jadikuješ?" a on mu odgovori: „Razmenih se s bratom i dobih udicu, ali je izgubih. On zatraži svoju udicu, i kada mu dadoh mnoge udice za uzvrat, on ne hte da ih primi već jednako govoraše: 'Još uvek hoću svoju pravu udicu.' Eto, zato plačem i jadikujem." Bog Šiocući mu na to reče: „Ja ću za tebe smisliti nešto valjano!" pa mu napravi čamčić od gusto ispletenih bambusovih stabljika, ukrca ga i pouči: „Kada gurnem ovaj čamac u more, ti plovi neko vreme. Naići ćeš na povoljnu struju. Ako budeš njome plovio, stići ćeš do palate sagrađene od mnoštva zgrada u vidu ribljih krljušti. To je palata boga Vatacumija.[3] Kada stigneš do kapije tog boga, u njenoj blizini je izvor, a nad njim sveto drvo *kacura*.[4] Ako budeš na njemu sedeo, primetiće te kći tog Boga mora i ona će ti reći šta dalje."

Tako on ploviše neko vreme kako ga ovaj pouči i sve beše onako kako mu je rečeno, onda se pope na ono

---

[1] Bog Duh morskih struja. Pojavljuje se u vidu mudrog i iskusnog starca.

[2] Sin Nebeskog boga. Dok reč *ame* označava mitološko Nebo gde žive nebeski bogovi, reč *sora* znači fizičko nebo, tj. prostor između Neba i Zemlje. Prema tome, iako je nebeskog porekla, ovaj bog već dobija i zemaljske osobine.

[3] Bog mora. Ranije pomenut kao bog Oovatacumi. Videti str. 28.

[4] Drvo cercidifil. Videti fusnotu 7 na str. 87.

drvo *kacura* i sačeka. Kada sluškinje kćeri Boga mora, Tojotamabime,[5] dođoše sa krasnim bokalom da zahvate vodu, ugledaše bleštavi odraz u izvoru. Podigoše pogled, a tamo beše naočit mladić. To im se učini veoma čudnim. Onda bog Hoori zamoli sluškinje: „Dajte mi malo vode". Sluškinje odmah zahvatiše vode i pružiše mu bokal. A on, umesto da popije vodu, skide dragulj koji je nosio oko vrata, stavi ga u usta, pa ga ispljunu u bokal. Dragulj se tako čvrsto zabode da ga sluškinje ne mogahu izvaditi. Bokal sa tako zabodenim draguljem odnesoše boginji Tojotamabime. Videvši dragulj, ona upita sluškinje: „Da to nije kakav čovek ispred kapije?" a ove joj odgovoriše: „Jeste jedan čovek, na drvetu *kacura* iznad našeg izvora. Neki veoma naočit mladić. Daleko otmeniji od našeg gospodara. On nam zatraži vode, i kad mu je ponudismo, on je ne popi, već ispljunu ovaj dragulj. Nikako ne mogasmo da ga izvadimo. Zato ti donesosmo bokal ovako sa draguljem, i predadosmo ti ga." Tojotamabime pomisli kako je to čudno i izađe da vidi. Mladić joj se na prvi pogled dopade, oni se zagledaše, a ona onda reče ocu: „Na našoj kapiji je jedan naočit čovek." Na to i sam Bog mora izađe da ga vidi: „To je Soracuhiko, Amacuhikoov sin", reče, pa ga uvede unutra, rasprostre osmostruke[6] prostirke od kože morskih lavova, a preko njih osmostruke svilene prostirke i posadi ga na njih, te naredi da donesu stotinu stolova prepunih darova, pripravi gozbu i odmah mu dade za ženu svoju kćer, Tojotamabime. Onda bog Hoori tri godine prožive u toj zemlji.

---

[5] Boginja bogatih bisera. U svojstvu kćeri Velikog boga mora koji vlada vodama, ona je oličenje mita o svetom venčanju nebeskog boga žitarica i boginje vode.

[6] Znači „višestruke".

3. POTČINJAVANJE BOGA HODERIJA

No, bog Hoori, setivši se kako je sve počelo, duboko uzdahnu. Čuvši taj uzdah, boginja Tojotamabime obrati se svome ocu: „Ima tri godine kako on živi sa mnom i još nikada ne uzdahnu, ali noćas mu se ote dubok uzdah. Ima li neki razlog tome?" I njen otac, Veliki bog, upita svoga zeta ovako: „Jutros mi kći ovako zboriše: 'Ima tri godine kako je ovde i on još nikada ne uzdahnu, ali noćas mu se ote dubok uzdah.' Ima li razloga tome? A koji je razlog tvom dolasku ovamo?" Onda on potanko ispriča Velikom bogu kako je brat navaljivao da mu vrati udicu koju on beše izgubio. Na to Bog mora sazva sve morske ribe, velike i male, i upita ih: „Ima li možda tu neka riba što uze njegovu udicu?" A sve ribe uglas odgovoriše: „Ovih dana zubatac se jada da mu u grlu zapinje riblja kost, te ne može da jede. Mora da ju je on uzeo." Onda pregledaše zubacu grlo i nađoše udicu. Smesta je izvadiše i opraše, a kad je predadoše bogu Hooriju, Veliki bog Vatacumi ovako ga poduči: „Kada budeš udicu vraćao svome bratu, ti ćeš ovako reći: 'Ovo je udica smušenosti, udica nestrpljenja, udica bede, udica gluposti', a kad to izgovoriš, predaj mu je držeći je iza leđa. A ako tvoj brat zaseje visoka polja, ti zasej niska. Ako tvoj brat zaseje niska polja, ti zasej visoka. Uradiš li tako, tvoj brat će za tri godine zasigurno pasti u bedu, jer ja vladam vodama. Uzme li ti to za zlo i krene u napad, ti izvadi biser plime Šiomicu i potopi ga, a ako li zažali, ti izvadi biser oseke Šiofuru i poštedi mu život. Tako ćeš mu zadavati brige i mučiti ga", i dade mu oba bisera, biser plime i biser oseke, pa smesta sazva sve morske pse, te ih ovako upita: „Sada će se Soracuhiko, Amacuhikoov sin, vratiti u gornju zemlju. Ko će ga i za koliko dana ispratiti, i o tome me izvestiti?" Svaki odredi broj dana u skladu sa dužinom svoga tela, kad morski pas od jednog hvata reče: „Ja ću ga za jedan dan otpratiti i vratiti se." Na to bog zapovedi ovom morskom psu od jednog hvata: „Ako je tako, ti ga otprati. Samo pazi da se ne uplaši kad budete prelazili more", i smesta mu ga popeše za vrat, te ga ispratiše. I kao što i obeća, otprati ga za jedan dan. No pre nego što posla morskog psa natrag, bog Hoori odreši svoj bodež, zaveza mu ga oko vrata te ga vrati natrag. Otuda ovog morskog psa od jednog hvata i danas zovu bog Sahimoći, bog s bodežima.[1]

I bog Hoori vrati udicu svome bratu, baš onako kao što ga je Veliki bog Vatacumi i podučio. Neko vreme potom, bog Hoderi poče da pada u bedu, te razjaren dođe da napadne brata. I kad htede da ga napadne, bog Hoori izvadi biser plime Šiomicu i potopi ga, a kad ovaj zažali, on izvadi biser oseke Šiofuru i poštedi mu život. Tako mu zadavaše brige i mučiše ga, pa bog Hoderi, dodirujući čelom zemlju, reče: „Biću od sada tvoj danonoćni čuvar i pokorno ću ti služiti." Otuda njegovi potomci, izvodeći razne prizore davljenja, pokorno služe sve do današnjih dana.[2]

---

[1] Aluzija na oštre zube morskih pasa.
[2] Predanje o poreklu plesa koji su plesači iz naroda Hajato izvodili u znak pokoravanja.

4. BOG UGAJAFUKIAEZU

Onda i sama boginja Tojotamabime, kći Boga mora, dođe bogu Hooriju i reče mu: „Ja sam već noseća i sada dođe vreme da se porodim. A ne bih da rodim dete Nebeskog boga u moru. I stoga dođoh ovamo." I tu, na samoj obali uz ivicu talasa odmah sagradi porodiljsku kolibu, koju pokri perjem kormorana. No, još je celu ne pokri, a stigoše je neizdrživi trudovi, te ona uđe u kolibu. I taman kad je trebalo da rodi, obrati se sinu Nebeskog boga: „Kada dođe porođajni čas, sve tuđinke najpre se vrate obliku koji imaše u svojoj postojbini i onda rode. Zato ću ja roditi u svom prvobitnom obliku. Molim te da me ne gledaš." Ali, smatrajući njene reči čudnim, bog Hoori krišom proviri dok se ona porađaše, a ona se pretvori u morskog psa od osam hvati, i poče da se migolji i uvija. Kad to vide, on se prestravi od čuda i pobeže. Boginja Tojotamabime shvati da je on provirio i video je, pa se postide, rodi dete i ostavi ga, te reče: „Želja mi beše da u ovu zemlju stalno dolazim morskim putem. Ali, ti proviri i vide moj oblik, što je velika sramota", pa se vrati u dubine zatvorivši za sobom morsku granicu. Zbog toga božansko dete koje ona rodi zovu bog Amacuhiko Hiko Nagisatake Ugajafukiaezu.[1]

No, malo potom, premda mu je zamerala što on požele da proviri, ne mogaše da se odupre svom zaljubljenom srcu, te mu posla pesmu po svojoj mlađoj sestri

---

[1] Sin Nebeskog boga, sin Sunca, silni bog krova još nepokrivenog perjem kormorana na obali mora.

Tamajoribime,² kojoj poveri odgajanje svog deteta. U toj pesmi kaza:

8
Svetli čak vrpca
  od rumenog dragulja,³
no tvoja pojava,
  ko beli biser sjajni,
  još mi je uzvišenija.

A njen muž na to odgovori pesmom:

9
Na ostrvu gde su
  plovke, ptice pučine,⁴
spavah ja s tobom.
  Do kraja svog života
  zaboravit te neću.

Bog Hiko Hohodemi⁵ obitavaše u dvoru Takaćiho petsto osamdeset leta. Njegova grobnica nalazi se na zapadnoj strani planine Takaćiho.

Ovaj bog Amacuhiko Hiko Nagisatake Ugajafukiaezu uze za ženu svoju tetku Tamajoribime, te mu se rodi sin po imenu bog Icuse,⁶ zatim bog Inahi,⁷ zatim bog Mikenu,⁸ zatim bog Vakamikenu,⁹ znan i kao bog To-

---

² Boginja bisera što privlači duhove.
³ Ćilibar.
⁴ Stalni epitet za plovku.
⁵ Boginja bogatih bisera. U svojstvu kćeri Velikog boga mora koji vlada vodama, ona je oličenje mita o svetom venčanju nebeskog boga žitarica i boginje vode.
⁶ Bog svetog pirinča.
⁷ Bog hrane od pirinča.
⁸ Bog svete hrane.
⁹ Bog mlade svete hrane.

jomikenu,[10] a znan i kao bog Kamujamato Ivarebiko[11] (četiri boga). A bog Mikenu gazeći morske talase pređe u Zemlju večnosti,[12] dok bog Inahi ode u More, zemlju svoje pokojne majke.

---

[10] Bog bogate svete hrane.

[11] Ime prvog cara, Đinmua. Sveti bog zemlje Jamato iz mesta Ivare. Reč *ivare* znači „poreklo" ili „postanak", tako da se njegovo ime može tumačiti kao Sveti bog koji objašnjava poreklo zemlje Jamato.

[12] Utopija za koju se verovalo da se nalazi preko mora. Videti fusnotu 7 na str. 80.

KNJIGA DRUGA

CAR ĐINMU

1. POHOD NA ISTOK

Bog Kamujamato Ivarebiko,[1] skupa sa svojim starijim bratom, bogom Icuseom, beše u palati Takaćiho, i oni većahu govoreći: „Sa kojeg li bismo mesta mogli najmirnije upravljati carstvom? Možda ipak treba da krenemo na istok", pa odmah pođoše iz zemlje Himuka[2] i odoše ka zemlji Cukuši.[3] Kad stigoše u mesto Usa u zemlji Tojo,[4] dvoje tamošnjih žitelja, koji se zvahu Usacuhiko i Usacuhime,[5] načiniše palatu sa jednim stepenikom, pa pripraviše gozbu. Pređoše odatle u zemlju Cukuši, gde u palati Okada[6] provedoše godinu dana. Opet, iz te zemlje

---

[1] Prvi car, Đinmu, sin boga Ugajafukiaezua. Đinmu, kao i sva druga imena careva u naslovima narednih poglavlja, posmrtno je ime, dato po ugledu na kineske careve. Ovaj običaj davanja posmrtnih imena u kineskom stilu nastao je polovinom VIII veka i zato takvih imena nije bilo u izvornom tekstu *Kođikija*.

[2] Zemlja Himuka obuhvata sadašnju prefekturu Mijazaki i deo prefekture Kagošima. Njeno ime ne nalazi se među zemljama koje su izrodili bog Izanaki i boginja Izanami (videti str. 25). Reč *himuka* znači „mesto okrenuto prema suncu", i zato je to ime, veruje se, uzeto kao pogodno mitološko ishodište dinastije potomaka Velike boginje Sunca.

[3] Sadašnja prefektura Fukuoka. Videti fusnotu 12 na str. 25.

[4] Sadašnja prefektura Oita. Videti fusnotu 13 na str. 25.

[5] Starešine plemena iz mesta Usa. Par brat-vladar i sestra-šamanka bio je u to vreme uobičajen oblik plemenskog starešinstva. Pomena mesta Usa ovde je značajna jer je taj grad sedište istoimenog svetilišta koje slavi cara Ođina, osnivača dinastije Kavaći. Pretpostavlja se da je Ođinov istorijski pohod na istok poslužio za projekciju mita o caru Đinmuu.

[6] Ušće reke Onga u sadašnjoj prefekturi Fukuoka.

pođoše u zemlju Aki,[7] gde u palati Takeri[8] provedoše sedam godina. Opet, iz te zemlje krenuše i pređoše u zemlju Kibi,[9] gde u palati Takašima[10] provedoše osam godina. Onda, kad krenuše dalje iz te zemlje, u tesnacu Hajasui[11] susretoše čoveka koji dođe na oklopu kornjače,[12] loveći ribu i lepršajući rukavima. Bog Kamujamato Ivarebiko pozva ga da priđe, pa kad ga upita: „Ko si ti?" on mu odgovori: „Ja sam zemaljski bog." Kad ga opet upita: „Poznaješ li ti morske puteve?" on mu odgovori: „Dobro ih poznajem." Kad ga opet upita: „Da li bi pošao sa mnom da mi služiš?" on mu odgovori: „Služiću ti." Pruži mu onda motku, te ga primi na brod i dade mu ime Saonecuhiko[13] (on je predak Jamato no Kuninomijacukoa[14] i drugih).

Kad bog Kamujamato Ivarebiko i bog Icuse krenuše iz te zemlje, prođoše zalivom Namihaja[15] i pristadoše u pristaništu Širakata[16] pod plavim oblacima.[17] Tada Tomi

---

[7] Sadašnja prefektura Hirošima.
[8] Mesto Takeri je nepoznato.
[9] Sadašnja prefektura Okajama.
[10] Mesto Takašima je nepoznato.
[11] Tesnac brze struje. Tim imenom obično se označava tesnac Hojo, između ostrva Kjušu i Šikoku, ali ovde se najverovatnije misli na tesnac Akaši, između ostrva Honšu i Avađi, na ulazu u zaliv Osaka.
[12] Morska kornjača smatra se izaslanikom boga mora.
[13] Bog motke.
[14] Pleme iz mesta Oo u zemlji Jamato, sadašnjoj prefekturi Nara. Imalo je pod svojim uticajem planinska i primorska plemena u istočnom delu Unutrašnjeg mora. *Kuninomijacuko*, upravitelj zemlje, je nasledna titula. Pojavom ovog zemaljskog boga bio je predodređen krajnji cilj pohoda cara Đinmua.
[15] Zaliv brzih talasa, sadašnji zaliv Osaka.
[16] Pristanište belog zatona, u mestu Kusaka, danas deo grada Higaši Osaka.
[17] Stalni epitet za reč *širo*, belo. Upotreba stalnog epiteta u tekstu ukazuje na njegovo epsko poreklo.

no Nagasunebiko[18] podiže vojsku, dočeka ih i otpoče bitku. Onda ovi uzeše štitove sa broda i stupiše na kopno. Stoga to mesto nazvaše Tatecu, Luka štitova. Ono se danas naziva Tadecu kod Kusake. Dok su se borili sa Tomibikoom,[19] ovaj strelom pogodi boga Icusea u ruku. Tada bog Icuse reče: „Nije dobro da se ja, potomak boginje Sunca, borim licem okrenut suncu. Zato me je taj bednik i ranio. Sada ću ga zaobići i napasti leđima okrenutih suncu", i zavetovavši se tako, krenu da ga zaobiđe sa južne strane, a kad stigoše do mora Ćinu,[20] on opra krv sa ruke. Stoga se to mesto naziva Ćinu, Krvavo more. Pođoše odatle dalje zaobilaznim putem, pa kad stigoše do zatona O u zemlji Ki,[21] bog Icuse reče: „Zar da umrem od rane što mi je nanese bednik!" te ispusti muški poklič i izdahnu. Stoga taj zaton i nazvaše O, Muški zaton. Njegova grobnica nalazi se na planini Kama u zemlji Ki.[22]

---

[18] Poglavar plemena iz mesta Tomi u zemlji Jamato, sadašnjoj prefekturi Nara. Njegovo ime znači „čovek dugih golenjača".

[19] Čovek iz Tomija, tj. Tomi no Nagasunebiko.

[20] More uz okrug Izumi u zemlji Izumi, na jugu sadašnje prefekture Osaka.

[21] Zaton O nalazi se u zemlji Izumi, ali postoji mišljenje da je reč o ušću reke Ki, u sadašnjoj prefekturi Vakajama.

[22] Svetilište Kamajama nalazi se u sadašnjem gradu Vakajama.

2. KUMANO NO TAKAKURAĐI

Bog Kamujamato Ivarebiko pođe odatle dalje zaobilaznim putem, a kad stiže u selo Kumano,[1] veliki medved[2] načas se ukaza pa nestade, i tako više puta, dok nije sasvim iščezao. Tu bog Kamujamato Ivarebiko iznenada pade bez svesti, a popada i sva njegova vojska. Tada Kumano no Takakurađi[3] (to je ime čoveka) donese jedan mač, pa kad stiže do mesta na kojem ležaše sin Nebeskog boga, prinese mu mač i on se odmah probudi, ustade, te kaza: „O, kako sam dugo spavao!" A kada primi mač, sva besna božanstva sa planine Kumano istoga časa popadaše posečena. Uto se i sva njegova vojska što ležaše omađijana probudi i ustade. Kad ga sin Nebeskog boga upita kako je došao do mača, Takakurađi mu odgovori: „Ja videh u snu kako Velika boginja Amaterasu[4] i bog Takagi[5] slovom svojim pozvaše boga Take Mikazućija[6] i naložiše mu: 'Čujemo da u Središnjoj zemlji tršćanih polja vlada veliki metež. Naša

---

[1] Verovatno se misli na mesto oko sadašnjeg svetilišta Kumano Hajatama, u gradu Šingu u prefekturi Vakajama. Reč *kumano*, medveđe polje, izvorno je značila udaljeno mesto, tuđina kojom vladaju besni zemaljski bogovi.

[2] Zbog imena mesta, zemaljski bog koji se suprotstavljao sinu Nebeskog boga predstavljen je kao veliki medved.

[3] Ime mu znači Upravnik visoke ostave iz mesta Kumano.

[4] Velika boginja Sunca. Videti fusnotu 33 na str. 40.

[5] Bog Visoko drvo. Videti fusnotu 9 na str. 87.

[6] Silni bog Gromovnik, koji je pokoravao Središnju zemlju tršćanih polja. Videti fusnotu 3 na str. 90.

deca, izgleda, boluju. Ta Središnja zemlja trščanih polja zemlja je koju si ti upravo pokorio. Zato ti, bože Take Mikazući, siđi dole.' Na to im on odgovori: 'Čak i da ne siđem lično, tu je mač kojim sam tu zemlju osvojio, pa bi valjalo spustiti njega. (Tome je maču ime bog Sađifucu,[7] znan je i kao bog Mikafucu,[8] i kao Fucu no Mitama.[9] Taj mač obitava u svetilištu Isonokami.[10]) Spustićemo ga tako što ćemo napraviti rupu na slemenu krova Takakurađijeve ostave i kroz nju ga ubaciti.' A meni kazaše: 'Kad se probudiš, videćeš dobro jutarnje znamenje, pa ga uzmi i predaj sinu Nebeskog boga!' Kad ujutro pogledah u ostavu kako me podučiše u snu, tamo zaista beše mač. I zato ga tebi predajem."

---

[7] Ime ovog boga nije sasvim razjašnjeno, ali se odnosi na britko sečivo.

[8] Sveti bog britkog sečiva.

[9] Sveti duh sečiva.

[10] Svetilište se nalazilo u mestu Isonokami u zemlji Jamato. Ovo mesto danas je deo grada Tenri u prefekturi Nara. U tom svetilištu nalazio se carski arsenal, čije je zdanje s visoko podignutim podom radi zaštite od vlage upravo osnova za priču o „upravniku visoke ostave".

3. VELIKI GAVRAN PREDVODNIK

Onda Veliki bog Takagi opet slovom svojim pouči: „Neka sin Nebeskog boga ne ide dublje u unutrašnjost. Tamo ima veoma mnogo besnih bogova. Poslaćemo mu sa Neba gavrana od osam pedalja.[1] Taj će ga gavran voditi. Neka samo ide za njim." I bog Kamujamato Ivarebiko hodiše za gavranom kako beše poučen, te stiže u donji tok reke Jošino.[2] A tu je neki čovek načinio vršu od bambusa i njome hvatao ribu. Kad ga sin Nebeskog boga upita: „Ko si ti?" on mu odgovori: „Ja sam zemaljski bog, a ime mi je Niemocunoko[3]" (on je predak ribara iz Ade,[4] što love kormoranima). Kad pođe odatle, iz izvora izađe jedan repati čovek. A u tom izvoru beše nekakva svetlost. Kad ga upita: „Ko si ti?" on mu odgovori: „Ja sam zemaljski bog, a ime mi je Ihika[5]" (on je predak Jošino no Obitoa[6]). Kad zađe u te planine, opet susrete nekog repatog čoveka. On se pojavi razgrćući ste-

---

[1] Pedalj, na starojapanskom *ata*, stara je kineska mera za dužinu (oko 12 cm). Videti fusnotu 17 na str. 52. To znači da je gavran bio dugačak oko jedan metar.

[2] Naziv za gornji tok reke Ki, deo koji protiče kroz sadašnju prefekturu Nara.

[3] Onaj koji nosi hranu prinošenu bogu, odnosno caru.

[4] Mesto na gornjem toku reke Jošino u zemlji Jamato, istočno od sadašnjeg grada Gođo u prefekturi Nara. Ribarsko pleme iz mesta Ada, bilo je zaduženo da dvor snabdeva ribom iz reke Jošino.

[5] Bog svetlećeg izvora.

[6] Pleme gorštaka iz okruga Jošino. *Obito*, poglavar, je titula koju je dvor dodeljivao starešinama lokalnih plemena.

nje. Kad ga upita: „Ko si ti?" on mu odgovori: „Ja sam zemaljski bog, a ime mi je Ivaošivakunoko.[7] Čuo sam da ide sin Nebeskog boga, pa dođoh da ga dočekam" (on je predak Jošino no Kuzua[8]). Pođe odatle krčeći sebi put, te stiže u mesto Uda.[9] Stoga se ono naziva Uda no Ukaći, Krčevina u Udi.[10]

---

[7] Bog što razgrće stenje. Ime koje podseća na ljude koji su živeli u pećinama.
[8] Urođeničko pleme iz mesta Kuzu u okrugu Jošino u zemlji Jamato.
[9] Okrug Uda u sadašnjoj prefekturi Nara.
[10] Postoji mesto Ukaši u okrugu Uda.

4. BRAĆA UKAŠI

A u Udi behu dva brata, Eukaši i Otoukaši.[1] Bog Kamujamato Ivarebiko prvo posla gavrana od osam pedalja da ih upita: "Evo ide sin Nebeskog boga. Da li ste voljni da mu služite?" Tada Eukaši zviždećom strelom dočeka glasnika, odape je na njega i otera ga. Mesto gde je pala zviždeća strela naziva se Kaburazaki, Zvižd.[2] Eukaši onda stade prikupljati vojsku u nameri da sačeka i napadne boga Kamujamato Ivarebikoa. Kako mu ne uspe da sakupi vojsku, napravi se da će mu služiti, načini palatu i postavivši u njoj klopku čekaše, a za to vreme Otoukaši prvi dođe bogu Kamujamato Ivarebikou da se pokloni, i reče: "Moj stariji brat Eukaši strelom otera glasnika sina Nebeskog boga i stade prikupljati vojsku u nameri da ga sačeka i napadne, no kako nije uspeo da sakupi vojsku, načini palatu, i postavivši u njoj klopku, čeka da ga u nju uhvati. Stoga ja dođoh da ti otkrijem njegove namere." Tada bog Mići no Omi,[3] predak Ootomo no Murađija, i bog Ookume,[4] predak Kume no Ataija, pozvaše Eukašija te ga izgrdiše i rekoše mu: "Uđi ti prvi u palatu koju si načinio da bi služio sinu Nebeskog boga i tako pokaži kako ćeš mu služiti", te se uhvatiše za balčake mačeva,

---

[1] Prefiks *e* u imenu znači "stariji brat", a *oto* "mlađi brat".
[2] Mesto nije poznato.
[3] Bog Ame no Ošihi. Videti fusnotu 20 na str. 99. Ovde je, po predanju, preimenovan u boga Mići no Omija, boga puteva, pošto je uspešno predvodio vojsku Nebeskog sina po planinama Kumano.
[4] Bog Kume veliki, ranije je pomenut kao Nebeski bog Kume. Videti fusnotu 21 na str. 99.

uperiše koplja i zapeše strele, i tako ga uteraše unutra, a on odmah pogibe od klopke što je beše sam postavio. Onda ga izvukoše i rastrgnuše na komade. Stoga se to mesto naziva Uda no Ćihara,[5] Krvavo polje u Udi. A svu gozbu što mu Otoukaši pripravi, prepusti bog Kamujamato Ivarebiko svojoj vojsci. Tada ispeva pesmu:

> 10
> U Udi
> u lovištu
> ja postavih zamku.
> Dok čekah šljuku,
> ne uhvati se šljuka,
> već ulovi se
> kit, lep i veliki.
> Prva žena
> ište li mesa,
> odreži malo,
> ko bobica sitnih
> šarene kurike.
> A nova žena
> ište li mesa,
> odreži puno,
> ko bobica crnih
> plodne borovnice.
> Ee, šija gošija!
> (ovo su reči prezira)
> Aa, šija gošija!
> (ovo su reči smeha)

Taj Otoukaši (predak je Uda no Moitorija[6]).

---

[5] Mesto nije poznato.
[6] Upravnik vodosnabdevanja.

5. PESME SINOVA PLEMENA KUME

Odatle bog Kamujamato Ivarebiko pođe dalje, a kada stiže do velike zemunice u Osaki,[1] osamdesetorica silnih repatih ljudi naroda Cućigumo[2] čekahu ga tamo uz viku i dreku. Tada sin Nebeskog boga, slovom svojim naloži da priprave gozbu za tu osamdesetoricu silnih. Odredi im osamdesetoricu slugu, svakom slugi dade mač i pouči ih rečima: „Čim čujete pesmu, posecite ih, sve u isti mah." A u pesmi što beše znak da smaknu one iz naroda Cućigumo, on kaza:

> 11
> U Osaki,
>   u tu zemunicu,
> u većem broju
>   ljudi dođoše,
> u većem broju
>   ljudi tu uđoše.
> Smeli sinovi
>   plemena Kume,
> mačevima i
>   kamenim maljevima
>   udrite, dotucite!
> Smeli sinovi
>   iz plemena Kume,

---

[1] Mesto u zemlji Jamato, danas deo grada Sakurai u prefekturi Nara.

[2] Zemni paukovi. Domoroci tako nazvani jer su stanovali u zemunicama ukopanim u zemlji, a imali su duge ruke i noge.

>   mačevima i
>   kamenim maljevima –
>   udrite sad, pravi je čas!

Na tu pesmu ovi isukaše mačeve i pobiše ih, sve u isti mah.

Kasnije, kada bog Kamujamato Ivarebiko htede da napadne Tomibikoa, on ispeva pesmu:

> **12**
> Smeli sinovi
>   iz plemena Kume!
> Na polju prosa
>   niče praziluk jedan.
> Iščupajte ga,
>   i struk i lukovicu,
>   udrite, dotucite!

I opet ispeva pesmu:[3]

> **13**
> Smeli sinovi
>   iz plemena Kume!
> Okusih biber
>   posađen kraj ograde,
> peku me usta,
>   zaboravit ja neću.
>   udrite, dotucite!

I opet ispeva pesmu:

> **14**
> Na moru Ise
>   gde božji vetar duva,[4]

---

[3] Pesma se odnosi na poraz koji je bog Ivarebiko doživeo u bici sa Tomi no Nagasunebikoom, kada je izgubio svog brata, boga Icusea.

[4] Stalni epitet za Ise.

> male školjke
> puzaju naokolo
> po rastućem grebenu.
> A tako puzajući,
> udrite, dotucite!

A dok je bog Kamujamato Ivarebiko napadao dva brata, Ešikija i Otošikija,[5] u jednom trenutku njegova vojska pososta. Tada on ispeva pesmu:

15
> Tako štit uz štit,
> na Inasa planini
> šumom hodismo,
> protivnike motrismo.
> U takvoj borbi
> već me i glad muči.
> Čuvari ptica
> ostrvskih kormorana,
> u pomoć mi hitajte!

Onda bog Nigi Hajahi[6] priđe i reče sinu Nebeskog boga: „Čuo sam da si ti, sine Nebeskog boga, sišao sa Neba, te i ja siđoh i dođoh za tobom", smesta mu predade nebeska znamenja[7] i pokorno mu služiše. Inače, sin koji se rodi kada bog Nigi Hajahi uze za ženu Tomibikoovu mlađu sestru, Tomijabime,[8] beše bog Umaši

---

[5] Braća gospodari okruga Šiki, dela sadašnjeg grada Sakurai u prefekturi Nara.

[6] Ime ovog boga sastavljeno je od imena sina Velike boginje Amaterasu, boga Masakacu Akacu Kaćihajahija, i unuka boga Ninigija.

[7] Znamenja koja dokazuju da je bog Nigi Hajahi potomak Velike boginje Amaterasu. Po jednom predanju, to su bili Nebeska strela i tobolac, a po drugom bilo je deset znamenja.

[8] Princeza iz mesta Tomi. Par koji čine brat-vladar i sestra-šamanka sličnih imena, odraz je ondašnjeg sistema plemenskog starešinstva.

Mađi[9] (predak je Mononobe no Murađija,[10] Hozumi no Omija[11] i Uneme no Omija[12]). Tako bog Kamujamato Ivarebiko pokorivši i umirivši besne bogove, a porazivši i proteravši nepokorne ljude, obitavaše u dvoru Kašihara pod planinom Unebi[13] i vladaše carstvom.

---

[9] Značenje imena ovog boga nije poznato.

[10] Jedno od najuticajnijih plemena koja su činila okosnicu dinastije. Zaduženo je za vojsku i pravosuđe. Ovo pleme služilo je pomenutom svetilištu Isonokami, gde je bio smešten carski arsenal. *Murađi* je jedna od najviših naslednih titula koju je dvor podario plemenima božanskog porekla.

[11] Ogranak plemena Mononobe. Ime ovog plemena potiče iz mesta koje se nalazilo u zemlji Jamato. *Omi* je jedna od najviših titula koju je dvor podario plemenima nastalim iz carske loze.

[12] Ogranak plemena Mononobe. Iz njega su birane sluškinje za dvor, *uneme*.

[13] Jedna od tri čuvene planine u zemlji Jamato.

6. IZBOR CARICE

Još dok bog Kamujamato Ivarebiko obitavaše u zemlji Himuka, uze za ženu mlađu sestru Ata no Obaši no Kimija,[1] po imenu Ahirahime,[2] te mu se rodi sin, bog Tagišimimi,[3] a zatim bog Kisumimi,[4] dva boga. Ali, kad on opet potraži kakvu krasnu devu koja bi postala velika carica, bog Ookume mu reče: „Postoji ovde jedna deva. Zovu je božjim detetom. A božjim detetom zovu je zbog sledećeg. Kći Mišima no Mizokuija,[5] po imenu Sejadatarahime,[6] beše veoma lepa. Onda nju vide bog Miva no Oomononuši[7] i ona mu omile, a kada ta krasna deva ode da se olakša, ovaj se preobrazi u crvenu strelu, doplovi jarkom do nužnika i ubode krasnu devu u njezino međunožje. Na to se krasna deva prepade i kao pometena stade juriti unaokolo. Ona tu strelu donese i spusti je kraj postelje, a strela se istoga časa preobrazi u naočitog mladića, koji se onda oženi tom krasnom devom i rodi im se dete po imenu boginja Hototatara

---

[1] Gospodar mesta Ata u zemlji Sacuma, sadašnjoj prefekturi Kagošima, gde je bilo uporište plemena Ata naroda Hajato.
[2] Princeza iz mesta Ahira, koje je onda pripadalo plemenu Ata.
[3] Ime Tagiši znači „kriv", a dato mu je zbog njegove kasnije uloge pobunjenika.
[4] Značenje imena ovog princa nije poznato. On se pominje samo ovde i nije naročito značajan.
[5] Zemaljski bog jarka i koca, koji je obitavao u mestu Mišima u zemlji Secu, u sadašnjoj prefekturi Osaka.
[6] Boginja ubodena strelom.
[7] Veliki gospodar duhova, bog planine Miva. Videti fusnotu 10 na str. 80. Reka koja teče podnožjem ove planine uliva se u zaliv Mišima.

Isusukihime,[8] znana i kao Himetatara Isukejorihime.[9] (Ime joj kasnije promeniše kako bi se izbeglo pominjanje reči *hoto*, međunožje.) I zato je zovu božjim detetom."

Onda sedam deva igrahu na polju Takasađi.[10] Isukejorihime beše među njima. I tada, videvši je, bog Ookume pesmom se obrati caru:

>16
>U Jamatu,
>   poljem Takasađi
>hodi sedam
>   deva prekrasnih.
>   Koju ćeš ti uzeti?

Onda Isukejorihime stade ispred ostalih deva. Na to car, videvši deve, u svom srcu odmah poznade da je Isukejorihime baš ta pred njim, te odgovori pesmom:

>17
>Nema mi druge,
>   nju što stoji ispred svih,
>   najstariju, uzeću.

Kada je bog Ookume careve reči preneo devi Isukejorihime, ona ugleda njegove tetovažom izdužene oštre oči, začudi se tome, pa mu pesmom kaza:

>18
>Čiopo, pastirice,
>   blatariću, strnadice,[11]
>   što su ti oči oštre?

---

[8] Boginja ubodena u međunožje.
[9] Drugo ime boginje Hototatare.
[10] Mesto nije poznato.
[11] Značenje prva dva stiha nije jasno, ali pretpostavlja se da su navedene četiri vrste ptica krupnih očiju, kao asocijacija na njegove istetovirane oči.

Onda bog Ookume odgovori pesmom:

> **19**
> Da bih, devo,
> tebe pravo video,
> moje su oči oštre.

Na to deva reče: „Pokorno ću mu služiti." Kuća boginje Isukejorihime beše kraj reke Sai.[12] Car ode do njene kuće i tamo provede jednu noć.[13] (Ta reka zove se Sai, jer oko nje planinskih ljiljana ima u izobilju. Uzet je naziv tih planinskih ljiljana i po njemu je nazvana reka Sai. Prvobitno ime planinskih ljiljana beše Sai.) Kasnije, kada Isukejorihime pređe u dvor, car joj pesmom kaza:

> **20**
> U polju trske,
> u kolibi nečistoj
> prostresmo čiste
> prostirke od šaša
> i nas dvoje legosmo.

Imena dece koja se tako rodiše, behu: presvetli princ Hiko Jai,[14] zatim presvetli princ Kamu Jaimimi,[15] a zatim presvetli princ Kamu Nunakavamimi,[16] tri sina.

---

[12] Reka koja teče severno od planine Miva.
[13] Još jedno sveto venčanje sina Nebeskog boga i kćeri Zemaljskog boga.
[14] Nebeski princ osam izvora.
[15] Sveti princ osam izvora.
[16] Kasnije, car Suizei. Ime mu znači Sveti princ močvare i reke. Sva tri imena sinova cara Đinmua pokazuju da su još uvek u mitološkom svetu, ali posle ustoličenja boga Kamujamato Ivarebikoa titula *mikoto*, koju će nositi carevi i prinčevi više se ne prevodi kao „bog" već kao „presvetli".

7. IZDAJA PRINCA TAGIŠIMIMIJA

Pošto car izdahnu, njegov najstariji sin, presvetli princ Tagišimimi, uze za ženu caricu Isukejorihime i tada skova zaveru da ubije svoja tri polubrata, a njihova mati Isukejorihime, uznemirena i uplašena, pesmom upozori svoje sinove. Ona ispeva pesmu:

21
Oblak se diže
    poviše reke Sai,
a lišće šušti
    na planini Unebi –
    to oluja se sprema.

Ona opet zapeva:

22
Oblak se valja
    nad planinom Unebi,
a kad padne noć,
    sručiće se oluja –
    u šumi lišće šušti.

Njeni sinovi čuše pesme, razumeše ih i zaprepastiše se, te smesta krenuše da ubiju Tagišimimija, kad princ Kamu Nunakavamimi reče svom starijem bratu, princu Kamu Jaimimiju: „Brate moj, uzmi oružje, uđi i ubij Tagišimimija." Na to ovaj uze oružje, uđe, a kad htede da ga ubije, zadrhtaše mu ruke i noge, pa to ne mogaše učiniti. Stoga mlađi brat, Kamu Nunakavamimi, zatraži i dobi oružje od svog starijeg brata, uđe i ubi Tagišimimija. Od tada slaviše ga imenom presvetli princ Take Nunakavamimi.[1]

Onda princ Kamu Jaimimi ustupi carski presto svom mlađem bratu, princu Take Nunakavamimiju, rečima: „Ja ne bejah kadar ubiti protivnika. A ti si u tome uspeo. Stoga, nije pravo da budem iznad tebe iako sam stariji. Zato ti budi iznad mene i vladaj carstvom. Ja ću ti pomagati, postaću sveštenik i pokorno ću ti služiti." Princ Hiko Jai je (predak Mamuta no Murađija[2] i Tešima no Murađija[3]). Princ Kamu Jaimimi je (predak Oo no Omija,[4] Ćisakobe no Murađija,[5] Sakaibe no Murađija,[6] Hi no Kimija,[7] Ookita no Kimija,[8] Aso no Kimija,[9] Cukuši no Mijake no

---

[1] Reč *take* uz ime predstavlja epitet „silni".

[2] Pleme iz mesta Mamuta u zemlji Kavaći, sadašnjoj prefekturi Osaka. Ono je ogranak plemena Oo, kojem pripada i priređivač ovih zapisa Oo no Jasumaro.

[3] Pleme iz mesta Tešima u zemlji Secu, sadašnjoj prefekturi Osaka. Ogranak je plemena Oo.

[4] Pleme iz mesta Oo u zemlji Jamato, sadašnjoj prefekturi Nara. Sva plemena koja su ovde navedena, njih devetnaest, ili su ogranci, ili su na neki način podređena plemenu Oo.

[5] Ime ovog plemena *Ćiisako*, Mala deca, ukazuje na njegovo zaduženje na dvoru da organizuje patuljke, dvorske budale i izvođače predstava. Sufiks *be* u njegovom imenu označava da se pleme bavi proizvodnom ili uslužnom delatnošću za dvor.

[6] Značenje imena ovog plemena nije poznato, kao ni njegova veza sa plemenom Oo.

[7] Veliko pleme iz zemlje Hi koja obuhvata sadašnje prefekture Nagasaki, Saga i Kumamoto, na severozapadu ostrva Kjušu. *Kimi* je jedna od titula koju je dvor dodeljivao starešinama lokalnih plemena.

[8] Pleme iz okruga Ookita u zemlji Tojo, sadašnjoj prefekturi Oita.

[9] Pleme iz okruga Aso u zemlji Hi, sadašnjoj prefekturi Kumamoto.

Murađija,[10] Sazakibe no Omija,[11] Sazakibe no Mijacukoa,[12] Ohacuse no Mijacukoa,[13] Cuke no Ataia,[14] Ijo no Kuninomijacukoa,[15] Šinano no Kuninomijacukoa,[16] Mićinoku no Ivaki no Kuninomijacukoa,[17] Hitaći no Naka no Kuninomijacukoa,[18] Nagasa no Kuninomijacukoa,[19] Ise no Funaki no Ataia,[20] Ovari no Niva no Omija,[21] Šimada no Omija[22]). Princ Kamu Nunakavamimi kasnije će vladati carstvom.

I tako car Kamujamato Ivarebiko požive stotinu trideset i sedam leta. Njegova grobnica nalazi se kraj brda Kašinoo,[23] severno od planine Unebi.

---

[10] Ime ovog plemena ukazuje da je ono iz zemlje Cukuši, severnog dela ostrva Kjušu, a čije zaduženje je bilo da upravlja carskim posedima *mijake* na ovom području.

[11] Ime ovog plemena ukazuje da mu je zaduženje bilo da čuva spomen na cara Oosazakija (car Nintoku), odnosno da rukovodi svim potčinjenim plemenima koja su radila na carevim spomen-posedima.

[12] Pretpostavlja se da je jedno od potčinjenih plemena Sazakibe no Omija. *Mijacuko* je jedna od titula koju je dvor dodeljivao starešinama nižih plemena.

[13] Pleme čije zaduženje je bilo da čuva spomen na cara Ohacuse no Vakasazakija (car Burecu). Videti str. 304.

[14] Pleme iz mesta Cuke u zemlji Jamato. *Atai* je jedna od titula koju je dvor dodeljivao starešinama manjih plemena.

[15] Pleme iz okruga Ijo u zemlji Ijo, sadašnjoj prefekturi Ehime na ostrvu Šikoku.

[16] Pleme iz okruga Suva u zemlji Šinano, sadašnjoj prefekturi Nagano.

[17] Pleme iz okruga Ivaki u zemlji Mićinoku, sadašnjoj prefekturi Fukušima.

[18] Pleme iz okruga Naka u zemlji Hitaći, sadašnjoj prefekturi Ibaragi.

[19] Pleme iz okruga Nagasa u zemlji Ava, sadašnjoj prefekturi Ćiba.

[20] Pleme iz mesta Funaki u zemlji Ise, sadašnjoj prefekturi Mie.

[21] Pleme iz okruga Niva u zemlji Ovari, sadašnjoj prefekturi Aići.

[22] Pleme iz okruga Šimada u zemlji Ovari.

[23] Brdo u zemlji Jamato.

CAR SUIZEI

Njegovo veličanstvo Kamu Nunakavamimi[1] obitavaše u dvoru Takaoka u mestu Kazuraki[2] i vladaše carstvom. Ovaj car uze za ženu pretkinju Šiki no Agatanušija,[3] Kavamatabime,[4] te mu se rodi sin, presvetli princ Šikicuhiko Tamademi[5] (jedan sin). Car poživa četrdeset i pet leta. Njegova grobnica nalazi se kraj brda Cukida.[6]

---

[1] Drugi car, Suizei, sin cara Đinmua.
[2] Mesto u zemlji Jamato, danas deo grada Gose.
[3] Načelnik okruga Šiki u zemlji Jamato, danas deo grada Sakurai. Kada je car Đinmu porazio gospodare tog okruga, braću Ešikija i Otošikija, postavio je mlađeg brata, Otošikija, za načelnika okruga jer mu se pokorio.
[4] Značenje imena ove princeze nije razjašnjeno.
[5] Presvetli Nebeski sin iz Šikija. Kasnije, car Annei.
[6] Brdo u okrugu Takeći u zemlji Jamato.

CAR ANNEI

Njegovo veličanstvo Šikicuhiko Tamademi[1] obitavaše u dvoru Ukiana u mestu Katašio[2] i vladaše carstvom. Ovaj car uze za ženu Akutohime, kćer brata Kavamatabime, Agatanuši[3] Haea, te mu se rodi sin, presvetli princ Tokonecuhiko Irone,[4] zatim presvetli princ Oojamato Hiko Sukitomo,[5] zatim presvetli princ Šikicuhiko.[6] Od ova tri njegova sina, princ Oojamato Hiko Sukitomo kasnije će vladati carstvom. Zatim, u princa Šikicuhikoa behu dva sina. Prvi sin[7] je (predak Iga no Sući no Inakija,[8] Nabari no Inakija[9] i Mino no Inakija[10]). Drugi sin, presvetli princ Vaćicumi,[11] obitavaše u dvoru Mii na ostrvu

---

[1] Treći car, Annei, sin cara Suizeija.
[2] Mesto u zemlji Jamato, danas deo grada Jamato Takada u prefekturi Nara.
[3] Titula načelnika okruga, u ovom slučaju okruga Šiki.
[4] Reč *irone* u imenu ovoga princa ukazuje na to da je on stariji Nebeski sin (stariji od budućeg cara), a reč *tokone* na njegovu povezanost sa podzemnom zemljom Ne (videti fusnotu 5 na str. 42). On je verovatno bio šaman.
[5] Nebeski sin vladar Velikog Jamatoa iz Šikija. Kasnije, car Itoku.
[6] Nebeski sin iz Šikija.
[7] Ime mu nije zapisano.
[8] Pleme iz mesta Sući u zemlji Iga, sadašnjoj prefekturi Mie. *Inaki,* upravnik skladišta pirinča, najniža je titula koju je dvor dodeljivao starešinama manjih plemena.
[9] Pleme iz mesta Nabari u zemlji Iga, danas dela grada Nabari.
[10] Pleme iz mesta Mino u zemlji Iga.
[11] Značenje imena ovog princa nije razjašnjeno.

Avađi.[12] A u tog princa behu dve kćeri. Starijoj ime beše Haeirone, a beše znana i kao presvetla princeza Oojamatokuni Arehime.[13] Mlađoj ime beše Haeirodo.[14] Car požive četrdeset i devet leta. Njegova grobnica nalazi se u uvali na planini Unebi.

---

[12] Palata koja je bila sagrađena uz izvor na ostrvu Avađi.

[13] Drugo ime princeze Haeirone, starije sestre princeze Hae, znači „princeza rođena u Velikoj zemlji Jamato", a ono joj je dodeljeno kao budućoj carici.

[14] Mlađa sestra Hae.

CAR ITOKU

Njegovo veličanstvo Oojamato Hiko Sukitomo[1] obitavaše u dvoru Sakaioka u mestu Karu[2] i vladaše carstvom. Ovaj car uze za ženu presvetlu princezu Futoma Vakahime, pretkinju Šiki no Agatanušija, znanu i kao presvetla princeza Iihihime, te mu se rodi sin, presvetli princ Mimacuhiko Kaešine,[3] a zatim presvetli princ Tagišihiko (dva sina). Princ Mimacuhiko Kaešine kasnije će vladati carstvom. A princ Tagišihiko je (predak Ćinu no Vakea,[4] Tađima no Take no Vakea[5] i Ašii no Inakia[6]). Car požive četrdeset i pet leta. Njegova grobnica nalazi se kraj doline Manago[7] na planini Unebi.

---

[1] Četvrti car, Itoku, sin cara Anneia.
[2] Mesto u zemlji Jamato, danas deo grada Kašivabara u prefekturi Nara.
[3] Kasnije, car Košo.
[4] Pleme iz mesta Ćinu u zemlji Izumi, sadašnjoj prefekturi Osaka. *Vake* je jedna od titula koju je dvor dodeljivao starešinama plemena s poreklom iz carske loze.
[5] Pleme iz mesta Take u zemlji Tađima. Pretpostavlja se da je reč o mestu Takeno u sadašnjoj prefekturi Hjogo.
[6] Pleme iz mesta Ašii u zemlji Tađima. Mesto Ašii nije poznato.
[7] Danas deo grada Kašivabara.

CAR KOŠO

Njegovo veličanstvo Mimacuhiko Kaešine[1] obitavaše u dvoru Vakigami u mestu Kazuraki[2] i vladaše carstvom. Ovaj car uze za ženu presvetlu princezu Josotahobime, mlađu sestru Okicujosoa, pretka Ovari no Murađija,[3] te mu se rodi sin, presvetli princ Ameoši Tarašihiko,[4] a zatim presvetli princ Oojamato Tarašihiko Kuniošihito[5] (dva sina). Mlađi brat, princ Tarašihiko Kuniošihito, kasnije će vladati carstvom. A stariji brat, princ Ameoši Tarašihiko je (predak Kasuga no Omija,[6] Oojake no Omija,[7] Avata no Omija,[8] Ono no Omija,[9] Kakinomoto no Omija,[10] Ićihii no Omija,[11] Oosaka no

---

[1] Peti car, Košo, sin cara Itokua.

[2] Mesto u zemlji Jamato, danas deo grada Gose u prefekturi Nara.

[3] Pleme iz zemlje Ovari, sadašnje prefekture Aići. Titula *Murađi* ukazuje na božansko poreklo njegovog pretka.

[4] Epitet *Ame*, Nebeski, u njegovom imenu ukazuje na mogućnost da je i on, carev stariji brat, bio sveštenik, kao što je to bio stariji brat cara Suizeija.

[5] Epitet *Oojamato*, Velika zemlja Jamato, kasnije je pridodat njegovom imenu pošto je nasledio carski presto.

[6] Pleme iz mesta Kasuga u zemlji Jamato.

[7] Pleme iz susednog mesta, čije zaduženje je bilo da upravlja *oojakeom*, velikim carevim posedom. Ogranak je plemena Kasuga, kao i većina ovde navedenih plemena.

[8] Pleme iz mesta Avata u zemlji Jamaširo, sadašnjoj prefekturi Kjoto.

[9] Pleme iz mesta Ono u zemlji Omi, sadašnjoj prefekturi Šiga.

[10] Pleme iz mesta Soegami u zemlji Jamato. Ime je dobilo po tome što je pred kapijom bilo drvo *kaki*, japanska jabuka.

[11] Pleme iz istog mesta Soegami.

Omija,[12] Ana no Omija,[13] Taki no Omija,[14] Haguri no Omija,[15] Ćita no Omija,[16] Muza no Omija,[17] Cunojama no Omija,[18] zatim Ise no Iitaka no Kimija[19] i Ićiši no Kimija,[20] Ćikacuomi no Kuninomijacukoa[21]). Car požive devedeset i tri leta. Njegova grobnica nalazi se kraj planine Hakata[22] u mestu Vakigami.

---

[12] Pleme iz mesta Oosaka u zemlji Bingo, sadašnjoj prefekturi Hirošima.
[13] Pleme iz mesta Ana u zemlji Bingo.
[14] Pleme iz mesta Taki u zemlji Tanba, sadašnjoj prefekturi Hjogo.
[15] Pleme iz mesta Haguri u zemlji Ovari, sadašnjoj prefekturi Aići.
[16] Pleme iz mesta Ćita u zemlji Ovari.
[17] Pleme iz mesta Muza u zemlji Kazusa, sadašnjoj prefekturi Ćiba.
[18] Mesto iz kog potiče ovo pleme nije utvrđeno.
[19] Pleme iz mesta Iitaka u zemlji Ise, sadašnjoj prefekturi Mie.
[20] Pleme iz mesta Ićiši u zemlji Ise.
[21] Postojanje plemena pod ovim imenom nije potvrđeno.
[22] Mesto u zemlji Jamato.

CAR KOAN

Njegovo veličanstvo Oojamato Tarašihiko Kuniošihito[1] obitavaše u dvoru Akizušima u mestu Muro[2] u Kazurakiju i vladaše carstvom. Ovaj car uze za ženu svoju nećaku, presvetlu princezu Ošikahime,[3] te mu se rodi sin, presvetli princ Ookibi Morosusumi,[4] a zatim presvetli princ Oojamatoneko Hiko Futoni[5] (dva sina). Princ Oojamatoneko Hiko Futoni kasnije će vladati carstvom. Car poživé stotinu dvadeset i tri leta. Njegova grobnica nalazi se kraj brda Tamate.[6]

---

[1] Šesti car, Koan, sin cara Košoa.
[2] Mesto Muro u zemlji Jamato, u sadašnjoj prefekturi Nara.
[3] Kći carevog starijeg brata, princa Ameoši Tarašihikoa.
[4] Ime ovog princa vezano je za zemlju Kibi, sadašnju prefekturu Okajama.
[5] Kasnije, car Korei. Epitet *Oojamatoneko*, Velika zemlja Jamato, kasnije je pridodat njegovom imenu pošto je nasledio carski presto.
[6] Brdo u sadašnjem gradu Gose u prefekturi Nara.

CAR KOREI

Njegovo veličanstvo Oojamatoneko Hiko Futoni[1] obitavaše u dvoru Ioto u mestu Kuroda[2] i vladaše carstvom. Ovaj car uze za ženu presvetlu princezu Kuvašihime, kćer Oomea, pretka Tooći no Agatanušija,[3] te mu se rodi sin, presvetli princ Oojamatoneko Hiko Kunikuru[4] (jedan sin). I opet, uze za ženu Kasuga no Ćićihaja Mavakahime, te mu se rodi kći, presvetla princeza Ćićihajahime (jedna kći). I opet, uze za ženu presvetlu princezu Oojamatokuni Arehime,[5] te mu se rodi kći, presvetla princeza Jamato Tomomosobime, zatim sin, presvetli princ Hiko Sašikatavake, zatim presvetli princ Hiko Isaseribiko, znan i kao presvetli princ Ookibicuhiko,[6] a zatim kći, princeza Jamato Tobihaja Vakajahime (četvoro dece). I opet, uze za ženu Haeirodo,[7] mlađu sestru princeze Arehime, te mu se rodi sin, presvetli princ Hiko Samema, zatim presvetli princ Vakahiko Take Kibicuhiko (dva sina). U ovoga cara beše ukupno osmoro dece (pet sinova i tri kćeri). Princ Oojamatoneko Hiko Kunikuru kasnije će vladati carstvom. A princ

---

[1] Sedmi car, Korei, sin cara Koana.
[2] Mesto u okrugu Šiki u zemlji Jamato, sadašnjoj prefekturi Nara.
[3] Načelnik okruga Toći, danas dela grada Sakurai u prefekturi Nara.
[4] Kasnije, car Kogen.
[5] Unuka cara Anneia, princeza Haeirone. Videti fusnotu 13 na str. 136.
[6] U gradu Okajama postoji svetilište posvećeno ovom princu.
[7] Mlađa sestra princeze Haeirone. Videti fusnotu 14 na str. 136.

Ookibicuhiko i princ Vaka Take Kibicuhiko[8], krenuvši zajedno u pohod na zemlju Kibi, postaviše osveštani vrč[9] na grebenu Hikava u zemlji Harima,[10] i odrediše time zemlju Harima za ulaz u zemlju Kibi i potčiniše je. Princ Ookibicuhiko je (predak Kibi no Kamicumići no Omija[11]). Zatim, princ Vakahiko Take Kibicuhiko je (predak Kibi no Šimocumići no Omija[12] i Kasa no Omija[13]). Zatim, princ Hiko Samema (predak Harima Ušika no Omija[14]). Zatim, princ Hiko Sašikatavake je (predak Tojo no Koši no Tonami no Omija,[15] Kunisaki no Omija,[16] Iobara no Kimija[17] i Cunuga no Vatari no Ataija[18]). Car poživе stotinu i šest leta. Njegova grobnica nalazi se kod mesta Umasaka na Kataoki.[19]

---

[8] Skraćeno od Vakahiko Take Kibicuhiko.
[9] Osveštani vrč sa sakeom prinošen je bogovima za srećan ishod u vojnim pohodima.
[10] Brdo na reci Kako u mestu Oono u zemlji Harima. Danas deo grada Kakogava u prefekturi Hjogo. Na tom brdu i danas se nalazi svetilište Hi no Kava.
[11] Pleme iz okruga Kamicumići, Gornji put, u zemlji Kibi, sadašnjoj prefekturi Okajama.
[12] Pleme iz okruga Šimocumići, Donji put, u zemlji Kibi. Sa plemenom Kamicumići čini pleme Kibi no Omi.
[13] Ogranak plemena Kibi no Omi.
[14] Pleme iz mesta Ušika, danas dela grada Himeđi u prefekturi Hjogo. U tom mestu bio je carev posed, *mijake*.
[15] Pleme iz okruga Tonami u zemlji Koši, sadašnjoj prefekturi Tojama.
[16] Pleme iz okruga Kunisaki u zemlji Tojo, sadašnjoj prefekturi Oita na ostrvu Kjušu.
[17] Pleme iz okruga Iobara u zemlji Suruga, sadašnjoj prefekturi Šizuoka.
[18] Pleme iz mesta Cunuga u zemlji Koši, sadašnjoj prefekturi Fukui.
[19] Mesto Oši u zemlji Jamato, sadašnjoj prefekturi Nara.

CAR KOGEN

Njegovo veličanstvo Oojamatoneko Hiko Kunikuru[1] obitavaše u dvoru Sakaihara u mestu Karu[2] i vladaše carstvom. Ovaj car uze za ženu presvetlu princezu Ucu Šikome, mlađu sestru presvetlog princa Ucu Šikoa,[3] pretka Hozumi no Omija,[4] te mu se rodi sin, presvetli princ Oobiko[5], zatim presvetli princ Sukunahiko Take Igokoro, zatim presvetli princ Vakajamatoneko Hiko Oobibi[6] (tri sina). I opet, uze za ženu presvetlu princezu Ikaga Šikome,[7] kćer princa Ucu Šikoa, te mu se rodi sin, presvetli princ Hiko Fucuoši no Makoto.[8] I opet, uze za ženu kćer Kafući no Aotame po imenu Hanijasubime, te mu se rodi sin, presvetli princ Take Hanijasubiko (jedan sin). U ovoga cara beše ukupno petoro dece. Princ Vakajamatoneko Hiko Oobibi kasnije će vladati carstvom. Potomci njegovog starijeg brata, princa Oobikoa, presvetli princ

---

[1] Osmi car, Kogen, sin cara Koreia.
[2] Mesto Karu, danas deo grada Kašivabara u prefekturi Nara. I car Itoku imao je dvor u ovom mestu. Videti fusnotu 2 na str. 137.
[3] Par koji čine brat-vladar i sestra-šamanka. Deo njihovih imena, Šikoo i Šikome, sugeriše da su bili „ružni i silni", odnosno da su posedovali demonsku moć. Videti fusnotu 25 na str. 60.
[4] Ranije je rečeno da je predak Hozumi no Omija princ Umaši Mađi, sin boga Nigi Hajahija (videti fusnotu 9 na str. 127), ali se ne zna da li je reč o istom princu sa dva imena ili ne.
[5] Njegovo ime ponovo se pominje kada ga car Suđin pošalje u zemlju Koši da je pokori. Videti str. 157.
[6] Kasnije, car Kaika.
[7] I ova princeza ima Šikome u svome imenu. Videti fusnotu 3.
[8] Poznat kao otac Takešiući no Sukunea, pretka moćnog plemena Soga, koje će se kasnije toliko osiliti da će zaseniti i samog cara.

Take Nunakavavake[9] je (predak Abe no Omija[10]), zatim presvetli princ Hiko Inakođivake (predak je Kašivade no Omija[11]). Princ Hiko Fucuoši no Makoto uze za ženu Kazuraki no Takaćinabime, mlađu sestru Oonabija, pretka Ovari no Murađija, te mu se rodi sin, Umašiući no Sukune[12] (predak je Jamaširo no Ući no Omija[13]). I opet, uze za ženu Jamašita Kagehime, mlađu sestru Uzuhikoa, pretka Ki no Kuninomijacukoa, te mu se rodi sin, Takešiući no Sukune.[14] U ovoga Takešiući no Sukunea beše ukupno devetoro dece (sedam sinova i dve kćeri). Hata no Jaširo no Sukune je (predak Hata no Omija,[15] Hajaši no Omija,[16] Hami no Omija,[17] Hošikava no Omija,[18] Omi no Omija[19] i Hacusebe no Kimija[20]). Zatim, Kose no Okara no Sukune[21] je (predak Kose

[9] Epitet *Take*, Silni, dobio je kao jedan od četiri zapovednika vojske cara Suđina. Videti str. 157.
[10] Pleme iz mesta Abe u zemlji Jamato, sadašnjoj prefekturi Nara.
[11] Pleme čije zaduženje je bilo da priprema hranu na dvoru. Ogranak plemena Abe.
[12] Njegovo ime ukazuje na vezu sa mestom Ući u zemlji Jamato. *Sukune* je počasno zvanje, koje će kasnije biti i nasledna titula.
[13] Pleme koje se doselilo iz mesta Ući u zemlji Jamato u istoimeno mesto u zemlji Jamaširo, sadašnjoj prefekturi Kjoto.
[14] Dugovečni dvorski dostojanstvenik koji je služio carevima od Keikoa do Nintokua. Pretpostavlja se da je zapis o njegovim potomcima kasnije dodao neko iz plemena Soga na vrhuncu svoje moći.
[15] Pleme iz mesta Hata u zemlji Jamato.
[16] Pleme iz mesta Hajaši u zemlji Kavaći, sadašnjoj prefekturi Osaka.
[17] Pleme iz mesta Hami u zemlji Omi, sadašnjoj prefekturi Šiga.
[18] Pleme iz mesta Hošikava u zemlji Jamato.
[19] Mesto iz kog potiče nije poznato.
[20] Ovo pleme je bilo zaduženo da čuva spomen na cara Jurjakua, odnosno princa Oohacuse Vakatakerua.
[21] Njegovo ime ukazuje na vezu sa mestom Kose u zemlji Jamato.

no Omija,[22] Sazakibe no Omija[23] i Karube no Omija[24]). Zatim, Soga no Išikava no Sukune[25] je (predak Soga no Omija,[26] Kavabe no Omija,[27] Tanaka no Omija,[28] Takamuko no Omija,[29] Oharida no Omija,[30] Sakurai no Omija[31] i Kišida no Omija[32]). Zatim, Heguri no Cuku no Sukune[33] je (predak Heguri no Omija,[34] Savara no Omija[35] i Umanomikui no Murađija[36]). Zatim, Ki no Cunu no Sukune[37] je (predak Ki no Omija,[38] Cunu no Omija[39] i Sakamoto no Omija[40]). Zatim kći, Kume no Maitohime, a zatim No no Irohime. Zatim sin, Kazuraki no Nagae no Socubiko je (predak Tamate no Omija,[41] Ikuha no

---

[22] Pleme iz mesta Kose.
[23] Pleme koje je služilo caru Nintokuu, tj. princu Oosazakiju.
[24] Pleme iz mesta Karu u zemlji Jamato. Bilo je zaduženo da čuva spomen na prestolonaslednika Karua. Videti str. 262.
[25] Njegovo ime ukazuje na vezu sa mestom Soga u zemlji Jamato.
[26] Pleme iz mesta Soga.
[27] Pleme iz okruga Kavabe u zemlji Secu, sadašnjoj prefekturi Hjogo.
[28] Pleme iz mesta Tanaka u zemlji Jamato.
[29] Pleme iz mesta Takamuko u zemlji Koši.
[30] Pleme iz mesta Oharida u zemlji Jamato.
[31] Pleme iz mesta Sakurai u zemlji Kavaći.
[32] Pleme iz mesta Kišida u zemlji Jamato.
[33] Njegovo ime ukazuje na vezu sa mestom Heguri u zemlji Jamato.
[34] Pleme iz mesta Heguri.
[35] Ogranak plemena Heguri.
[36] Ogranak plemena Heguri.
[37] Njegovo ime ukazuje na vezu sa zemljom Ki.
[38] Pleme iz zemlje Ki.
[39] Pleme iz mesta Cunu (kasnije Cuno) u zemlji Suho, sadašnjoj prefekturi Jamagući.
[40] Pleme iz mesta Sakamoto u zemlji Izumi, sadašnjoj prefekturi Osaka.
[41] Pleme iz mesta Tamate u zemlji Jamato.

Omija,[42] Ikue no Omija[43] i Agina no Omija[44]). Zatim, Vakugo no Sukune[45] je (predak Enoma no Omija[46]). Ovaj car požive pedeset i sedam leta. Njegova grobnica nalazi se kraj brda Naka u mestu Curuginoike.[47]

---

[42] Mesto iz kog potiče nije poznato.
[43] Mesto iz kog potiče nije poznato.
[44] Mesto iz kog potiče nije poznato.
[45] Njegovo ime znači mladić, odnosno najmlađi sin.
[46] Pleme iz okruga Enuma u zemlji Kaga, sadašnjoj prefekturi Išikava.
[47] Mesto u zemlji Jamato, nazvano po veštačkom jezeru za navodnjavanje, izgrađenom za vreme cara Ođina.

CAR KAIKA

Njegovo veličanstvo Vakajamatoneko Hiko Oobibi[1] obitavaše u dvoru Izakava u mestu Kasuga[2] i vladaše carstvom. Ovaj car uze za ženu Takanohime,[3] kćer Taniha no Ooagatanušija,[4] po imenu Jugori, te mu se rodi sin, presvetli princ Hiko Jumusumi (jedan sin). I opet, uze za ženu svoju maćehu presvetlu princezu Ikaga Šikome,[5] te mu se rodi sin, presvetli princ Mimaki Irihiko Inie,[6] a zatim kći, presvetla princeza Mimacuhime (dvoje dece). I opet, uze za ženu presvetlu princezu Okecuhime, mlađu sestru presvetlog princa Hiko Kuniokecua, pretka Vani no Omija,[7] te mu se rodi sin, princ Hiko Imasu[8] (jedan sin). I opet, uze za ženu Vašihime, kćer Kazuraki no Tarumi no Sukunea, te mu se rodi sin, princ Take Tojo Hazuravake (jedan sin). U ovog cara beše ukupno petoro dece (četiri sina

---

[1] Deveti car, Kaika, sin cara Kogena.
[2] Danas deo grada Nara.
[3] Ime vezano za mesto Takano u zemlji Taniha, sadašnjoj prefekturi Kjoto.
[4] Veliki načelnik okruga Taniha u istoimenoj zemlji, sadašnjoj prefekturi Hjogo. *Agatanuši*, načelnik okruga, nasledna je titula, a prefiks *oo* znači „veliki".
[5] Žena cara Kogena. Videti fusnotu 7 na str. 143.
[6] Kasnije, car Suđin.
[7] Pleme iz mesta Vani, danas dela grada Tenri u prefekturi Nara. Uticajno pleme, koje je dalo više carica. *Vani* znači crvenica i od nje se izrađivala grnčarija po kojoj je to mesto bilo poznato.
[8] Od ovog princa, svaki princ ili princeza koji kasnije neće postati car ili carica, nosiće svetovnu titulu *miko*, princ, dok će oni koji će postati car ili carica i dalje nositi titulu *mikoto*, presvetli.

i jedna kći). Princ Mimaki Irihiko Inie kasnije će vladati carstvom. U njegovog starijeg brata, princa Hiko Jumusumija, behu dva sina, princ Oocucuki Tarine i princ Sanuki no Tarine (dva sina). U ta dva princa beše pet kćeri. Zatim, princ Hiko Imasu uze za ženu Jamaširo no Enacuhime, znanu i kao Karihatatobe, te mu se rodi sin, princ Oomata, zatim princ Omata, a zatim princ Šibumi no Sukune (tri sina). I opet, uze za ženu kćer Kasuga no Take Kunikacutomea, po imenu Saho no Ookuramitome, te mu se rodi sin, princ Sahobiko, zatim princ Ozaho, zatim kći, presvetla princeza Sahobime, znana i kao Sahađihime (ova princeza Sahobime postade carica cara Ikumea[9]), a zatim sin, princ Murobiko (četvoro dece). I opet, uze za ženu Okinaga no Mizujorihime, kćer boga Ame no Mikagea, kome služe sveštenici svetilišta Mikami u zemlji Ćikacuomi,[10] te mu se rodi sin, princ Taniha no Hikotatasu Mićinouši, zatim princ Mizuho no Mavaka, zatim princ Kamu Oone, znan i kao princ Jacuri no Irihiko, zatim kći, Mizuho no Iojorihime, a zatim kći, Miicuhime (petoro dece). I opet, uze za ženu princezu Uokecuhime, mlađu sestru svoje majke, te mu se rodi sin, princ Jamaširo no Oocucuki Mavaka, zatim princ Hiko Osu, a zatim princ Irine (tri princa). U princa Hiko Imasua ukupno beše jedanaestoro dece.[11] A u njegovog najstarijeg sina, princa Oomate beše sin, princ Aketacu, zatim princ Unakami (dva sina). Ovaj princ Aketacu je (predak Ise no Homuđibe no Kimija[12] i Sana no Mijacu-

---

[9] Car Suinin.
[10] Poznato svetilište u mestu Mikami u zemlji Ćikacuomi, sadašnjoj prefekturi Šiga.
[11] Treba da stoji: ili dvanaest prinčeva, ili petnaestoro dece.
[12] Pleme čije zaduženje je bilo da čuva spomen na princa Homuđivakea, sina cara Suinina.

koa[13]). Princ Unakami je (predak Himeda no Kimija[14]). Zatim, princ Omata je (predak Tagima no Magari no Kimija[15]). Zatim, princ Šibumi no Sukune je (predak Sasa no Kimija[16]). Zatim, princ Sahobiko je (predak Kusakabe no Murađija[17] i Kai no Kuninomijacukoa[18]). Zatim, princ Ozaho je (predak Ćikacuomi no Kazuno no Vakea[19] i Kano no Vakea[20]). Zatim, princ Murobiko je (predak Vakasa no Mimi no Vakea[21]). Onaj princ Mićinouši uze za ženu Taniha no Kavakami no Masu no Iracume, te mu se rodi kći, presvetla princeza Hibasuhime,[22] zatim presvetla princeza Matonohime, zatim presvetla princeza Otohime, a zatim sin, princ Mikadovake (četvoro dece). Ovaj princ Mikadovake je (predak Mikava no Ho no Vakea[23]). Mlađi brat princa Mićinoušija, princ Mizuho no Mavaka je (predak Ćikacuomi no Jasu no Ataija[24]).

---

[13] Pleme iz mesta Sana u zemlji Ise, sadašnjoj prefekturi Mie. U ovom mestu nalazi se svetilište posvećeno bogu Tađikaraou. Videti fusnotu 11 na str. 98.
[14] Mesto iz kog potiče nije poznato.
[15] Pleme iz mesta Magari u zemlji Jamato. Mesto Magari nalazilo se na putu za Tagimu.
[16] Mesto iz kog potiče nije poznato.
[17] Pleme čije zaduženje je bilo da čuva spomen na prinčeve Ookusaku i Vakakusaku.
[18] Sadašnja prefektura Jamanaši.
[19] Pleme iz okruga Kazuno u zemlji Jamaširo, sadašnjoj prefekturi Kjoto. *Vake* u njegovom imenu označava da je to lokalno pleme poteklo iz carske loze.
[20] Pleme iz mesta Kano u zemlji Ćikacuomi, sadašnjoj prefekturi Šiga.
[21] Pleme iz mesta Mimi u zemlji Vakasa, sadašnjoj prefekturi Fukui.
[22] Postaće carica cara Suinina posle smrti carice Sahobime. I njene mlađe sestre će služiti caru.
[23] Pleme iz okruga Ho u zemlji Mikava, sadašnjoj prefekturi Aići.
[24] Pleme iz okruga Jasu u zemlji Ćikacuomi.

Zatim, princ Kamu Oone je (predak Mino no Motosu no Kuninomijacukoa[25] i Nagahatabe no Murađija[26]). Zatim, princ Jamaširo no Oocucuki Mavaka uze za ženu Taniha no Ađisahabime, kćer svoga mlađeg brata po majci, princa Irinea, te mu se rodi sin, princ Kanime Ikazući. Ovaj princ uze za ženu kćer Taniha no Toocuomija, po imenu Takakihime, te mu se rodi sin, princ Okinaga no Sukune. Ovaj princ uze za ženu Kazuraki no Takanukahime, te mu se rodi kći, presvetla princeza Okinaga Tarašihime,[27] zatim presvetla princeza Soracuhime, a zatim sin, princ Okinagahiko (troje dece; ovaj princ predak je Kibi no Homuđi no Kimija[28] i Harima no Aso no Kimija[29]). A princ Okinaga no Sukune uze za ženu Kavamata no Inajoribime, te mu se rodi sin, princ Ootamusaka (predak je Tađima no Kuninomijacukoa[30]). Već pomenuti princ Take Tojo Hazuravake je (predak Ćimori no Omija,[31] Ošinube no Mijacukoa,[32] Minabe no Mijacukoa,[33] Inaba no Ošinumibea,[34] Taniha no Takano

---

[25] Pleme iz okruga Motosu u zemlji Mino, sadašnjoj prefekturi Gifu.

[26] Pleme iz zemlje Hitaći, sadašnje prefekture Ibaragi, čije zaduženje je bilo tkanje za dvor.

[27] Kasnija carica Đingu.

[28] Pleme iz mesta Homuđi u zemlji Kibi, sadašnjoj prefekturi Hirošima.

[29] Pleme iz mesta Aso u zemlji Harima, sadašnjoj prefekturi Hjogo.

[30] Zemlja Tađima je severni deo sadašnje prefekture Hjogo.

[31] Mesto iz kog potiče nije poznato.

[32] Pleme iz okruga Ošinumi u zemlji Jamato, čije zaduženje je bilo da čuva spomen na princezu Ošinumi no Iracume, koja je privremeno bila i na prestolu.

[33] Mesto iz kog potiče nije poznato.

[34] Ogranak plemena Ošinumibea u zemlji Inaba, sadašnjoj prefekturi Totori.

no Vakea[35] i Josami no Abikoa[36] i drugih). Car požive šezdeset i tri leta. Njegova grobnica nalazi se kraj brda Izakava.[37]

---

[35] Pleme iz mesta Takano u zemlji Taniva, sadašnjoj prefekturi Kjoto.

[36] Pleme iz mesta Josami u zemlji Kavaći, sadašnjoj prefekturi Osaka. *Abiko* je stara nasledna titula.

[37] Brdo Izakava (danas Izaka) nalazi se u gradu Nara.

CAR SUĐIN

1. ŽENE I DECA

Njegovo veličanstvo Mimaki Irihiko Inie[1] obitavaše u dvoru Mizugaki u mestu Šiki[2] i vladaše carstvom. Ovaj car uze za ženu Toocuajume Makuvašihime, kćer Ki no Kuninomijacukoa[3] po imenu Arakavatobe, te mu se rodi sin, presvetli princ Tojoki Irihiko, a zatim kći, presvetla princeza Tojosuki Irihime (dvoje dece). I opet, uze za ženu pretkinju Ovari no Murađija,[4] Ooamahime, te mu se rodi sin, presvetli princ Ooiriki, zatim presvetli princ Jasaka no Irihiko, zatim kći, presvetla princeza Nunaki no Irihime, a zatim presvetla princeza Tooći no Irihime (četvoro dece). I opet, uze za ženu presvetlu princezu Mimacuhime, kćer presvetlog princa Oobikoa, te mu se rodi sin, presvetli princ Ikume Iribiko Isaći,[5] zatim presvetli princ Iza no Mavaka, zatim kći, presvetla princeza Kunikatahime, zatim presvetla princeza Ćićicukuvahime, zatim presvetla princeza Igahime[6] a zatim sin, presvetli princ Jamatohiko (šestoro dece). U ovog cara beše ukupno dvanaestoro dece (sedam prinčeva i pet princeza[7]). Princ Ikume Iribiko Isaći kasnije će vladati

---

[1] Deseti car, Suđin, sin cara Kaike.
[2] Mesto u sadašnjem gradu Sakurai. Videti fusnotu 3 na str. 134.
[3] Upravitelj zemlje Ki, sadašnje prefekture Vakajama.
[4] Pleme iz zemlje Ovari, sadašnje prefekture Aići.
[5] Kasnije, car Suinin.
[6] Veruje se da je princeza Igahime zamenjena princom Ikacuruhikom koji se pominje u drugim zapisima.
[7] Treba da stoji: šest prinčeva i šest princeza.

carstvom. Zatim, princ Tojoki Irihiko je (predak Kamicukeno no Kimija[8] i Šimocukeno no Kimija[9]). Njegova mlađa sestra, princeza Tojosukihime (služiše u svetilištu Ise posvećenom Velikoj boginji[10]). Zatim, princ Ooiriki je (predak Noto no Omija[11]). Zatim, princ Jamatohiko (za kojeg po prvi put ukopaše žive ljude kao ogradu oko grobnice[12]).

---

[8] Pleme iz zemlje Kamicukeno, sadašnje prefekture Gunma.

[9] Pleme iz zemlje Šimocukeno, sadašnje prefekture Toćigi.

[10] Od ovog cara potiče običaj da jedna princeza, careva kći, uvek služi Velikoj boginji Amaterasu, pretkinji carske kuće, i to izvan dvora, u svetilištu Ise.

[11] Pleme iz mesta Noto u zemlji Noto, sadašnjoj prefekturi Išikava.

[12] Običaj da se sluge žive ukopaju da bi i na onom svetu služili svom gospodaru. Po predanju, uvidevši svu okrutnost ovog običaja, car Suinin ga je odmah ukinuo i naložio da se ubuduće oko velikih grobnica postave glinene figure umesto živih ljudi.

2. SLAVLJENJE BOGA SA PLANINE MIMORO

U vreme ovoga cara u zemlji izbi grdna zaraza što pretiše da istrebi čitav narod. Car se zbog toga zabrinu i ražalosti, kad mu se jedne noći, dok ležaše u božanskoj postelji tražeći proročanstvo, u snu ukaza Veliki bog Oomononuši[1] i ovako mu reče: „Sve je to moja volja. No, postaviš li Ootatanekoa da me slavi, prestaće božiji gnev i zemljom će ponovo zavladati mir." Kada car posla glasnike na brzim konjima na sve četiri strane sveta da traže čoveka po imenu Ootataneko, ovi ga pronađoše u selu Mino[2] u zemlji Kavaći, te ga dovedoše caru. Kad ga car upita: „Čiji si ti?" ovaj mu odgovori: „Veliki bog Oomononuši uze za ženu kćer boga Suecumimija,[3] Ikutamajoribime,[4] te mu se rodi sin po imenu bog Kušimikata,[5] njegov sin beše bog Iikatasumi,[6] njegov sin,

---

[1] Veliki gospodar duhova, bog planine Miva. Videti fusnotu 9 na str. 80 i fusnotu 7 na str. 128. Bio je suvladar Središnje zemlje trščanih polja sa bogom Ookuninušijem.

[2] Mesto Mino nalazi se na reci Jamato, koja protiče podnožjem planine Miva.

[3] Bog iz mesta Sue u zemlji Izumi, na obali zaliva Osaka. Mesto je bilo poznato po proizvodnji ćupova dobrog kvaliteta, korišćenih u svetilištu Miva za obrede u slavu sakea.

[4] Princeza koja doziva duhove.

[5] Značenje imena ovog boga nije poznato, ali se veruje da ima veze sa ćupom za vrenje sakea.

[6] Značenje imena ovog boga nije poznato.

bog Take Mikazući,[7] a njegov sin sam ja, Ootataneko." Na to se car veoma obradova, pa kaza: „U carstvu će nastati mir, a u narodu blagostanje!" I smesta postavi Ootatanekoa za sveštenika, da na planini Mimoro[8] služi Velikom bogu Oomivi.[9] Onda car naloži bogu Ikaga Šikou[10] da načini osamdeset nebeskih pladnjeva, te ustroji poredak hramova nebeskih i zemaljskih bogova, i službu u njima. Zatim, crvene štitove i koplja prinese na dar bogu Uda no Sumisaki,[11] a crne štitove i koplja bogu Oosaki,[12] zatim prinese ponude bogovima brdskih grebena i rečnih brzaka, ne izostavljajući i ne zaboravljajući nikoga. Time sve boleštine prestadoše, a zemljom zavladaše mir i spokoj.

---

[7] Bog sa istim imenom kao i Silni bog Gromovnik (videti str. 53.), ali to nije isti bog, već je u vezi sa ćupom za vrenje sakea.

[8] Planina Miva u zemlji Jamato. Videti fusnotu 10 na str. 80.

[9] Oomiva, Velika Miva, drugo je ime boga Oomononušija.

[10] Epitet bog, *mikoto*, ovde ukazuje na to da je Ikaga Šikoo svešteno lice šamanskih moći. Drevni Japanci nisu strogo odvajali bogove od onih koji su im služili, jer su se bogovi često ukazivali kroz njih.

[11] Svetilište Sumisaka u mestu Uda u zemlji Jamato.

[12] Svetilište Oosaka Jamagući u mestu Anamuši u zemlji Jamato. Oba mesta zauzimaju važne položaje na putevima koji vode u zemlju Jamato.

3. PREDANJE O PLANINI MIMORO

A evo kako se saznalo da je taj čovek po imenu Ootataneko božji sin. Već pomenuta Ikutamajoribime pojavom beše veoma lepa. Tu beše čovek kojem po stasu i odeždi ne bi ravna. Jedne noći on joj iznenada dođe. Potom se zavoleše, venčaše se, i ne prođe dugo kako počeše živeti zajedno, a ona osta bremenita. Njeni otac i mati čuđahu se toj trudnoći, pa je upitaše: „Ti si, čini se, bremenita! Kako kada nemaš muža?" a ona im odgovori: „Ima jedan krasan čovek, ni imena ni roda mu ne znam, i on dolaziše svake noći, pa dok živesmo tako zajedno, ja, eto, ostah bremenita." Tada otac i mati poželeše da saznaju ko je on, pa ovako podučiše kćer: „Raspi crvene gline oko postelje, provuci kroz iglene uši konopljinu pređu namotanu na preslicu i zabodi je u skut njegovog ruha." Ona učini kako je podučiše, i kad ujutro pogledaše, pređa sa iglom beše prošla napolje kroz ključaonicu, a na preslici ostaše samo tri namotaja konopljine pređe. Tada im odmah bi jasno da je on izašao kroz ključaonicu, pa kad stadoše slediti nit, videše da se ona proteže sve do planine Miva i završava se u samom hramu. Tako se saznade da je on božji sin. To mesto nazvaše Miva, Tri namotaja, jer na preslici ostaše samo tri namotaja konopljine pređe. (Ovaj Ootataneko predak je Miva no Kimija[1] i Kamo no Kimija.[2])

---

[1] Pleme Miva slavilo je Velikog boga Oomononušija, koji je obitavao u svetilištu Miva. U stvari, sama planina Miva predstavljala je božanstvo.

[2] Pleme iz mesta Kamo u zemlji Jamato, koje je slavilo boga Jae Kotošironušija. O tom bogu videti fusnotu 2 na str. 91.

4. IZDAJA PRINCA TAKE HANIJASUA

Takođe, za svoje vladavine car posla princa Oobikoa u oblast Koši,[1] a njegovog sina, princa Take Nunakavavakea, u dvanaest oblasti na istoku,[2] da tamošnje neposlušne narode umiri i pokore. Takođe, princa Hiko Imasua posla u zemlju Taniha[3] da ubije Kugamimi no Mikasu (to je ime). Kada princ Oobiko krenu u pohod u zemlju Koši, na brdu Hera[4] u zemlji Jamaširo stajaše jedna deva obučena u suknju i pevaše:

23
Oj, sine,
 oj, ti, Mimaki Iribiko,
 oj, ti, Mimaki Iribiko!
S nakanom tajnom
 da te života liše,
sa zadnjih dveri
 na prednje prelaze,
sa prednjih dveri
 na zadnje prelaze,
na te vrebaju,
 a ti ne znaš,
 oj, ti, Mimaki Iribiko!

---

[1] Široka oblast koja se prostire obalom Japanskog mora, od sadašnje prefekture Fukui do prefekture Nigata.
[2] Dvanaest zemalja koje su se nalazile u istočnom delu Japana na obali Tihog okeana, od sadašnje prefekture Mie do prefekture Fukušima.
[3] Severni deo sadašnje prefekture Kjoto.
[4] Prevoj u zemlji Jamaširo na putu prema zemlji Koši.

To se princu Oobikou učini čudno, te on okrenu konja i upita devu: „Šta znače te reči koje si izrekla?" Na to mu ona odgovori: „Ja ništa nisam kazala, samo sam pesmu otpevala." Čim to reče, ona smesta nestade bez traga i glasa. Onda se princ Oobiko vrati nazad caru, zapita ga šta mu je činiti, a car mu na to odvrati: „Mora da moj stariji polubrat, princ Take Hanijasu koga uputih u zemlju Jamaširo, ima nečasnih namera. Striče, digni vojsku i kreni na njega!" i posla sa njim i princa Hiko Kunibukua, pretka Vani no Omija,[5] te oni na brdu Vani postaviše osveštani vrč,[6] pa krenuše u pohod. Kad stigoše do reke Vakara[7] u zemlji Jamaširo, princ Take Hanijasu podiže vojsku i dočeka ih da im prepreči put, te dve vojske stajahu tako suočene na suprotnim obalama reke, izazivajući jedna drugu. Zato to mesto nazvaše Idomi, Izazov (danas se zove Izumi[8]). Tada princ Hiko Kunibuku zatraži: „Neka neko od vaših prvi odapne svetu strelu." Na to princ Take Hanijasu odape strelu, ali ne uspe nikoga da pogodi. A strela koju odape princ Kunibuku ustreli princa Take Hanijasua i ovaj pogibu. Zato se njegova vojska, potpuno razbijena, dade u beg. Kada prinčevi i njihovi vojnici stigoše do prelaza Kusuba[9] goneći vojsku u bekstvu, navališe na gonjene tako silno da ovi izmučeni, svi gaće opoganiše sopstvenim izmetom. Zato to

---

[5] Ne zna se da li se radi o ličnosti identičnoj princu Hiko Kuniokecuu, koji je bio naznačen kao predak plemena Vani no Omi (videti str. 147).

[6] Prevoj na putu koji vodi iz zemlje Jamato u zemlju Jamaširo. Nalazi se u sadašnjem gradu Tenri. O osveštanom vrču za sake koji se otvara kada se krene u vojni pohod, videti fusnotu 9 na str. 142.

[7] Stari naziv reke Kizu koja protiče južnim delom prefekture Kjoto.

[8] Mesto Izumi u zemlji Jamaširo, u blizini sadašnjeg grada Kizu.

[9] Prelaz na reci Jodo u mestu Kusuba u zemlji Kavaći.

mesto nazvaše Kusobakama, Gaće izmeta (danas se zove Kusuba). Potom, kada preprečiše put vojsci u bekstvu i posekoše ih, ovi plutahu rekom poput kormorana. Zato tu reku nazvaše reka U, Reka kormorana.[10] Potom ratnike isekoše u komade. Zato to mesto nazvaše Hafurisono, Polje raskomadanih.[11] Tako okončaše pokoravanje, te se vratiše da o tome izveste cara.

---

[10] Ne zna se na koji deo reke Jodo se odnosi.
[11] Mesto Hosono u zemlji Jamaširo, danas deo grada Seika.

5. CAR KOJI PRVI VLADAŠE ZEMLJOM

Onda princ Oobiko, po prvobitnoj naredbi, krenu u pohod u zemlju Koši. Take Nunakavavake, koji je poslat u istočne zemlje, dođe u mesto Aizu[1] i tu se srete sa svojim ocem, Oobikoom. Zato se to mesto zove Aizu, Mesto susreta. Na taj način svaki od njih umiri i pokori zemlje u koje je poslat, te se obojica vratiše da o tome izveste cara. U carstvu je zavladao potpuni mir i spokoj, i narod je živeo u izobilju i blagostanju. Tada počeše da plaćaju danak, muškarci ono što ulove lukom i strelom, a žene ono što opletu svojim prstima. I zato, u slavu njegove vladavine, nazvaše ga car Mimaki koji prvi vladaše zemljom. Takođe, za njegove vladavine napraviše jezero Josami,[2] kao i jezero Sakaori[3] u mestu Karu. Car požive stotinu šezdeset i osam leta. (Izdahnu dvanaestog meseca u godini Tigra.[4]) Njegova grobnica nalazi se kraj brda Magari, na putu Jamanobe.[5]

---

[1] Mesto Aizu u zemlji Mucu, danas grad Aizu u prefekturi Fukušima.

[2] Ogromno veštačko jezero za navodnjavanje, koje se nalazilo između zemalja Kavaći i Secu. Ovo dokazuje da je car Suđin stavio pod svoju vlast i stručnjake, došljake sa Korejskog poluostrva, kao i veliki broj seljaka koji su plaćali danak u radu.

[3] Nije poznato gde se nalazilo.

[4] Ovde se prvi put primenjuje kineski način označavanja godina, što bi moglo da znači da je priređivač imao na raspolaganju prilično uređeni pisani materijal.

[5] Put dug oko 25 km, koji povezuje mesto Kanaja, danas deo grada Sakurai, i mesto Utahime, deo grada Nara. Pretpostavlja se da je to najstariji izgrađeni put u Japanu.

CAR SUININ

1. ŽENE I DECA

Njegovo veličanstvo Ikume Iribiko Isaći[1] obitavaše u dvoru Tamagaki u mestu Šiki i vladaše carstvom. Ovaj car uze za ženu presvetlu princezu Sahađihime,[2] mlađu sestru presvetlog princa Sahobikoa, te mu se rodi sin, presvetli princ Homucuvake (jedan sin). I opet, uze za ženu presvetlu princezu Hibasuhime,[3] kćer presvetlog princa Taniha no Hikotatasu Mićinoušija, te mu se rodi sin, presvetli princ Inišiki no Irihiko, zatim presvetli princ OotarašihikoОširovake,[4] zatim presvetli princ Oonakacuhiko, zatim kći, presvetla princeza Jamatohime, a zatim presvetli princ Vakaki no Irihiko (petoro dece). I opet, uze za ženu presvetlu princezu Nuhata no Iribime, mlađu sestru princeze Hibasuhime, te mu se rodi sin, presvetli princ Nutaraši vake, a zatim presvetli princ Igatarašihiko (dva sina). I opet, uze za ženu presvetlu princezu Azami no Iribime, mlađu sestru princeze Nuhata no Iribime, te mu se rodi sin, presvetli princ Ikobajavake, a zatim kći, presvetla princeza Azamicuhime (dvoje dece). I opet, uze za ženu presvetlu princezu Kagujahime, kćer princa Oocucuki Tarinea,[5] te mu se rodi sin, princ Onabe (jedan sin). I opet, uze za ženu Karihatatobe, kćer Jamaširo no Ookuni no Fućija, te

---

[1] Jedanaesti car, Suinin, sin cara Suđina.
[2] Drugo ime princeze Sahobime, unuke cara Kaike. Videti fusnotu 9 na str. 148.
[3] Praunuka cara Kaike. Videti fusnotu 22 na str. 149.
[4] Kasnije, car Keiko.
[5] Unuk cara Kaike. Videti str. 148.

mu se rodi sin, princ Oćivake, zatim princ Ikatarašihiko, a zatim princ Itošivake (tri sina). I opet, uze za ženu Otokarihatatobe,[6] kćer Ookuni no Fućija, te mu se rodi sin, princ Ivacukuvake, a zatim kći, presvetla princeza Ivacukubime, znana i kao princeza Futađi no Iribime (dvoje dece). Ovaj car imaše ukupno šesnaestoro dece (trinaest sinova i tri kćeri). A princ OotarašihikoОširovake kasnije će vladati carstvom. (On beše viši od deset stopa i dva palca,[7] a golenjače mu behu duže od četiri stope i jednog palca.) Zatim, princ Inišiki no Irihiko napravi jezero Činu,[8] kao i jezero Sajama,[9] kao i jezero Takacu[10] u mestu Kusaka. On obitavaše u dvoru Kavakami u mestu Totori,[11] dade da se napravi hiljadu mačeva koje darova svetilištu Isonokami,[12] i ostade u tom dvoru da bi osnovao pleme Kavakamibe.[13] Zatim, princ Oonakacuhiko je (predak Jamanobe no Vakea,[14] Sakikusa no Vakea,[15] Inaki no Vakea,[16] Ada no Vakea,[17] Ovari no Mino no

---

[6] *Oto* u njenom imenu označava da je ona mlađa sestra Karihatatobe.

[7] Palac, *ki*, je starokineska mera za dužinu. Jedan palac iznosi oko 2 cm, a deset palaca čini jednu stopu, *saka*. Prema tome, car je bio visok oko dva metra.

[8] Veštačko jezero za navodnjavanje u zemlji Izumi, sadašnjoj prefekturi Osaka.

[9] Jezero u mestu Sajama u zemlji Kavaći, sadašnjoj prefekturi Osaka.

[10] Jezero u mestu Kusaka u zemlji Izumi.

[11] Danas deo grada Higaši Totori u prefekturi Osaka.

[12] Svetilište čije je božanstvo sveti mač boga Take Mikazućija. Videti fusnotu 10 na str. 119.

[13] Pleme iz okruga Kavakami čije zaduženje je bilo izrada oružja za dvor.

[14] Pleme iz mesta Jamanobe u zemlji Jamato.

[15] Mesto iz koga potiče nije poznato.

[16] Pleme iz okruga Inaki u zemlji Ovari.

[17] Pleme iz mesta Ada u zemlji Jamato.

Vakea,[18] Kibi no Ivanaši no Vakea,[19] Koromo no Vakea,[20] Takasuka no Vakea,[21] Asuka no Kimija,[22] Mure no Vakea[23]). Zatim, princeza Jamatohime (služiše kao vrhovna sveštenica u svetilištu Ise posvećenom Velikoj boginji[24]). Zatim, princ Ikobajavake (predak je Saho no Anahobe no Vakea[25]). Zatim, princeza Azamicuhime (posta žena princa Inasebikoa). Zatim, princ Oćivake je (predak Ozuki no Jama no Kimija[26] i Mikava no Koromo no Kimija[27]). Zatim, princ Ikatarašihiko je (predak Kasuganojama no Kimija,[28] Koši no Ike no Kimija[29] i Kasugabe no Kimija[30]). Zatim, princ Itošivake (pošto beše bez dece, on osnova pleme Itošibe da čuva spomen na njega). Zatim, princ Ivacukuvake (predak je Hagui no Kimija[31] i Mio no Kimija[32]). Zatim princeza Futađi no Iribime (postade prva žena presvetlog princa Jamato Takerua[33]).

---

[18] Pleme iz mesta Mino u oblasti Nakađima u zemlji Ovari.
[19] Pleme iz mesta Ivanaši u zemlji Kibi, sadašnjoj prefekturi Okajama.
[20] Pleme iz mesta Koromo u zemlji Mikava, sadašnjoj prefekturi Aići.
[21] Mesto iz koga potiče nije poznato.
[22] Mesto iz koga potiče nije poznato.
[23] Mesto iz koga potiče nije poznato.
[24] Nasledila je na tom položaju princezu Tojosukihime. Videti fusnotu 10 na str. 153.
[25] Pleme iz mesta Saho u zemlji Jamato, danas dela grada Nara, čije zaduženje je bilo da čuva spomen na princa Anahoa (cara Ankoa).
[26] Pleme iz mesta Ozuki u zemlji Omi, sadašnjoj prefekturi Šiga.
[27] Ne zna se da li je reč o već pomenutom mestu Koromo u zemlji Mikava.
[28] Nije poznato.
[29] Pleme iz mesta Ike u zemlji Koši nije poznato.
[30] Pleme iz mesta Kasugabe u zemlji Ovari.
[31] Pleme iz mesta Hagui u zemlji Noto, sadašnjoj prefekturi Išikava.
[32] Pleme iz mesta Mio u zemlji Omi.
[33] Legendarni junak, princ Ousu, sin cara Keikoa.

2. SAHOBIKO I SAHOBIME

Kada ovaj car uze Sahobime za caricu, upita je njen stariji brat, princ Sahobiko: „Ko ti je miliji, muž ili brat?" a ona mu na to odgovori: „Miliji mi je brat." Onda princ Sahobiko skova zaveru i reče joj: „Ako sam ti stvarno miliji, onda ću ja s tobom vladati carstvom",[1] te smesta načini osam puta kaljeni bodež s vrpcom,[2] dade ga sestri i kaza: „Uzmi ovaj bodež i ubodom usmrti gospodara na spavanju." A car, ne znajući za ovu zaveru, usni s glavom na caričinom krilu. Tada carica htede bodežom ubosti cara u vrat, zamahnu tri puta, ali je ophrva tuga i ne mogavši to učiniti zaplaka, a suze joj potekoše i slivaše se na carevo lice. U tom času, car se trže iz sna i upita caricu: „Usnih čudan san. Jak pljusak udari iz pravca mesta Saho i iznenada mi pokvasi lice. A jedna mala zmija, šarena kao brokat, obavi mi se oko vrata. Šta li znači taj san?" Uvidevši da ne može više da taji, carica odmah objasni caru: „Upita me moj brat, princ Sahobiko: 'Ko ti je miliji, muž ili brat?' Nemadoh kud kad me on tako otvoreno upita, pa mu odgovorih: 'Valjda mi je brat miliji.' Tada me on nagovori: 'Onda ću ja s tobom vladati carstvom. Zato moraš ubiti gospodara', te načini osam puta kaljeni bodež s vrpcom i dade mi ga. Ja te htedoh njime ubosti u vrat, zamahnuh tri

---

[1] Imao je na umu vladavinu para koji čine brat-vladar i sestra-šamanka sličnih imena.

[2] Osam puta znači više puta. Videti fusnotu 1 na str. 57. Bodež je imao vrpcu od brokata kojom se vezivao za korice.

puta, ali me iznenada ophrva tuga i ne mogvši to učiniti zaplakah, a suze mi potekoše i pokvasiše ti lice. Tvoj san zacelo to znači."

Onda car reče: „Umalo me ne prevariše", te odmah podiže vojsku i pođe da napadne princa Sahobikoa, a ovaj sazda utvrdu od pirinčanih snopova[3] i spremno čekaše napad. Tada njeno veličanstvo Sahobime, skrhana tugom za svojim bratom, pobeže kroz stražnje dveri carskoga dvora i uteče u onu utvrdu od pirinčanih snopova. U to vreme carica beše noseća. A car čeznuše za caricom, koja beše noseća i koju ljubljaše evo već tri godine, i zato vojskom opkoli utvrdu, al ne hitaše sa napadom. U tom zatišju, dete koje carica nosiše, rodi se zdravo i pravo. Onda ona iznese dete i spusti ga izvan utvrde od pirinčanih snopova, a caru posla poruku: „Ako gospodar ovo dete smatra svojim, neka ga uzme sebi." Na to car reče: „Iako se gnušam njenog brata, ipak ne mogu da ugušim ljubav prema svojoj ženi", jer imaše nameru da je vrati sebi. I zato među vojnicima odabra snažne, hitre i okretne, pa im zapovedi: „Kada uzmete dete, otmite i njegovu majku. Uhvatite je, bilo za kosu, bilo za ruke, i čim je zgrabite, izvucite je." A carica, prozrevši njegov naum, obrije glavu i pokrije je svojom kosom, zatim naniza dragulje na trulu vrpcu i tri puta je obmota oko ruke, potom svoje haljine stavi u sake da natrule, te ih obuče kao da su čitave. Spremivši se tako, dete što je nosila u naručju pruži iz utvrde. Tada oni snažni vojnici uzeše dete i odmah pokušaše da uhvate i majku. Kada je zgrabiše za kosu, ona sama otpade; kada je zgrabiše za ruku, pokida se vrpca sa draguljima; a kada je zgrabiše za haljine, one se istog časa pocepaše. Tako oni uspeše da uzmu dete, ali se majke ne dočepaše. Zato se vojnici

---

[3] Ograda nalik na palisadu, za odbranu od neprijateljskih strela.

vratiše i izvestiše cara: „Kosa joj sama otpade, haljine se lako pocepaše, a i vrpca sa nanizanim draguljima obmotana oko ruke, pokida se istog časa. Zato ne uhvatismo majku, već donesmo dete." Onda car, razočaran i gnevan, omrznu ljude što načiniše dragulje i oduze im svu njihovu zemlju. Zato izreka kaže: „Draguljari ostaše bez zemlje".[4]

Zatim car posla poruku svojoj ženi: „Ime detetu treba da dâ mati. Kojim ćemo ga imenom zvati?" Na to mu ona odgovori: „Ono se rodi u vatri, sada kada planu utvrda od pirinčanih snopova. I zato treba da ga nazovemo carević Homućivake.[5]" On joj opet posla poruku: „A kako da ga odgajam?" na šta ona odvrati: „Uzmi dojilju za njega, i odredi starije i mlađe sluškinje koje će ga kupati, pa ga tako odgajaj." I tako on odgajaše dete onako kako mu žena beše poručila. I opet joj posla poruku: „Ko da odreši ovaj moj pojas što si ga ti zavezala?" a ona mu na to odvrati: „Dve princeze, kćeri princa Taniha no Hikotatasu Mićinoušija,[6] po imenu Ehime i Otohime, odane su podanice. Neka te one dvore." I tako konačno ubiše princa Sahobikoa, a za njim pogibe i njegova sestra.

---

[4] Izreka koja znači dobiti kaznu umesto očekivane nagrade.
[5] Reč *ho* u njegovom imenu znači „vatra" i „klasje" (kao u imenu boga Hoorija; videti fusnotu 13 na str. 104), a *mući* – „zemlja" (kao u imenu Oonamuđija; videti fusnotu 24 na str. 60), što je karakteristika boga žitarica. Ovo je istorijskim jezikom prepričani mit o detetu koje se rodilo u vatri. Videti str. 103.
[6] Unuk cara Kaike. Videti str. 148.

3. NEMI PRINC HOMUĆIVAKE

Car onda povede svog sina i ovako ga zabavljaše. Od dvorogog kedra što raste u mestu Aizu u zemlji Ovari[1] dade da se načini dvorogi čamac, dopremi u Jamato i puštaše ga u jezera Ićiši[2] i Karu, tu dovede sina i tako ga zabavljaše. Ali njegov sin ne progovori ni reči sve dok ne stasa i dok mu brada duga osam pedalja ne dopre do prsa.[3] I tek jednom, kad ču krik labuda što je visoko leteo, prvi put pusti glasa od sebe. Onda car posla Jamanobe no Ootaku[4] (to je ime čoveka) da uhvati tu pticu. I on, goneći tog labuda, stiže iz zemlje Ki[5] u zemlju Harima,[6] opet, goneći ga dalje, dođe u zemlju Inaba,[7] a odatle u zemlju Taniha[8] i zemlju Tađima,[9] pa pojuri za njim ka istoku i stiže u zemlju Ćikacuomi,[10] te pređe u zemlju Mino,[11] prođe zemljom Ovari[12] i stiže

---

[1] Tačno mesto nije utvrđeno. Zemlja Ovari je sadašnja prefektura Aići.
[2] Jezero koje se nalazilo u mestu Ivare u zemlji Jamato.
[3] Fraza koja označava „dok ne odraste". Videti fusnotu 2 na str. 42.
[4] Njegovo ime znači Veliki jastreb.
[5] Sadašnja prefektura Vakajama.
[6] Jugozapadni deo sadašnje prefekture Hjogo.
[7] Sadašnja prefektura Totori.
[8] Deo sadašnje prefekture Hjogo.
[9] Severni deo sadašnje prefekture Hjogo.
[10] Sadašnja prefektura Šiga.
[11] Južni deo sadašnje prefekture Gifu.
[12] Sadašnja prefektura Aići.

za njim u zemlju Šinano,[13] i konačno u zemlju Koši,[14] gde u luci Vanami[15] razape mrežu, uhvati pticu, pa je ponese nazad u prestonicu i predade je caru. Otuda ta luka dobi ime Vanami, Mrežište. Premda car očekivaše da će mu sin progovoriti kad opet vidi pticu, on ne progovori ni reči, kako se car nadao.

Tako, s tugom u duši, car zaspa, a neki glas pouči ga u snu: „Ako mi sagradiš hram kao što je tvoj dvor, sin će ti sigurno progovoriti." Tako poučen uze da gata iz plećke jelena[16] da vidi kojeg boga je to volja, kad to beše kletva Velikog boga iz zemlje Izumo.[17] A pre no što će poslati svog sina da se pokloni u hramu Velikog boga, uze da gata da vidi ko bi mogao da krene s njim, i odluka pade na princa Aketacua.[18] Stoga naredi princu Aketacuu da kaže pod zakletvom: „Ako će poklonjenje tom Velikom bogu zaista uroditi plodom, neka ova čaplja što živi na drvetu kraj jezera Sagisu[19] padne u znak zakletve." Čim princ to izgovori, čaplja pade na zemlju i umre. I on opet reče: „Neka oživi u znak zakletve." A ona opet ožive. Onda učini da u znak njegove zakletve uvene širokolisti hrast što raste na brdu Amakaši, te ga, opet, u znak zakletve vrati u život. Zato car princu Aketacuu dade drugo ime, a ono beše princ Jamatohašikitomi Tojoasakura no Aketacu.[20] On-

---

[13] Sadašnja prefektura Nagano.
[14] Oblast na obali Japanskog mora.
[15] Tačno mesto nije utvrđeno.
[16] Gatanje na osnovu znakova koji se pojavljuju na plećki jelena, kada se ona peče na vatri. Videti fusnotu 1 na str. 24.
[17] Veliki bog Ookuninuši. Videti str. 93.
[18] Unuk princa Hiko Imasua, sina cara Kaike. Videti fusnotu 11 na str. 148.
[19] Jezero Čapljino gnezdo. Nalazi se u gradu Kašivabara.
[20] Ime se sastoji od tri mesta u zemlji Jamato: Šiki, Tomi i Asakura.

da posla dva princa, Aketacua i Unakamija,[21] da krenu s njegovim sinom. Pre nego što će ih poslati, ovako im proreče: „Prelaz Nara odvešće vas na sakate i slepe. I prelaz Oosaka odvešće vas na sakate i slepe. Jedino je prelaz Ki zaobilazan ali dobar put", te oni pođoše i gde god stizahu osnivahu plemena Homuđibe da čuvaju spomen na carevića.

Tako stigoše u Izumo, pokloniše se Velikom bogu, i na povratku u prestonicu, nasred reke Hi[22] podigoše most od crnih balvana, tu sazdaše privremenu palatu i u nju smestiše carevića. A predak Izumo no Kuninomijacukoa, po imenu Kihisacumi,[23] načini brdo i ukrasi ga zelenim lišćem, te ga postavi u donjem toku reke, i tako priredi gozbu careviću, kad on progovori: „Ono u donjem toku reke što liči na brdo, čini se kao brdo, a brdo nije. Da nije to možda svetilište u kojem sveštenici služe Velikom bogu Ašihara Šikou[24] što obitava u hramu So u mestu Ivakuma[25] u zemlji Izumo?" Prinčevi što behu poslati s njim, čuvši i videvši to obradovaše se i carevića premestiše u palatu Nagaho pokrivenu palminim lišćem,[26] a u prestonicu poslaše glasnika na konju. Na kraju, jedne noći, carev sin uze za ženu

---

[21] Mlađi brat princa Aketacua.
[22] Reka Hi u sadašnjoj prefekturi Šimane. Videti fusnotu 1 na str. 55.
[23] Ime mu znači Sveti duh mesta Kihisa. Ranije je kao predak Izumo no Kuninomijacukoa pomenut bog Take Hiratori. Videti fusnotu 18 na str. 48.
[24] Drugo ime boga Ookuninušija, koje naglašava njegovu demonsku moć. Videti fusnotu 25 na str. 60.
[25] Veliko svetilište Izumo. Naziv svetilišta naznačen je ovde više metaforički, „Hram skriven iza stene".
[26] Postoji tumačenje da je palma ovde pomenuta samo kao stalni epitet za Nagaho. U tom slučaju može se prevesti kao „palata Nagaho, visoka kao palmino drvo". Mesto gde se nalazila ova palata nije utvrđeno.

Hinagahime.²⁷ A kad je pogleda kradom, to u stvari beše zmija. Čim je to video, prestraši se i pobeže. Na to se Hinagahime rastuži, te ga stade goniti lađom, obasjavajući more, a kad to vide, carević se još više uplaši, izvuče svoju lađu, prebaci je preko planinskog prevoja i pobeže u prestonicu. Tako se prinčevi vratiše u prestonicu, i ovako izvestiše cara: „Poklonismo se Velikom bogu i tvoj sin progovori. I zato se vratismo." Car se na to obradova, te smesta naloži princu Unakamiju da se vrati u zemlju Izumo i sagradi hram Velikom bogu. I onda car za svog sina osnova plemena Totoribe,²⁸ Torikaibe,²⁹ Homuđibe, Oojue i Vakajue.

---

[27] Boginja dugačke reke Hi. U basenu reke Hi postojao je kult džinovske zmije u vidu boga ili boginje. Videti fusnotu 6 na str. 55.

[28] Pleme čije zaduženje je bilo da hvata labudove i druge ptice. Ima mnogo mesta pod nazivom Totori, i to su uglavnom mesta gde labudovi doleću da prezime.

[29] Pleme čije zaduženje je bilo da odgaja labudove i živinu.

4. TANIHA NO MATONOHIME

I opet car, kako mu je carica rekla, pozva četiri kćeri princa Mićinoušija: presvetlu princezu Hibasuhime, presvetlu princezu Otohime, presvetlu princezu Utagorihime[1] i presvetlu princezu Matonohime. No, zadrža samo princezu Hibasuhime i princezu Otohime, a mlađe dve posla natrag kući jer behu veoma ružne. Na to Matonohime, posramljena, reče: „Biće velika sramota kad u susednim selima čuju da od svih sestara nas dve vratiše natrag jer smo ružne", i kad stigoše u mesto Sagaraka u zemlji Jamaširo,[2] obesi se o granu drveta u nameri da se ubije. Otuda to mesto nazvaše Sagariki, Drvo za vešanje, a danas se zove Sagaraka. Onda, kad stigoše u mesto Otokuni,[3] strmoglavi se u provaliju i konačno se ubi. Otuda to mesto nazvaše Oćikuni, Strmoglav, a danas se zove Otokuni.

---

[1] Ova princeza ranije nije bila pomenuta kao kći princa Mićinoušija. Videti fusnotu 22 na str. 149.
[2] Mesto Sagaraka (kasnije Sagaraku) u zemlji Jamaširo, sadašnjoj prefekturi Kjoto.
[3] Mesto Otokuni u zemlji Jamaširo.

5. VEČNO MIRISNI PLODOVI DRVETA

I opet, car posla Tađima Morija, pretka Mijake no Murađija,[1] u Zemlju večnosti[2] da nađe večno mirisne plodove drveta. Kad Tađima Mori konačno stiže u tu zemlju, ubra te plodove, osam sa lisnatih grana i osam sa ogolelih grana, ali dok on stiže natrag, car već beše preminuo. Onda Tađima Mori podeli one plodove, te četiri sa lisnatih i četiri sa ogolelih grana predade carici, a preostale prinese caru na ulaz u grobnicu, pa visoko podiže plodove i zarida: „Evo donesoh ti večno mirisne plodove drveta iz Zemlje večnosti", i ridajući tako, izdahnu. Ti večno mirisni plodovi jesu današnja *taćibana*.[3] Ovaj car poživi pedeset i tri leta. Njegova grobnica nalazi se usred polja Mitaći u mestu Sugavara.[4] Za svog života carica Hibasuhime osnova pleme Ivakizukuri,[5] kao i pleme Hanišibe[6]. Ova carica sahranjena je u grobnici Terama u mestu Saki.[7]

---

[1] Njegovo ime znači Upravitelj zemlje Tađima ili Čuvar drveta *taćibana*. Za pripadnike plemena Mijake no Murađija kaže se da su potomci princa Ame no Hibokoa, sina kralja zemlje Širagi sa Korejskog poluostrva. Ovo doseljeničko pleme bilo je zaduženo da osniva carske posede, *mijake*, kao i da njima upravlja.

[2] Izmišljena prekomorska zemlja večnog života.

[3] Zimzeleno drvo sa ljupkim cvetovima i mirišljavim plodovima. Simbol večnog života.

[4] Danas deo grada Nara.

[5] Pleme čije zaduženje je bilo da pravi kamene kovčege u grobnicama.

[6] Pleme čije zaduženje je bilo da izrađuje glinene figure za grobnice.

[7] Danas deo grada Nara.

CAR KEIKO

1. ŽENE I DECA

Njegovo veličanstvo car Ootarašihiko Oširovake[1] obitavaše u dvoru Hiširo u mestu Makimuku[2] i vladaše carstvom. Ovaj car uze za ženu Harima no Inabi no Ooiracume,[3] kćer Vaka Take Kibicuhikoa,[4] pretka Kibi no Omija, te mu se rodi sin, princ Kušicunuvake, zatim presvetli princ Oousu,[5] zatim presvetli princ Ousu,[6] znan i kao presvetli princ Jamato Oguna,[7] zatim presvetli princ Jamatoneko, zatim princ Kamukuši (pet sinova). Opet, za ženu uze presvetlu princezu Jasaka no Irihime, kćer presvetlog princa Jasaka no Irihikoa,[8] te mu se rodi sin, presvetli princ Vakatarašihiko,[9] zatim presvetli princ Ioki no Irihiko, zatim presvetli princ Oširake, zatim presvetla princeza Ioki no Irihime. A sa drugom ženom rodi mu se sin, princ Tojotovake,[10] a

---

[1] Dvanaesti car, Keiko, sin cara Suinina.
[2] Danas deo grada Sakurai u prefekturi Nara.
[3] Unuka cara Koreia. Ime joj potiče iz mesta Inabi u zemlji Harima, sadašnjoj prefekturi Hjogo.
[4] Sin cara Koreija, koji je sa svojim bratom osvojio zemlju Kibi prodirući u nju preko zemlje Harima. Videti fusnotu 12 na str. 142.
[5] Ime Oousu, Velika stupa, dobio je zato što mu je otac, car, po ondašnjem običaju morao da sa stupom na leđima napravi nekoliko krugova oko porođajne odaje jer je porođaj bio izuzetno težak.
[6] Kasnije, legendarni junak Jamato Takeru. Kao mlađi brat blizanac dobio je ime Ousu, Mala stupa.
[7] Drugo ime princa Ousua, a znači Mladić iz zemlje Jamato.
[8] Sin cara Suđina. Videti str. 152.
[9] Kasnije, car Seimu.
[10] Dobio je ime po tome što je postavljen za vladara zemlje Tojo, sadašnje prefekture Oita, na ostrvu Kjušu.

zatim kći princeza Nuširo no Iracume. A opet, sa drugom ženom rodi mu se kći, princeza Nunaki no Iracume, zatim presvetla princeza Kajorihime, zatim princ Vakaki no Irihiko, zatim princ Kibi no Ehiko, zatim presvetla princeza Takakihime, zatim presvetla princeza Otohime. I opet, uze za ženu Himuka no Mihakašibime,[11] te mu se rodi sin, princ Tojokunivake. I opet, uze za ženu Inabi no Vakiiracume, mlađu sestru Inabi no Ooiracume, te mu se rodi sin, princ Mavaka, zatim princ Hikohito no Ooe. Opet, uze za ženu Kagurohime, kćer princa Sumeiro Oonakacuhikoa, praunuku presvetlog princa Jamato Takerua,[12] te mu se rodi sin, princ Ooe. U cara Ootarašihikoa beše dvadeset i jedno dete koje beše zapisano i pedeset i devetoro dece o kojima nema zapisa, dakle ukupno osamdesetoro dece, od kojih princ Vakatarašihiko, princ Jamato Takeru i princ Ioki no Irihiko poneše zvanje prestolonaslednika,[13] dok ostalih sedamdeset i sedmoro dece beše poslato u razne zemlje u zvanju Kuninomijacukoa, Vakea, Inakija ili Agatanušija, da tamo vladaju. Princ Vakatarašihiko kasnije će vladati carstvom. Princ Ousu pokori besne bogove kao i nepokorne ljude na istoku i na zapadu. Zatim, princ Kušicunuvake je (predak Mamuta no Šimo no Murađija[14]). Zatim, princ Oousu je (predak Mori no Kimija,[15] Oota no

---

[11] Zemlja Himuka je sadašnja prefektura Mijazaki. Ova imena pokazuju da se za vladavine ovoga cara vlast dinastije Jamato proširila i učvrstila na ostrvu Kjušu.

[12] Čist anahronizam, nastao zamenom princa Jamato Takerua praunukom nekog od prethodnih careva.

[13] Oni koji imaju pravo da naslede presto. U to vreme nije morao biti samo jedan prestolonaslednik.

[14] Verovatno je ogranak ranije pomenutog plemena Mamuta no Murađija. Videti fusnotu 2 na str. 132.

[15] Pleme iz mesta Mori u zemlji Mino, sadašnjoj prefekturi Gifu. Tačno mesto nije utvrđeno.

Kimija[16] i Šimada no Kimija[17]). Zatim, princ Kamukuši je (predak Ki no Sakabe no Ahikoa[18] i Uda no Sakabea[19]). Zatim, princ Tojokunivake je (predak Himuka no Kuninomijacukoa[20]).

---

[16] Pleme iz mesta Oota u zemlji Mino.
[17] Pleme iz mesta Šimada u zemlji Ovari, sadašnjoj prefekturi Aići.
[18] Pleme iz zemlje Ki, čije zaduženje je bilo proizvodnja sakea.
[19] Pleme iz okruga Uda u zemlji Jamato, čije zaduženje je bilo proizvodnja sakea.
[20] Upravitelj zemlje Himuka, sadašnje prefekture Mijazaki.

2. PRINC OOUSU

Onda car, čuvši i uverivši se kako su prekrasne dve deve, Ehime i Otohime, kćeri princa Oonea,[1] pretka Mino no Kuninomijacukoa, posla svog sina, presvetlog princa Oousua da mu ih dovede na dvor. Međutim, princ Oousu koji beše poslat, ne dovede deve, već ih obe isprosi za sebe, i još nađe druge dve devojke, koje predade caru lažno ih predstavivši kao one dve. No, car poznade da su to neke druge, te ih ostavi da čame i ne isprosivši ih, zadavaše im patnju. A onaj princ Oousu uze za ženu Ehime, te mu se rodi sin, princ Ošiguro no Ehiko (predak je Mino no Unesuvakea[2]). I opet, uze za ženu Otohime, te mu se rodi sin, princ Ošiguro no Otohiko (predak je Mugecu no Kimija[3]). Za svoje vladavine car osnova pleme Tabe,[4] zatim odredi morski tesnac Ava na istoku da bude plovni put,[5] zatim osnova pleme Kašivade no

---

[1] Unuk cara Kaike, princ Kamu Oone. Videti fusnotu 25 na str. 150. Prefiksi *e* i *oto* u imenima sestara označavaju stariju, odnosno mlađu.

[2] Pleme iz mesta Unesu u zemlji Mino, sadašnjoj prefekturi Gifu. Tačno mesto nije utvrđeno.

[3] Pleme iz okruga Muge u zemlji Mino.

[4] Pleme čije zaduženje je bilo da obrađuje careve posede.

[5] Morski tesnac između zemlje Ava na istoku, sadašnje prefekture Ćiba, i zemlje Sagami, sadašnje prefekture Kanagava. U vreme cara Keikoa nije bio otvoren kopneni put iz zemlje Sagami prema zemljama Musaši i Ava, pa je tek ovladavanje ovim morskim putem omogućilo dinastiji Jamato da širi svoj uticaj na istočne krajeve.

Ootomobe,[6] zatim odredi Jamato no Mijake,[7] zatim izgradi jezero Sakate,[8] a na nasipima oko njega zasadi bambus.

---

[6] Pleme čije zaduženje je bilo da priprema hranu na dvoru.
[7] Carski posed, *mijake,* u zemlji Jamato.
[8] Jezero Sakate nalazilo se u istoimenom mestu koje je danas deo grada Tavarahonomaći u prefekturi Nara.

3. PRINC OUSU UBIJA BRAĆU KUMASO

Car kaza princu Ousuu: „Zašto se tvoj stariji brat ne pojavljuje za jutarnjom i večernjom trpezom? Ti ga lepo opomeni." Pet dana prođe kako car to kaza, no onaj i dalje ne dolazaše. Tada car upita princa Ousua: „Zašto tvoj stariji brat ovako dugo ne dolazi? Zar ga još nisi opomenuo?" A ovaj mu odgovori: „Već sam ga lepo opomenuo." A car će opet: „A kako si ga to lepo opomenuo?" Ovaj mu odgovori: „Kad on izjutra uđe u nužnik, ja ga sačekah i dohvatih na izlasku, zgrabih ga i smrskah, pa mu otkinuh sve udove i umotah ga u slamnatu prostirku, te ga bacih." A car se uplaši ove silovite i divlje naravi prinčeve, pa mu kaza: „Na zapadu postoje dva brata poznata kao Kumaso Takeru.[1] To su nepokorni i bahati ljudi. Idi i ubij ih", i tako ga posla. U to vreme, princu Ousuu kosa još uvek beše spletena u venac na čelu.[2] On dobi od svoje tetke, princeze Jamatohime,[3] njenu košulju i suknju, u nedra stavi mač, te pođe. Kad stiže do kuće Kumaso Takerua, vide da im je kuća tri puta opasana vojskom, i da ljudi grade novu odaju. Oni

---
[1] Silni iz zemlje Kumaso. Zemlja Kumaso obuhvatala je južni deo ostrva Kjušu. Videti fusnotu 15 na str. 25. Starosedeoci tog područja pripadnici su naroda Hajato. Mit o potčinjavanju boga Hoderija, pretka naroda Hajato, bogu Hooriju. Ovde se mit prepričava istorijskim jezikom kao pokoravanje zemlje Kumaso dinastiji Jamato. Videti str. 109.
[2] Frizura kakvu su nosili dečaci od petnaest ili šesnaest godina, koji još nisu prošli obred odrastanja.
[3] Rođena sestra cara Keikoa, koja je kao sveštenica poslata u svetilište Ise. Videti fusnotu 24 na str. 163.

pripremahu hranu i glasno razgovarahu o tome kako će po završetku gradnje prirediti slavlje. Stoga on hodaše unaokolo čekajući dan slavlja. A kada taj dan dođe, on svoju spletenu kosu češljem raščešlja da bude puštena poput devojačke, obuče tetkinu košulju i suknju, i tako prerušen u devojku umeša se među žene i uđe u odaju. Kad braća Kumaso Takeru videše tu devu, ona im se dopade, te je posadiše između sebe i veselo proslavljahu. A kada slavlje beše na vrhuncu, princ Ousu izvuče mač iz nedara, zgrabi starijeg brata Kumasoa za okovratnik i probode mu grudi, na šta se mlađi brat Takeru prepade i stade bežati. Princ Ousu smesta krenu za njim i kad stigoše do stepenica, zgrabi ga za leđa i probode odozdo kroz stražnjicu. Tada taj Kumaso Takeru reče: „Ne pomeraj taj mač! Imam nešto da ti kažem." Ovaj mu to nakratko dopusti, držeći ga oborenog na zemlji. Onda ga Kumaso Takeru upita: „Ko si ti, presvetli?" A ovaj mu kaza: „Sin sam cara OotarašihikoОširovakea što obitava u dvoru Hиširo u mestu Makimuku i vlada Zemljom osam velikih ostrva, a ime mi je princ Jamato Oguna.[4] Car je čuo da ste vas dvojica braće Kumaso Takeru, ljudi nepokorni i bahati, pa me je poslao ovamo naloživši mi da vas ubijem." A Kumaso Takeru reče: „Biće da je to istina. Na zapadu, sem nas dvojice, silnih i jakih nema. No, vidim da u zemlji Jamato postoji čovek, i od nas silniji. Ja ću ti stoga dati ime. Od sad će te slaviti imenom princ Jamato Takeru.[5]" Kako on to izusti, ovaj ga smesta raspoluti kao zrelu tikvu i tako ga ubi. I od tada, slaveći njegovo ime, zovu ga presvetli princ Jamato Takeru. U povratku pokori bogove planina, reka i morskih tesnaca,[6] pa se vrati u prestonicu.

---

[4] Mladić iz zemlje Jamato. Videti fusnotu 7 na str. 173.

[5] Silni junak iz zemlje Jamato.

[6] Postoji predanje po kome se ovo odnosi na zemaljskog boga tesnaca Ana u zemlji Kibi.

4. JAMATO TAKERU UBIJA IZUMO TAKERUA

Stigavši u zemlju Izumo, princ Jamato Takeru naumi da ubije Izumo Takerua,[1] pa čim tu stiže, sprijatelji se s njim. Tada od tisovog drveta krišom načini lažni mač i opasa ga, te skupa odoše da se okupaju u reci Hi. Prvi iz reke izađe princ Jamato Takeru, opasa mač što ga Izumo Takeru beše odložio, i reče mu: „Hajde da razmenimo mačeve!" Izumo Takeru potom izađe iz reke i opasa prinčev lažni mač. Tada ga princ Jamato Takeru izazva, govoreći: „Hajde da ukrstimo mačeve!" Kad posegnuše za mačevima, Izumo Takeru ne mogaše isukati lažni mač. Princ Jamato Takeru odmah izvuče mač i ubi Izumo Takerua. Onda ispeva pesmu:

24
Junak Izuma
  gde osam algi raste,[2]
o pasu mu mač
  sav lozicom ukrašen,
  al oštrice nigde, avaj!

Tako potčini i sve druge nepokorne, vrati se u prestonicu i izvesti cara.

---

[1] Junak iz zemlje Izumo.
[2] Stalni epitet za Izumo. Značenje nije razjašnjeno.

5. JAMATO TAKERU POKORAVA ISTOČNE ZEMLJE

Tada car ponovo kaza princu Jamato Takeruu: „Pokori i umiri besne bogove i nepokorne ljude u dvanaest oblasti na istoku[1]", dade mu za pratnju pretka Kibi no Omija, po imenu Misukitomomimi Takehiko[2] i posla ga u pohod podarivši mu koplje širokog sečiva od osam hvati, načinjeno od drveta zelenike.[3] A ovaj, primivši naređenje, krenu na put i prvo svrati u svetilište Ise posvećeno Velikoj boginji, pokloni joj se u hramu, pa potom kaza svojoj tetki, princezi Jamatohime[4]: „Da li to car uistinu želi da ja umrem, jer zašto me inače beše poslao na zapad da pobijem zlikovce, i tek što se vratih na dvor, ponovo me šalje bez vojske da pokorim zlikovce u dvanaest oblasti na istoku? Sudeći po tome, on ipak uistinu želi da ja umrem", pa jadikujući i ridajući htede da pođe, kad mu princeza Jamatohime dade mač Kusanagi[5] i jednu vrećicu,[6]

---

[1] Zemlje u istočnom delu Japana. Videti fusnotu 2 na str. 157.
[2] Kao predak Kibi no Omija ranije je pomenut Vaka Take Kibicuhiko, čiju kćer car Keiko uzima za ženu. Moguće je da je Takehiko ista ličnost.
[3] Postojalo je verovanje da drvo zelenika poseduje magijsku moć da isteruje zle duhove.
[4] Rođena sestra prinčevog oca, cara Keikoa. Videti fusnotu 24 na str. 163.
[5] Mač kojim se kosi trava. Njega je bog Susanoo pronašao u repu osmoglave zmije. Videti fusnotu 2 na str. 57.
[6] Vrećica za kremen.

te mu kaza: „Ukoliko se nešto dogodi, odreši ovu vrećicu."

I tako, kada stiže u zemlju Ovari, uđe u kuću Mijazuhime,[7] pretkinje Ovari no Kuninomijacukoa. Iako htede da se odmah njome oženi, reši da to učini u povratku, zaruči se njome, pa krenu ka istočnim zemljama, pokoravajući i umirujući sve besne bogove reka i planina, kao i nepokorne ljude. A kad stiže u zemlju Sagamu,[8] upravitelj te zemlje slaga ga govoreći: „U ovome polju ima jedna velika močvara. Bog što u njoj obitava veoma je silovit." I princ Jamato Takeru pođe da ga vidi i uđe u polje. Tada upravitelj zemlje podmetnu vatru u polju. Princ Jamato Takeru vide da je nasamaren, pa odreši vrećicu koju mu je dala njegova tetka, princeza Jamatohime, i u njoj nađe kremen. Tada prvo mačem pokosi travu i kremenom potpali protiv-vatru, pa izbavivši se iz obruča poseče upravitelja zemlje i sve njegove ljude, i spali ih. Stoga se to mesto danas naziva Jakicu, Spaljeno pristanište.[9]

Krenu tako odatle, a kad prelaziše more Haširimizu,[10] bog morskoga prelaza podiže velike talase i zavrte brod, pa nije mogao dalje. Tada prinčeva žena, po ime-

---

[7] Njeno ime znači „gospodarica hrama", što ukazuje na to da je bila vrhovna sveštenica svetilišta Acuta. Ranije je kao predak Ovari no Murađija pomenut Okicujoso, čija se kći udala za cara Košoa. Videti fusnotu 3 na str. 138. Poglavari ovog plemena bili su imenovani za Kuninomijacukoa, upravitelja zemlje Ovari, a slavili su svetilište Acuta.

[8] Sadašnja prefektura Kanagava.

[9] Mesto Jakicu u zemlji Suruga, danas grad Jaizu u prefekturi Šizuoka. Verovatno je došlo do zamene zemalja povezivanjem događaja sa dole navedenom pesmom br. 25, u kojoj se pominje zemlja Sagamu.

[10] Morski tesnac nazvan Brza struja nalazi se na ulazu u Tokijski zaliv. Sada se zove moreuz Uraga. Danas postoje i mesto Haširimizu i istoimeno svetilište u gradu Jokosuka u prefekturi Kanagava.

nu presvetla princeza Ototaćibanahime,[11] kaza: „Ja ću, prinče, umesto tebe ući u more. Ti okončaj zadatak radi kojega si poslat i vrati se da izvestiš cara", a kad uđe u more, na talase rasprostre osmostruke prostirke od šaša, osmostruke prostirke od kože i osmostruke prostirke od svile, pa siđe na njih. Podivljali talasi se umiriše, i brod krenu dalje. Tada ona ispeva pesmu:

25
U malom polju
    u toj zemlji Sagamu,
rasplamsa se vatra,
    a u plamu stojeći,
    ti mene dozivaše!

Posle sedam dana, njen češalj doplovi do obale. Princ Jamato Takeru ga odmah uze, načini joj grobnicu i položi ga u nju.

Krenu tako odatle i pokori sav divlji narod Emiši,[12] umiri besne bogove planina i reka, i kada u povratku stiže u podnožje brda Ašigara,[13] tu obedovaše, a bog toga brda priđe mu preobražen u beloga jelena. Princ Jamato Takeru hitro uze struk divljeg luka[14] što ga beše jeo, pogodi ga njime u oko, i ubije ga. Onda se pope na

---

[11] Njeno ime sadrži naziv *taćibana*, drvo iz Zemlje večnosti, a verovatno je tako nazvana jer je zemlja Sagamu davala dvoru mandarine, tj. „večno mirisne" plodove ovog drveta.

[12] Narod, nepokorni i borbeni, nastanjivao je severoistočne oblasti Japana. Moguće je da se radi o precima naroda Ainu koji sada živi na severnom ostrvu Hokaido.

[13] Planinski prevoj na granici zemalja Sagamu i Suruga. Pre nego što je u srednjem veku otvoren prelaz preko planine Hakone, on je bio važan strateški punkt na putu koji spaja centralne i još nepokorene istočne delove zemlje.

[14] Biljka nalik na sremuš. Pošto miriše na beli luk, verovalo se da odbija zle duhove.

to brdo, triput uzdahnu i kaza: „O, ženo moja!" Stoga se te zemlje nazivaju Azuma, Moja žena.

Iz te zemlje pređe u zemlju Kai,[15] i dok obitavaše u palati u mestu Sakaori,[16] ispeva pesmu:

26

Pređosmo već
    Niibari,[17] Cukubu,[18]
    kolko noći spavasmo?

Tada starac, čuvar stražarske vatre, nastavi pesmu:

27

Nižu se dani,
    noći već minu devet
    a dana, evo, deset!

A princ Jamato Takeru, čuvši ovo, pohvali toga starca i smesta mu dodeli titulu Azuma no Kuninomijacukoa.[19]

---

[15] Sadašnja prefektura Jamanaši.
[16] Postoji istoimeno svetilište u gradu Kofu u prefekturi Jamanaši.
[17] Mesto u zemlji Hitaći, sadašnjoj prefekturi Ibaraki.
[18] Mesto u podnožju planine Cukuba u zemlji Hitaći. Ovo je najsevernija tačka pohoda Jamato Takerua.
[19] Upravitelj zemlje Azuma. S obzirom na to da nije postojala zemlja tog imena, ovo je verovatno počasna titula.

6. VENČANJE SA MIJAZUHIME

Iz te zemlje, princ Jamato Takeru pređe u zemlju Šinano, ubrzo pokori boga brda Šinano[1] i vrati se u zemlju Ovari, pa ode u dom Mijazuhime, kojom se ranije beše zaručio. Kada mu prineše jelo, Mijazuhime mu prinese sake visoko držeći veliki pehar. A na skutima njenog ogrtača beše krvi od mesečnog pranja. Videvši to, on joj pesmom kaza:

> 28
> Tamo daleko,
>   nebeska gora Kagu,
> preleće je
>   labud ko oštar srp.
> Tako tvoja
>   tanka i nežna ruka,
> mada poželeh
>   da mi jastuk bude,
> mada pomislih
>   da ću s tobom spiti,
> sad na skutima
>   ogrtača tvojega,
>   ah, mesec se pojavi!

Mijazuhime mu uzvrati pesmom:

> 29
> Ah, ti presvetli
>   sine Sunca,

---

[1] Planinski prevoj na granici između zemalja Šinano i Mino, sadašnjih prefektura Nagano i Gifu.

> moj gospodaru
>   koji svetom vladaš![2]
> Uvek iznova
>   leta dođu i prođu,
> uvek iznova
>   meseci dođu, minu,
> te nije ni čudo,
>   dok zalud čekah na te,
> što na skutima
>   ogrtača mojega
>   mesec taj se pojavi.

I tako je on uze za ženu, pa ostavi svoj mač Kusanagi kod nje[3] i pođe dalje da savlada boga planine Ibuki.[4]

Onda kaza: „Boga ove planine savladaću golim rukama", i tako rekavši penjaše se na planinu, kad na padini vide belog divljeg vepra. Beše velik kao bik. Tada princ Jamato Takeru nesmotreno prozbori: „Mora da je ovo božji glasnik preobražen u belog divljeg vepra. Neću ga ubiti sada, već ću to učiniti u povratku", te nastavi da se penje. Tada taj bog posla silni grȁd, kojim pomuti svest princu Jamato Takeruu. (Ono ne beše božji glasnik preobražen u belog divljeg vepra, već sam bog, a princu se svest pomuti jer beše nesmotreno prozborio.) Onda princ Jamato Takeru siđe sa planine i stiže do bistrog izvora u mestu Tamakurabe,[5] i pošto se odmori, malo se povrati. Zato se taj izvor zove Isame, Izvor buđenja.

---

[2] Stalni epitet za reč *ookimi*, veliki gospodar.
[3] Mada ne implicitno, ovo objašnjava kako se mač Kusanagi našao u svetilištu Acuta, gde se i danas čuva.
[4] Planina koja se nalazi na granici između zemalja Mino i Omi, sadašnjih prefektura Gifu i Šiga.
[5] Mesto na južnom proplanku planine Ibuki u zemlji Omi, sadašnjoj prefekturi Šiga.

7. TUGOVANKA ZA ZAVIČAJEM

Princ Jamato Takeru krenu odatle, i kada stiže do polja Tagi,[1] reče: „Premda uvek u srcu nosih želju da nebom odletim svome domu, sada moje noge ne mogu hoditi, već otekoše i iskriviše se." Zato to mesto nazvaše Tagi, Krivaja. Iđaše on nešto dalje od tog mesta, i kako beše jako iznuren, kretaše se sporo, oslanjajući se na štap. Zato to mesto nazvaše Cuecukizaka, Brdo poštapanja.[2] Kad stiže pod jedan bor na rtu Ocu,[3] primeti da mač koji beše na tom mestu zaboravio kad ranije tu obedovaše, nije nestao, već je i dalje tu. Onda pesmom kaza:

30
Na Ovari
    gledajući ravno,
        stojiš na rtu Ocu,
samotni boru,
    brate moj![4]
Samotni boru,
    kad bi ti čovek bio,
mač bih ti opasao,
    ruho ti odenuo.

---
[1] Polje u mestu Tagi u zemlji Mino, sadašnjoj prefekturi Gifu.
[2] Planinski prevoj između sadašnjih gradova Jokaići i Suzuka.
[3] Rt Ocu u zemlji Ise, sadašnjoj prefekturi Mie. Pošto se more povuklo, to mesto se sada nalazi na kopnu, u gradu Tado.
[4] Vrsta pripeva kojim se pevač obraćao publici.

> Samotni boru,
>   brate moj!

I krenu tako odatle, a kada stiže u selo Mie,[5] opet prozbori: „Noge su mi otečene kao triput isprepletani kolač." Zato to mesto nazvaše Mie, Trostruko. Krenu tako odatle, i kada stiže do polja Nobo,[6] s čežnjom se priseti svoga zavičaja i ispeva pesmu:

> 31
> Eh, Jamato,
>   ta zemlja nad zemljama!
> Opasana je
>   ogradama
> zelenim, gorama,
>   Jamato, zemlja najdraža!

Ispeva i pesmu:

> 32
> Vratite se
>   domu, živi i zdravi,
> kose kitite
>   hrastovim listovima
> sa bregova Heguri,[7]
>   asura slaganih.[8]
>   O momci!

Ovo je *kunišinobi uta*, zavičajna pesma. Tada pesmom kaza:

---

[5] Drugo ime mesta Uneme u zemlji Ise.
[6] Polje na proplancima planine Nonobori u zemlji Ise.
[7] Bregovi u mestu Heguri u zemlji Jamato.
[8] Stalni epitet za bregove Heguri, nastao verovatno zbog njihovog izgleda.

33
Ah te miline!
　　Iz pravca doma moga,
　　kako se oblak diže.

Ovo je *kata uta*, polovična pesma. U tom času njegova bolest naglo se pogorša. Tada pesmom kaza:

34
Kraj postelje
　　deve voljene,
eh, ja ostavih
　　taj svoj dvosekli mač.[9]
　　Avaj, moj svetli mač!

Pošto otpeva pesmu, on odmah izdahnu. Onda poslaše glasnike na brzim konjima da izveste cara.

---

[9] Mač Kusanagi koji je princ Jamato Takeru ostavio kod Mijazuhime.

8. BELA PTICA USPINJE SE U NEBO

Onda njegove žene i deca, što obitavahu u zemlji Jamato, svi skupa dođoše, sazdaše grobnicu, te puzahu po okolnim pirinčanim poljima[1] i naričući ispevaše pesmu:

35
Po okolnom polju
 uza stabljike,
stabljike pirinča,
 uvismo se, puzasmo
ko loza puzavice.[2]

Na to se princ Jamato Takeru preobrazi u belu pticu od osam hvati, vinu se u nebo i odlete prema obali. Onda žene i njihova deca, premda im noge behu ranjave od strnjike niskoraslog bambusa, zaboraviše na bol, i naričući pohitaše za pticom. Tada zapevaše:

36
Po polju bambusa
 što je do pasa,
moramo hoditi.
 Nebom ne možemo!

I opet, uđoše u more i dok se s mukom probijahu kroz vodu, zapevaše:

---

[1] Obredni način izražavanja tuge prilikom nečije smrti. Videti str. 15.
[2] Vrsta dioskoreje, metafora za traganje za dragom osobom.

37
Morem dok hodimo
  što je do pasa,
ko vodene trave
  usred reke
lelujamo
  mi po moru.

I opet, ptica polete i kada slete na stenovitu obalu, oni zapevaše:

38
Zviždovka sa žala,
  a žalom ne hodi,
  već po stenama.

Sve ove četiri pesme otpevaše na njegovoj sahrani. Zato se do današnjih dana ove pesme pevaju na sahranama careva.

Tada ptica odlete iz te zemlje i slete u mesto Šiki[3] u zemlji Kavaći. Onda na tom mestu sazdaše grobnicu da tu počiva. Zato se ona naziva Grobnica bele ptice. Međutim, sa tog mesta ptica se ponovo vinu u nebo i odlete. A dok ovaj princ Jamato Takeru hodiše zemljama umirujući ih, predak Kume no Ataija po imenu Nanacukahagi,[4] uvek ga pratiše i služiše mu jela.

---

[3] Mesto u zemlji Kavaći, danas u blizini grada Kašivazaki u prefekturi Osaka.
[4] Čovek sa nogama dugim sedam šaka, tj. Dugonogi. Kao predak borbenog plemena Kume ranije je pomenut bog Amacukume (fusnota 21 na str. 99), odnosno bog Ookume (fusnota 4 na str. 122).

9. POTOMCI PRINCA JAMATO TAKERUA

Presvetli princ Jamato Takeru uze za ženu presvetlu princezu Futađi no Iribime,[1] kćer cara Ikumea,[2] te mu se rodi sin, presvetli princ Taraši Nakacuhiko[3] (jedan sin). I opet, uze za ženu presvetlu princezu Ototaćibanahime, što beše ušla u more, te mu se rodi sin, princ Vakatakeru (jedan sin). I opet, uze za ženu Futađihime, kćer Ootamuvakea, pretka Ćikacuomi no Jasu no Kuninomijacukoa,[4] te mu se rodi sin, princ Inajorivake (jedan sin). I opet, uze za ženu Ookibi Takehime, mlađu sestru Kibi no Omi Takehikoa,[5] te mu se rodi sin, princ Take Kaiko (jedan sin). I opet, uze za ženu Jamaširo no Kukuma Morihime, te mu se rodi sin, princAšikagamivake (jedan sin). I opet, sin jedne druge žene, princ Okinaga Tavake. U princa Jamato Takerua beše ukupno šest sinova. Princ Taraši Nakacuhiko kasnije će vladati carstvom. Zatim princ Inajorivake je (predak Inukami no Kimija[6] i Takerube no Kimija[7]). Zatim princ Take Kaiko je (predak Sanuki no Aja no Kimija,[8]

---

[1] Drugo ime presvetle princeze Ivacukubime, kćeri cara Suinina i tetke princa Jamato Takerua. Videti str. 162.
[2] Car Suinin.
[3] Kasnije, car Ćuai.
[4] Pleme iz okruga Jasu u zemlji Omi, sadašnjoj prefekturi Šiga.
[5] Misukitomomimi Takehiko, koji je princa Jamato Takerua pratio u njegovom pohodu na istočne zemlje.
[6] Pleme iz okruga Inukami u zemlji Omi.
[7] Pleme čije je zaduženje da čuva spomen na princa Jamato Takerua.
[8] Pleme iz okruga Aja u zemlji Sanuki, sadašnjoj prefekturi Kagava.

Ise no Vakea,[9] Too no Vakea,[10] Masa no Obitoa,[11] i Mija no Obito no Vakea[12]). Princ Ašikagamivake je (predak Kamakura no Vakea,[13] Ocuivaširo no Vakea[14] i Fukita no Vakea[15]). Zatim, sin princa Okinaga Tavakea beše princ Kuimata Nagahiko. Kćeri ovog princa behu: presvetla princeza Iino no Magurohime, zatim Okinaga Mavakanakacuhime,[16] a zatim Otohime (tri kćeri). Onda pomenuti princ Vakatakeru uze za ženu Iino no Magurohime, te mu se rodi sin, princ Sumeiro Oonakacuhiko. Ovaj princ uze za ženu Šibanohime, kćer Omi no Šibano Irikija,[17] te mu se rodi kći, presvetla princeza Kagurohime. Onda car Ootarašihiko uze za ženu ovu princezu Kagurohime,[18] te mu se rodi sin, princ Ooe (jedan sin). Ovaj princ uze za ženu mlađu polusestru, princezu Širogane, te mu se rodi sin, princ Oonakata, a zatim kći, presvetla princeza Oonakacuhime[19] (dvoje dece). Ova princeza Oonakacuhime beše majka princa Kagosake i princa Ošikume.

Ovaj car Ootarašihiko požive stotinu trideset i sedam leta. Njegova grobnica nalazi se poviše puta Jamanobe.[20]

---

[9] Mesto iz koga potiče nije poznato.
[10] Mesto iz koga potiče nije poznato.
[11] Mesto iz koga potiče nije poznato.
[12] Mesto iz koga potiče nije poznato.
[13] Verovatno pleme iz mesta Kamakura u zemlji Sagamu, sadašnjoj prefekturi Kanagava.
[14] Mesto iz koga potiče nije poznato.
[15] Mesto iz koga potiče nije poznato.
[16] Kasnije, žena caraOđina. Titula presvetle princeze verovatno je pogrešno pripisana starijoj sestri.
[17] Mesto nije poznato.
[18] Princeza Kagurohime je praunuka princa Jamato Takerua. Njena udaja za cara Keikoa, svog čukundedu, smatra se jednostavno nemogućom.
[19] Kasnije, žena cara Ćuaija.
[20] Ovaj put je i ranije pomenut kao mesto za grobnicu cara Suđina. Videti fusnotu 5 na str. 160.

CAR SEIMU

Njegovo veličanstvo car Vakatarašihiko[1] obitavaše u dvoru Takaanaho u mestu Šiga[2] u zemlji Ćikacuomi i vladaše carstvom. Ovaj car uze za ženu Ototakara no Iracume, kćer Take Ošijama Tarinea, pretka Hozumi no Omija,[3] te mu se rodi sin, princ Vakanuke (jedan sin). Onda, postavi Takešiući no Sukunea[4] za velikodostojnika, odredi upravitelje velikih i malih zemalja, utvrdi granice među zemljama, i odredi načelnike velikih i malih okruga. Ovaj car požive devedeset i pet leta. (Izdahnu petnaestog dana trećeg meseca u godini Zeca.) Njegova grobnica nalazi se kod jezera Tatanami u mestu Saki.[5]

---

[1] Trinaesti car, Seimu, sin cara Keikoa.
[2] Mesto Šiga, danas deo grada Ocu u prefekturi Šiga.
[3] Pleme koje potiče od boga Umaši Mađija. Videti fusnotu 11 na str. 127.
[4] Dugovečni dvorski velikodostojnik čije ime se prvi put pominje još za vreme cara Kogena. Videti fusnotu 14 na str. 144.
[5] Danas deo grada Nara. Videti fusnotu 7 na str. 172.

CAR ĆUAI

1. ŽENE I DECA

Njegovo veličanstvo car Taraši Nakacuhiko[1] obitavaše u dvoru Tojora u zemlji Anato[2] i u dvoru Kašii u zemlji Cukuši,[3] i vladaše carstvom. Ovaj car uze za ženu presvetlu princezu Oonakacuhime, kćer princa Ooea, te mu se rodiše sinovi: princ Kagosaka i princ Ošikuma (dva sina). I opet, uze za ženu presvetlu princezu Okinaga Tarašihime,[4] te mu ova carica rodi sina, presvetlog princa Homujavakea, a zatim presvetlog princa Ootomovakea, znanog i kao presvetli princ Homudavake[5] (dva sina). Ovog prestolonaslednika nazvaše imenom Ootomovake, Veliki štitnik, jer kad se rodio na podlaktici mu beše mišić nalik na štitnik, *tomo*,[6] te mu stoga i dadoše to ime. Dakle, još dok bejaše u majčinoj utrobi, on gospodariše zemljom.[7] Za svoje vladavine, car Taraši Nakacuhiko osnova carski posed, *mijake*, na ostrvu Avađi.

---

[1] Četrnaesti car, Ćuai, sin princa Jamato Takerua i bratanac cara Seimua.

[2] Dvor u mestu Tojora u zemlji Anato, jugozapadnom delu zemlje Nagato. To mesto danas je deo grada Simonoseki u prefekturi Jamaguči.

[3] Dvor u mestu Kašii u zemlji Cukuši. To mesto danas je deo grada Fukuoka u istoimenoj prefekturi.

[4] Carica Đingu. Njeno ime pominje se u poglavlju o caru Kaiki. Videti fusnotu 27 na str. 150.

[5] Kasnije, car Ođin.

[6] Štitnik koji je ratnik nosio na levom laktu da bi se zaštitio od strune svog luka. Videti fusnotu 4 na str. 44.

[7] Misli se i na zemlje na Korejskom poluostrvu koje je osvojila njegova majka, carica Đingu.

2. CARICA POSEDNUTA BOŽANSKIM DUHOM I CAREVA SMRT

Caricu Okinaga Tarašihime tada posede božanski duh. Naime, car obitavaše u dvoru Kašii u zemlji Cukuši u nameri da kazni zemlju Kumaso, i kada zasvira u koto,[1] velikodostojnik Takešiući no Sukune stade u osveštano dvorište da zatraži reč bogova. A carica, posednuta božanskim duhom, ovako prozbori i pouči: „Ima jedna zemlja na zapadu. U njoj ima zlata, srebra i svakojakog drugog retkog blaga zaslepljujućeg sjaja. Ja sam voljan da ti sada poverim tu zemlju." Car tada odgovori: „Kad se popnem na uzvišenje i pogledam na zapad, ne vidim nikakvu zemlju, već samo veliko more. Biće da ovaj bog čini prevaru", te odloži koto i ne htede više da svira na njemu, no osta ćuteći. A bog se na to razgnevi i reče: „Ovim carstvom i ne treba ti da gospodariš. Nego, kreni ti na onaj jedini put.[2]" Uto velikodostojnik Takešiući no Sukune odgovori: „To je strašno. Veliki gospodaru moj, ipak zasviraj u svoj carski koto." I car polako privuče koto i nevoljno zasvira. No, ne prođe mnogo, a zvuk kotoa utihnu, odmah prineše svetlo i pogledaše, a car već beše izdahnuo.

Na to se svi iznenadiše i prepadoše, položiše cara u privremenu posmrtnu palatu,[3] i još prikupljahu ponu-

---

[1] Sviranje kotoa pri obredu bilo je način da se prizovu bogovi.
[2] Put u Zemlju noćne tame, tj. smrt.
[3] Posmrtni ostaci careva do sahrane su bili smeštani u privremene mrtvačnice, često veoma dugo, sve dok se ne bi odredio naslednik.

de po čitavom carstvu, tragahu za svakojakim gresima kao što su: dranje naživo, dranje od repa prema glavi, rušenje tuđih međa, zatrpavanje jarkova, uneređivanje po hramovima,[4] rodoskvrnuće, opštenje s konjima, kravama, živinom i psima, i tako obaviše veliko pročišćenje carstva, pa velikodostojnik Takešiući no Sukune u osveštanom dvorištu ponovo zatraži reč bogova. A oni ga poučiše kao i prethodnog dana: „To je zemlja kojom će gospodariti dete u utrobi tvojoj, carice." Onda Takešiući no Sukune reče: „Sluga sam ponizni. Bože moj, a to dete u utrobi naše boginje,[5] šta je?" A bogovi odgovoriše: „Muško." Onda ih zamoli: „A sada, veliki bogovi što me poučiste, želeo bih da znam vaša imena", a oni mu odgovoriše: „To je volja Velike boginje Amaterasu. A mi smo tri velika boga, Sokocucunoo, Nakacucunoo i Uvacucunoo.[6] (Tada se ukazaše imena ova tri velika boga.) Sada, ako odista hoćete da tražite tu zemlju, morate prineti ponude svim nebeskim i zemaljskim bogovima, bogovima planina, kao i bogovima reka i mora; slaviti naše duhove na brodu; staviti u tikvu pepeo kedrovog drveta; napraviti mnogo štapića i posuda od hrastovih listova, i sve ih rasuti po velikom moru, pa ga tako preći."

---

[4] Ovde su navedeni tzv. nebeski grehovi, a identični su onima što ih je bog Susanoo počinio na Uzvišenom nebeskom polju. Videti fusnotu 1 na str. 50.

[5] Caricu je zvao boginjom zato što je bila posednuta božanskim duhom.

[6] Tri velika boga u svetilištu Suminoe. Oni su zaštitnici pristaništa i plovidbe. Videti fusnote 25, 27, 29 i 32 na str. 40.

3. CARICA ĐINGU OSVAJA ZEMLJU ŠIRAGI

I carica uradi baš kako je poučiše, postroji vojsku i poređa brodove, a kad krenu preko mora, sve morske ribe, i male i velike, ponesoše njen brod na svojim leđima, i ona tako prelaziše. Tada naiđe jak povoljan vetar, te njen brod napredovaše nošen talasima. I ti talasi što nosiše njen brod navališe i preplaviše pola zemlje Širagi.[1] A tamošnji kralj tada sa strahom kaza: „Od sada ćemo mi, po carskoj zapovesti, biti carski odgajivači konja i svake godine ređati brodove ne puštajući brodska dna da se osuše, ni da se osuše vesla i krme, te služiti predano dok je neba i zemlje." Carica ovim odredi da zemlja Širagi bude carski odgajivač konja, a zemlja Kudara[2] prekomorsko carsko namesništvo. Onda ona pobode svoj štap[3] pred dveri vladara zemlje Ši-

---

[1] Jedna od tri kraljevine na Korejskom poluostrvu. Ovde se prvi put pominje ime jedne strane države. Smatra se da je priča o podvigu carice Đingu mitološko tumačenje širenja uticaja dinastije Jamato na Korejsko poluostrvo od kraja IV veka i da je na učvršćivanje mita o Tarašihime uticao istorijski događaj iz 661. godine, kad je istoimena carica, Tarašihime (carica Saimei), sa vojskom krenula u Cukuši da bi organizovala pohod na Širagi. On se završava potpunim porazom njene vojske.

[2] Jedna od tri korejske kraljevine, koju će kasnije osvojiti Širagi. Pomenuti pohod organizovan je upravo kako bi se prijateljska Kudara spasila od propasti.

[3] Pobadanje štapa ili koplja označavalo je uspostavljanje granice preko koje zli dusi ne smeju ulaziti. Videti fusnotu 7 na str. 38. U ovom slučaju to je bio znak da je zemlja Širagi pokorena.

ragi, odredi da siloviti duh tri velika boga iz svetilišta Suminoe bude zaštitnik zemlje, ukaza mu počast, pa se vrati preko mora.

Ovi poslovi ne behu još okončani a već dođe vreme da se rodi dete što ga je nosila. Da bi odložila porođaj, carica uze kamenje i pričvrsti ga za pojas na svojoj suknji, pa se princ rodi po povratku u zemlju Cukuši. Mesto prinčeva rođenja naziva se Umi, Rodilište.[4] A kamenje što ga carica beše pričvrstila za suknju nalazi se u selu Ito,[5] u zemlji Cukuši. Beše početak četvrtog meseca kada carica stiže u zaselak Tamašima[6] u okrugu Macura i tamo pored reke obedovaše. Sedeći na kamenom sprudu sred reke iz suknje izvuče nit, od pirinča načini mamac i loviše pastrmku (ime te reke je Ogava, Mala reka;[7] ime spruda je Kaćidohime, Pobednička kapija). Stoga i do današnjeg dana početkom četvrtoga meseca žene iz ovog mesta izvlače niti iz svojih sukanja, za mamac uzimaju pirinčana zrna i love pastrmku.

---

[4] U gradu Umi u prefekturi Fukuoka nalazi se svetilište Umi Haćiman, za koje se vezuje predanje da je tu rođen car Ođin.
[5] U gradu Niđo u okrugu Itošima u prefekturi Fukuoka nalazi se svetilište posvećeno Kamenju za umirivanje bolova, kojim je carica, navodno, odlagala porođaj.
[6] Mesto nazvano po reci Tamašima u okrugu Macura, danas deo grada Hamatama u prefekturi Saga.
[7] Reka Tamašima na ovom mesto formira usku klisuru.

4. POBUNA PRINCA OŠIKUME

Vraćajući se u zemlju Jamato, njeno veličanstvo Okinaga Tarašihime posumnja u namere nekih ljudi, pa stoga pripremi pogrebnu lađu, ukrca na nju princa i pusti glas: „Princ je već preminuo." Kada krenu u zemlju Jamato, prinčevi Kagosaka i Ošikuma[1] naumiše da je dočekaju i ubiju, pa izađoše u polje Toga,[2] u zavetni lov[3] da saznaju da li će uspeti. Princ Kagosaka pope se na dub i dok čekaše plen, pojavi se veliki razbesneli vepar, iščupa to drvo iz korena i smesta prožedra princa. Njegov mlađi brat, princ Ošikuma, ne uplaši se toga znamenja, već podiže vojsku da sačeka caricu, pa se uputi ka pogrebnoj lađi da je napadne, misleći da na njoj nema vojske. No, carica sa te lađe iskrca vojnike, te se sukobiše. Tada princ Ošikuma za zapovednika svoje vojske odredi Isahi no Sukunea, pretka Naniva no Kišibea,[4] dok prestolonaslednikova strana postavi za zapovednika presvetlog Nanivaneko Take Furukumu, pretka Vani no Omija.[5] Kad ih carska vojska potisnu do Jamašira, oni ponovo

---

[1] Polubraća cara Ođina. Videti str. 195.
[2] Poznato lovište, koje se verovatno nalazilo na reci Toga u zemlji Secu, sadašnjoj prefekturi Hjogo.
[3] Lov koji bi pokazao da li će se ostvariti unapred postavljeni zadatak.
[4] Pleme iz zemlje Secu, verovatno poreklom iz zemlje Širagi. Njegovo zaduženje bilo je muzika i ples.
[5] Pleme iz mesta Vani u zemlji Jamato, sadašnjoj prefekturi Nara. Videti fusnotu 7 na str. 147. Ovde je verovatno reč o pripadniku ogranka tog plemena.

utvrdiše svoje redove, te se i jedni i drugi borahu bez odstupanja. Tada se Take Furukuma doseti i razglasi: „Njeno veličanstvo Okinaga Tarašihime izdahnu pa se više ne vredi boriti", te odmah pokidaše strune na lukovima pretvarajući se da se predaju. A protivnički zapovednik u to potpuno poverova, pa naredi da se skinu strune sa lukova i skloni oružje. Tada prestolonaslednikovi vojnici iz svoje kose izvukoše pripremljene strune, ponovo zapeše lukove i udariše na njih. Neprijatelj pobeže i povuče se na brdo Oosaka,[6] te se tamo opet sučeliše i nastaviše borbu. Onda ih potisnuše i potukoše, te ih kod Sasanamija[7] sve do jednog posekoše. Princ Ošikuma zajedno sa Isahi no Sukuneom, nemajući kud, ukrca se na brod i ploveći po jezeru ispeva pesmu:

39
Hajde, druže!
  nek nas ne rani
    ruka Furukumina,
  nego ko gnjurci
    tu u jezero Omi
    mi da zaronimo.

Baciše se odmah u jezero i zajedno stradaše.

---

[6] Brdo na granici između zemalja Jamаširo i Omi.
[7] Oblast na jugozapadnoj obali jezera Biva. Jezero se u to vreme zvalo Omi, Slatkovodno more.

5. VELIKI BOG KEHI IZ CUNUGE

Kada velikodostojnik Takešiući no Sukune povede prestolonaslednika u obilazak zemalja Omi[1] i Vakasa[2] kako bi ovaj obavio obrede pročišćenja,[3] načini privremenu palatu u mestu Cunuga,[4] na putu za zemlju Koši,[5] i smesti ga u nju. Tada se velikodostojniku u snu javi veliki bog Izasavake koji tu obitavaše, te mu kaza: „Želim da svoje ime dam princu da ga on prihvati." Takešiući no Sukune progovori u slavu boga: „Duboko smo zahvalni. Prihvatićemo tvoje ime kako zapovedaš." A bog opet kaza: „Dođite izjutra na obalu. Prineću darove u čast prihvatanja imena." Kad sledećeg jutra izađoše na obalu, delfini sa ranjenim njuškama već behu ispunili ceo zaliv. Princ dade da se bogu prenesu sledeće reči: „Ti si mi, kao ime, darovao ovu ribu[6] od svoje božanske hrane!" I još proslavi njegovo ime, pa ga prozva veliki bog Mi-

---

[1] Sadašnja prefektura Šiga.

[2] Južni deo sadašnje prefekture Fukui.

[3] Nije jasno zašto su princu bila potrebna pročišćenja, da li zbog prolivene krvi princa Ošikume ili zbog toga što je plovio pogrebnom lađom.

[4] Danas grad Curuga u prefekturi Fukui, na obali Japanskog mora. To mesto je još onda bilo značajna luka za prekomorsku vezu sa Korejom i Kinom.

[5] Severni deo sadašnje prefekture Fukui.

[6] Starojapanska reč *na* znači i „ime" i „riba".

kecu.⁷ Danas ga zovu Veliki bog Kehi.⁸ A krv na nosevima tih delfina beše neprijatnog mirisa. Stoga taj zaliv nazvahu Ćiura, Krvavi zaliv, a danas ga zovu Cunuga.

---

⁷ Veliki bog božanske hrane. Primorski narod Ama koji je slavio ovog boga, prinosio je dvoru morske plodove, te je dvor, za uzvrat, njihovom bogu podario ovo ime.
⁸ Veliki bog Duh hrane.

6. PESME U SLAVU PIĆA

Kada se prestolonaslednik vrati, njegova majka, njeno veličanstvo Okinaga Tarašihime,[1] pripravi sake dobrodošlice, te ga posluži. Tada majka pesmom kaza:

40
Znaj da ti sake
    ovaj nije od mene,
već gospod pića
    u toj Zemlji večnosti,
taj bog Sukuna,[2]
    što se ko kamen ukaže,[3]
s blagoslovom
    da ljudi zaplešu,
s blagoslovom
    da naokolo plešu,
ovaj ti sake pripravi.
    Do dna ispij!
    Sad, sad!

To ispeva i posluži ga sakeom. Tada velikodostojnik Takešiući no Sukune u ime princa odgovori pesmom:

---

[1] Carica Đingu.
[2] Ranije je pomenut kao bog Sukunabikona. Videti fusnotu 6 na str. 79.
[3] Bogovi se često ukazuju kao ogroman kamen ili stena čudesnog oblika.

41
Oni što sake
    ovaj mi pripraviše,
da li doboš svoj
    kraj stupe staviše,
i pevajući
    sake pripraviše.
i plešući
    sake pripraviše,
zato sake taj,
    sake taj,
zaboga,
    tako me veseli!
    Sad, sad!

Ovo je *sakakura no uta*, pesma u slavu pića.

A car Taraši Nakacuhiko[4] požive pedeset i dva leta. (Izdahnu jedanaestog dana šestog meseca u godini Psa.) Njegova grobnica nalazi se u polju Nagae u mestu Ega,[5] u zemlji Kavaći. (Carica izdahnu u svojoj stotoj godini i sahraniše je kod jezera Tatanami u mestu Saki.[6])

---

[4] Car Ćuai.
[5] Danas deo grada Fuđiidera u prefekturi Osaka.
[6] Danas deo grada Nara.

CAR OĐIN

1. ŽENE I DECA

Njegovo veličanstvo Homudavake[1] obitavaše u dvoru Akira u mestu Karušima[2] i vladaše carstvom. Ovaj car uze za žene tri princeze, kćeri princa Homuda no Mavake. Imena im behu: presvetla princeza Takaki no Irihime, zatim presvetla princeza Nakacuhime,[3] a zatim presvetla princeza Otohime. (Njihov otac, princ Homuda no Mavaka, sin je koji se rodi kada presvetli princ Ioki no Irihiko[4] uze za ženu Širicukitome, kćer Take Inada no Sukunea, pretka Ovari no Murađija.[5]) A deca Takaki no Irihime behu presvetli princ Nukata no Oonakacuhiko, zatim presvetli princ Oojamamori, zatim presvetli princ Iza no Mavaka, zatim sestre im, princeza Oohara no Iracume, a zatim princeza Komuku no Iracume (petoro dece). Deca princeze Nakacuhime behu kći, princeza Ki no Arata no Iracume, zatim sin, presvetli princ Oosazaki,[6] a zatim presvetli princ Netori (troje dece). Deca princeze Otohime behu kćeri, princeza Abe no Iracume, zatim princeza Agući no Mihara no Iracume, zatim princeza Ki no Uno no Iracume, a zatim princeza Mino no Iracume (petoro

---

[1] Petnaesti car, Ođin, sin cara Ćuaija.
[2] Danas deo grada Kašivabara u prefekturi Nara.
[3] Kasnije, carica.
[4] Sin cara Keikoa i mlađi brat cara Ćuaija. Videti str. 173.
[5] Ranije je kao predak ovog plemena pomenut Okicujoso. Videti fusnotu 3 na str. 138.
[6] Kasnije, car Nintoku.

dece[7]). I opet, car uze za ženu kćer Vani no Hifure no Oomija,[8] po imenu Mijanuši Jakavaehime, te mu se rodi sin, princ Uđi no Vakiiracuko,[9] zatim mlađa mu sestra, princeza Jata no Vakiiracume,[10] a zatim princeza Medori (troje dece). I opet, uze za ženu Onabe no Iracume, mlađu sestru Jakavaehime, te mu se rodi kći, princeza Uđi no Vakiiracume[11] (jedna kći). I opet, uze za ženu kćer princa Kuimata Nagahikoa,[12] Okinaga Mavakanakacuhime, te mu se rodi sin, princ Vakanuke Futamata (jedan sin). I opet, uze za ženu Itoihime, kćer Šima Tarinea, pretka Sakurai no Tabe no Murađija,[13] te mu se rodi sin, presvetli princ Hajabusavake (jedan sin). I opet, uze za ženu Himuka no Izumi no Nagahime,[14] te mu se rodi sin, princ Oohae, zatim princ Ohae, a zatim kći, princeza Hatahi no Vakiiracume (troje dece). I opet, uze za ženu Kagurohime,[15] te mu se rodi kći, princeza Kavarada no Iracume, zatim princeza Tama no Iracume, zatim princeza Osaka no Oonakacuhime, zatim princeza Tooši no Iracume, a zatim sin, princ

---

[7] Navedena su imena samo četiri kćeri.

[8] Poglavar plemena iz mesta Vani. Videti fusnotu 7 na str. 147. *Oomi* je titula koja znači Veliki omi, tj. velikodostojnik.

[9] Prestolonaslednik koji je umro mlad, ne postavši car. Živeo je u mestu Uđi u zemlji Jamaširo, sadašnjoj prefekturi Kjoto.

[10] Kasnije, žena cara Nintokua.

[11] Kasnije, žena cara Nintokua.

[12] Unuk princa Jamato Takerua. Videti str. 193.

[13] Pleme čije zaduženje je bilo upravljanje carskim pirinčanim poljima u mestu Sakurai u zemlji Kavaći. Mesto Sakurai danas je deo grada Higaši Osaka.

[14] Mesto Izumi u zemlji Himuka, sadašnjoj prefekturi Kagošima. Ponavlja se mitološka priča o venčanju potomaka Nebeske boginje sa devojkama iz naroda Hajato. Videti str. 102 i 128.

[15] Praunuka princa Jamato Takerua. Videti fusnotu 18 na str. 193. Pominje se, verovatno greškom, i kao žena cara Keikoa. Videti 12 na str. 174.

Katađi (petoro dece). I opet, uze za ženu Kazuraki no Noirome, te mu se rodi sin, princ Iza no Mavaka (jedan sin). U ovoga cara beše ukupno dvadeset šestoro dece (jedanaest sinova i petnaest kćeri)[16]. Od svih njih, princ Oosazaki vladaše carstvom.

---

[16] Treba da stoji: ukupno dvadeset sedmoro dece (dvanaest sinova i petnaest kćeri).

2. DEOBA VLASTI IZMEĐU TRI PRINCA

Upita car presvetle prinčeve Oojamamorija i Oosazakija: „Šta kažete, koji sin je ocu miliji, stariji ili mlađi?" (Ovo upita jer nameravaše dati princu Uđi no Vakiiracukou da vlada carstvom.) Na to princ Oojamamori kaza: „Stariji je miliji." A princ Oosazaki shvati carevu nameru pa reče: „Stariji sin već je odrastao čovek, pa za njega ne treba brinuti, dok je mlađi još dete, i zato je ocu miliji." Na to će car: „Sazaki, tvoje reči jednake su mojim mislima", pa im dodeli sledeća zaduženja: „Ti ćeš, prinče Oojamamori, gospodariti gorama i morima.[1] Ti ćeš, prinče Oosazaki, voditi poslove u mom carstvu i izveštavati me. A ti ćeš, prinče Uđi no Vakiiracuko, naslediti presto." I princ Oosazaki se ne usprotivi carevim rečima.

---

[1] Prinčevo ime znači Veliki čuvar gora, i govori o osnivanju plemena čuvara šumskog blaga, čiji je on predak i poglavar. Nije jasno da li je gospodario i morskim blagom.

3. VENČANJE SA JAKAVAEHIME

Kada je jednom prilikom car prolazio zemljom Ćikacuomi, zaustavi se na brdu više polja Uđi,[1] i gledajući dole oblast Kazuno,[2] zapeva:

42
Dok gledam
   dole bujni Kazuno,
  vidim bogate
    domove i njive,
     vidim zemlju najlepšu.

A kada stiže u selo Kohata,[3] na raskršću puteva u susret mu dođe jedna prekrasna deva. Onda car upita devu: „Čija si ti kći?" a ona mu odgovori: „Kći sam Vani no Hifure no Oomija, i ime mi je Mijanuši Jakavaehime.[4]" Car tada reče toj devi: „Kada se sutra budem vraćao, staću kod tvoga doma." Onda Jakavaehime sve potanko ispriča svome ocu. Otac joj na to odgovori: „To mora da je veliki gospodar. Sluga sam ponizni. Dete moje, služi mu odano", pa svečano ukrasi kuću i stade ga čekati, i car dođe sledećeg dana. A kada mu prire-

---

[1] Polje blizu sadašnjeg grada Uđi. Ova oblast bila je stanište plemena Vani, koje je kontrolisalo put iz zemlje Jamato prema zemlji Omi.

[2] Oblast severozapadno od polja Uđi.

[3] Danas deo grada Uđi.

[4] Deo njenog imena, Mijanuši, znači „gospodarica hrama" i sugeriše da je šamanka.

di raskošnu gozbu, posla svoju kćer, presvetlu princezu Jakavaehime, da ga posluži sakeom u velikom peharu. Prihvatajući taj veliki pehar, car pesmom kaza:

43
I ova kraba,
    odakle je ona?
Iz Cunuge[5] je,
    kraba izdaleka.
Mileći bočno
    kuda li se uputi?
Do ostrva Mi,
    ostrva Ićiđi.[6]
Uranjajući,
    izranjajući ko gnjurac,
dole pa gore,
    drumom za Sasanami[7]
napredovah ja
    hitro i sve hitrije,
kad divnu sretoh devu
    na putu za Kohatu.
Leđa joj behu
    lepa ko štit mali,
zubi beli
    ko vodeni orah.
Glinom sa brda
    Vani u Ićiiju,[8]
ne tom gornjom
    što odveć je crvena,

---

[5] Luka na obali Japanskog mora. Videti fusnotu 4 na str. 202.
[6] Ni jedno ni drugo ostrvo nije poznato.
[7] Oblast južno od jezera Biva.
[8] Mesto Ićii je danas deo grada Tenri u prefekturi Nara. Bilo je glavno uporište plemena Vani.

>   ne tom donjom
>   što odveć je crna,
>   već onom srednjom,
>   srednjim od tri kestena,⁹
>   ispečenom
>   na vatri, ne prejakoj,
>   njom obrve
>   ovako podvuče.
>   Takvu sretoh devojku.
>   Videh devu
>   kakvu poželeh,
>   videh tu devu
>   koju ja poželeh,
>   sad na moju radost
>   ona je ispred mene,
>   evo je pokraj mene.

Tako se oni venčaše, a sin koji im se rodi beše princ Uđi no Vakiiracuko.

---

[9] Stalni epitet za reč *naka*, srednji. Odnosi se na srednji od tri kestena u jednoj ljusci.

4. HIMUKA NO KAMINAGAHIME

Čuvši kako krasno izgleda kći Morogata no Kimija[1] iz zemlje Himuka, po imenu Kaminagahime, car je pozva želeći da mu ona služi, a kad ta deva stiže u pristanište Naniva,[2] spazi je prestolonaslednik, princ Oosazaki, i očaran njenom lepotom zatraži od velikodostojnika Takešiući no Sukunea: „Založi se kod velikog gospodara da meni dâ Kaminagahime koju beše pozvao iz Himuke." Onda velikodostojnik Takešiući no Sukune zamoli cara za pristanak, a car smesta podari Kaminagahime svome sinu. On to učini tako što jednoga dana priredi raskošnu gozbu, te prestolonasledniku posla Kaminagahime sa sakeom u posudi od hrastovog lista. Tada car pesmom kaza:

44
Hajdemo, deco,
    divlji luk berimo!
Luk da beremo,
    a na tom našem putu
mirišljava
    mandarina u cvetu.
Grana gornja
    svela — ptice sleću,

---

[1] Poglavar plemena iz oblasti Morogata koja se prostire na zapadnom delu sadašnje prefekture Mijazaki i na delu prefekture Kagošima.

[2] Danas grad Osaka.

grana donja
　　svela – ljudi je lome,
a grana srednja,
　　srednji od tri kestena,
tek napupi,
　　takvu devu rumenu
hajde sada ti
　　uzmi za se!

Opet pesmom kaza:

45
Voda nadošla
　　u jezeru Josami.[3]
Neko već pobode
　　kočeve na obali,
i već posegnu
　　da ubere list čkalja,
a ja za to ne znadoh.
　　To ludo srce moje!
　　Oh, kako sada žalim!

I predade mu je, tako pevajući. Pošto dobi devu, prestolonaslednik zapeva:

46
O devo moja
　　iz daleke Kohade![4]
Priču o tebi
　　ko grmljavinu slušah.
　　Da usnimo ti i ja!

---

[3] Veštačko jezero u zemlji Kavaći, sadašnjoj prefekturi Osaka, koje je izgrađeno za vreme cara Suđina. Videti fusnotu 2 na str. 160.

[4] Mesto nije poznato.

I opet zapeva:

> 47
> O devo moja
>   iz daleke Kohade!
> Ne opireš se,
>   već sad sa mnom spiješ.
>   Zato si mi tako mila.

5. PESME PLEMENA JOŠINO NO KUZU

A opet, opazivši mač što ga nosiše princ Oosazaki, ljudi iz plemena Jošino no Kuzu[1] zapevaše:

48
Sine sunca
  iz Homude,[2]
Oosazaki,
  Oosazaki!
O pasu ti je mač,
  sečiva oštra,
vrh se njiše
  ko neki žbun
  pod golim stablom zimskim,
  šušti, šušti.

U hrastovoj šumi u mestu Jošino postaviše nisku široku stupu, te u njoj spravljahu sake, a dok su ga prinosili caru, ustima su coktali i izvodili razne kretnje, i ovako pevali:

49
Široka stupa
  u toj šumi hrastovoj,

---

[1] Starosedelačko pleme iz mesta Jošino u zemlji Jamato, sadašnjoj prefekturi Nara. Videti fusnotu 8 na str. 121. Pripadnici ovog plemena, pošto su pokoreni, učestvovali su u obredima na dvoru svojom muzikom i plesom, kao što pokazuju ove pesme.

[2] Mesto u zemlji Kavaći, sadašnjoj prefekturi Osaka. Pošto ime cara Ođina, Homudavake, potiče iz tog mesta, može se pretpostaviti da je i princ Oosazaki bio tesno povezan sa tim mestom.

        a u stupi
            divno piće spravljasmo.
      Posluži se,
            ispij ga u slast, sada!
            Ti, oče naš!

Ova pesma peva se do dana današnjeg, kad god narod plemena Kuzu caru prinosi hranu.

6. DANAK IZ ZEMLJE KUDARA

Za svoje vladavine, ovaj car osnova plemena Amabe,[1] Jamabe,[2] Jamamoribe[3] i Isebe[4]. Osim toga, izgradi i jezero Curugi.[5]

Takođe, doseliše se i ljudi iz zemlje Širagi.[6] Velikodostojnik Takešiući no Sukune povede ih da grade nasipe i jezera, i tako napraviše jezero Kudara.[7] Takođe, vladar Kudare, kralj Šoko,[8] posla po učenom Aćiju[9] jednog pastuva i jednu kobilu kao danak. (Ovaj Aći predak je Aćiki no Fuhitoa.[10]) Takođe, posla kao danak i mač i veliko ogle-

---

[1] Primorsko pleme u zapadnim krajevima, čije zaduženje je bilo da dvor snabdeva ribom i drugim morskim plodovima.

[2] Lovačko pleme čije zaduženje je bilo da dvor snabdeva mesom divljači.

[3] Pleme čije zaduženje je bilo da čuva šume koje pripadaju dvoru.

[4] Primorsko pleme u istočnim krajevima čija je središnja oblast bila u zemlji Ise.

[5] Veštačko jezero za navodnjavanje, nalazi se u gradu Kašivabara u prefekturi Nara.

[6] Jedna od kraljevina na Korejskom poluostrvu.

[7] Jezero se nalazilo u mestu Kudara koje je danas deo grada Korjo u prefekturi Nara. Ime mu potiče od druge kraljevine na Korejskom poluostrvu, Kudara, a ovde je upotrebljeno u smislu „jezero korejskih doseljenika".

[8] Trinaesti kralj Kudare, iz sredine četvrtog veka.

[9] Učenjak iz kraljevine Kudara. Imenovan je za učitelja prestolonaslednika Uđi no Vakiiracukoa.

[10] Doseljeničko pleme sa sedištem u zemlji Jamato, čije zaduženje je bilo pisanje dokumenata. *Fuhito*, pisar, jedna je od titula koju je dvor dodeljivao doseljenicima.

dalo.[11] Opet, car zatraži od zemlje Kudara: „Ako ima u vas kakvog mudrog čoveka, pošaljite ga". Oni u odgovor na carev zahtev poslaše učenog Vanija.[12] Po njemu poslaše i *Rongo*[13] u deset knjiga, kao i *Knjigu hiljadu znakova*[14] u jednoj knjizi, sveukupno jedanaest knjiga. (Ovaj učeni Vani predak je Fumi no Obitoa.[15]) I opet, poslaše kao danak i dvoje zanatlija, kovača po imenu Takuso iz zemlje Kara,[16] kao i tkalju Saiso iz zemlje Kure[17]. I opet, doseli se ovamo i predak Hata no Mijacukoa,[18] predak Aja no Ataija,[19] kao i čovek koji umešno spravljaše sake, po imenu Niho, znan i kao Susukori, i drugi. Onda je ovaj Susukori spravljao veličanstveni sake i prinosio ga caru. Ushićen tim veličanstvenim sakeom, car pesmom kaza:

50
Sake izvrsni
   spravi Susukori,
      njime se lepo opih.

---

[11] Mač sa sedam vrhova i sa natpisom na obe strane sečiva, koji govori da je kralj Kudare dao da se mač iskuje „za kralja Jamata". Čuva se u svetilištu Isonokami. Veliko ogledalo nije pronađeno, ali je to verovatno bilo okruglo ogledalo od bronze sa sedam manjih okruglih ukrasa oko oboda.

[12] Učenjak iz nekadašnje kineske kolonije sa severa Korejskog poluostrva. Slavljen je u raznim predanjima kao čovek koji je uveo pismenost u Japan.

[13] *Analekti konfucijanskih učenja,* na kineskom jeziku *Lun'jui.*

[14] Anahronizam, jer je ta knjiga napisana u Kini tek u šestom veku.

[15] Doseljeničko pleme sa sedištem u zemlji Kavaći, sadašnjoj prefekturi Osaka, čije zaduženje je bilo pisanje dokumenata.

[16] Stari naziv za korejske zemlje.

[17] Kineska zemlja koja se u trećem veku nalazila južno od reke Jangce.

[18] Doseljeničko pleme sa Korejskog poluostrva, navodno poreklom iz Kine.

[19] Doseljeničko pleme kineskog porekla.

>   Sake spokoja,
>   sake sreće,
>   njime se lepo opih.

Dok je car išao tako pevajući, udari svojim štapom veliki kamen što mu stajaše na putu preko brda Osaka, a kamen uteče s puta. Zato izreka kaže: „Pijanom se i tvrd kamen sklanja".

7. POBUNA PRINCA OOJAMAMORIJA

I nakon careve smrti, a prema njegovoj zapovesti, princ Oosazaki predade carstvo princu Uđi no Vakiiracukou. Ali, princ Oojamamori, ne povinovavši se carevoj zapovesti, požele ipak da se domogne carstva i naumi da ubije svog najmlađeg brata. Tajno okupljaše vojsku u nameri da ga napadne. Kada princ Oosazaki doču da stariji brat sprema vojsku, smesta posla glasnika da o tome obavesti princa Uđi no Vakiiracukoa. Čuvši to, ovaj se iznenadi, sakri vojsku kraj reke u zasedu, na bregu postavi svilene zastore i podiže šator, na stolicu postavi jednog slugu prerušenog u princa da ga svi lepo vide i da mu brojni podanici dolaze na poklonjenje kao da je pravi princ, a za čas kada će stariji brat preći reku, pripremi čamac i vesla, u avanu istuca koren puzavice *sanekazura*,[1] iscedi sok, te njime namaza daske na podu čamca ne bi li se okliznuo ko god nogom stane, a on sam obuče suknenu košulju i čakšire, te se načini prostim seljakom i stade s veslom u čamac. A stariji brat, sakrivši svoju vojsku, s oklopom ispod košulje priđe reci i htede da se popne u čamac kad ugleda ono velelepno ukrašeno mesto, pa pomisli da to njegov mlađi brat sedi na stolici, i ne sluteći da to ovaj stoji s veslom na čamcu, upita čamdžiju: „Priča se da u ovoj planini živi veliki besni divlji vepar. Ja hoću da ga ubijem. Hoću li moći da ga ulovim?" A čamdžija odgovori: „Nećeš." I princ ga opet upita: „A zašto?" A ovaj odgovori: „Mnogo pu-

---

[1] Lepljivi sok ove zimzelene biljke korišćen je za ispiranje kose.

ta, i ovde i onde, pokušavahu da ga uhvate, ali nikako ne uspeše. Zato kažem da nećeš." I kad pređoše reku do pola, čamdžija nagnu čamac i obori starijeg brata u vodu. Ubrzo ovaj ispliva na površinu i, nošen strujom, ode niz vodu. Plutajući tako, zapeva:

51
Na prelazu tom
    na silnoj reci Uđi[2]
ima li nekog
    hitrog i s veslom spretnog,
        u pomoć da mi dođe?

Uto vojnici, skriveni u zasedi kraj reke, svi u isti mah poiskakaše sa svih strana, zasuše ga strelama i oteraše niz vodu. I kod rta Kavara[3] on potonu. Kukama pretraživahu mesto gde je potonuo, a kad njima udariše u oklop pod njegovom košuljom, ču se zveket. Otuda to mesto nazvaše rt Kavara, Zveket. A kad kukama izvukoše njegovo telo, njegov mlađi brat ispeva pesmu:

52
Na prelazu tom
    na silnoj reci Uđi,
pokraj plićaka
    stajaše
kurika dobra
    ko breza.
Želja mi beše
    da je za lûk posečem.
Želja mi beše
    da je za lûk oborim,

---

[2] Reka koja teče kroz sadašnji grad Uđi u prefekturi Kjoto. Poznata je po svom brzom toku a „silna" je stalni epitet za nju. Tokom istorije bila je poprište mnogobrojnih bitaka.

[3] Tačno mesto nije utvrđeno.

no stablo joj
   podseti me na tebe,
a grane joj
   na tvoju mladu ženu.
O tako bolno
   ono mene podseti,
o tako tužno
   one me podsetiše.
I tako ne posekoh
   ni kuriku dobru
   ko brezu.

Telo princa Oojamamorija beše pokopano na brdu Nara. Ovaj princ Oojamamori je (predak Hiđikata no Kimija,[4] Heki no Kimija[5] i Harihara no Kimija[6]).

Onda, dok princ Oosazaki i princ Uđi no Vakiiracuko nuđahu presto jedan drugome,[7] ribari iz primorskog naroda Ama prineše morske plodove. Ali stariji brat odbi i posla ih mlađem bratu, a mlađi odbi i posla ih starijem, i dok ih tako jedan drugome ustupahu, prođe mnogo dana. Kako oni to ne učiniše tek jednom ili dvaput, ribari se premoriše od ovog šetanja, te zaplakaše. Otuda izreka: „Je li ribar, kad plače zbog svoje stvari."[8] No, princ Uđi no Vakiiracuko ubrzo preminu. Tako princ Oosazaki zavlada carstvom.

---

[4] Pleme iz mesta Hiđikata u zemlji Toocuomi, sadašnjoj prefekturi Šizuoka.

[5] Pleme iz mesta Heki. Pošto su mesta i svetilišta koja nose ime ovog plemena brojna, ne može se pouzdano reći koje je od njih glavno.

[6] Pleme iz mesta Harihara, ili u zemlji Toocuomi (u susedstvu mesta Hiđikata) ili u zemlji Taniva (u susedstvu mesta Heki), sadašnjoj prefekturi Hjogo.

[7] Posle dolaska korejskih učenjaka oseća se uticaj konfucijanskih učenja: treba poštovati starijeg, ali se i povinovati volji roditelja.

[8] Znači: muka je i kad ne možeš nikome predati svoje stvari, a ne samo kad nemaš šta da daš.

8. DOLAZAK AME NO HIBOKOA

Beše nekada sin vladara zemlje Širagi, po imenu Ame no Hiboko.[1] On dođe ovamo preko mora. A evo kako on dođe preko mora: u zemlji Širagi beše jedna močvara po imenu Agunuma.[2] Kraj ove močvare spavaše jedna priprosta žena. Uto, zrak sunca nalik na dugu ubode je u međunožje. Beše tu i jedan priprost čovek koji se tome začudi, te stade gledati iz prikrajka šta će se sa njom zbiti. A žena osta noseća odonda kad spavaše kraj močvare, pa rodi crveni dragulj. Onda onaj prosti čovek što je beše gledao izmoli od nje dragulj, umota ga i uvek ga nosiše o pasu. Taj čovek posedovaše pirinčana polja u dolini. Natovari kola hranom i pićem za radnike u polju i krenu u brda, kad srete vladarevog sina, Ame no Hibokoa. Ovaj ga upita: „Zašto ideš u brda sa volom natovarenim hranom i pićem? Sigurno ćeš vola zaklati i pojesti." To kaza, te odmah uhvati čoveka da ga stavi u zatvor. A čovek mu odgovori: „Neću ja zaklati vola. Samo nosim hranu za radnike u polju." Ali, ovaj ga i dalje ne puštaše. Onda čovek izvadi dragulj što mu beše za pasom, te ga pokloni vladarevom sinu. Ovaj ga onda pusti, dragulj ponese kući i ostavi ga pokraj postelje,

---

[1] Nebesko sunčevo koplje. Ime mu je vezano za kult koplja širokog sečiva, *hoko*.

[2] Mesto i značenje imena močvare nisu poznati. Deva koja spava kraj močvare ukazuje na to da je ona kći boga vode.

a dragulj se pretvori u prekrasnu devu. Potom se on oženi njome i učini je svojom ženom. Od tada deva stalno pripravljaše svakojake đakonije i njima hraniše muža. A vladarev sin se uobrazi i poče grditi ženu, te mu ona na to reče: „Ti uopšte nisi dostojan da ti ja budem žena. Odlazim u zemlju svojih predaka", pa krišom pobeže čamcem preko mora i zaustavi se u mestu Naniva. (To je boginja Akaruhime koja obitava u svetilištu Himegoso[3] u mestu Naniva.)

Ame no Hiboko ču da mu je žena pobegla te krenu za njom preko mora, i taman kad beše nadomak Nanive, bog morskog prelaza prepreči mu put i ne pusti ga. Stoga se on vrati nazad i ukotvi se u zemlji Tađima.[4] U toj zemlji ostade i uze za ženu kćer Tađima no Mataoa, po imenu Maecumi, te mu se rodi sin, princ Tađima Morosuku. Njegov sin beše Tađima Hine. Njegov sin beše Tađima Hinaraki. A njegov sin beše Tađima Mori,[5] zatim Tađima Hitaka, a zatim Kijohiko (tri sina). Taj Kijohiko uze za ženu Tagima no Mehi, te mu se rodi sin, Suga no Moroo, a zatim mlađa mu sestra, Sugakama Juradomi. Onda gore pomenuti Tađima Hitaka uze za ženu svoju nećaku Juradomi, te mu se rodi kći, presvetla princeza Kazuraki no Takanukahime (ona je majka njenog veličanstva Okinaga Tarašihime[6]).

---

[3] Svetilište se nekada nalazilo u mestu Naniva, sadašnjem gradu Osaka, i pripadalo je svetilištu Suminoe posvećenom bogovima zaštitnicima pristaništa i plovidbe, koji su odigrali odlučujuću ulogu u pohodu carice Đingu, potomkinje princa Ame no Hibokoa, na zemlju Širagi. Videti fusnotu 6 na str. 197.

[4] Severna polovina sadašnje prefekture Hjogo, na obali Japanskog mora.

[5] Za njega je ranije rečeno kako je, po nalogu cara Suinina, otišao u Zemlju večnosti po večno mirisne plodove mandarine. Videti fusnotu 1 na str. 172.

[6] Carica Đingu.

Ame no Hiboko donese sa sobom preko mora takozvana božanska blaga, a to su: dve niske dragulja, kao i marama koja podiže talase, marama koja smiruje talase, marama koja podiže vetrove, marama koja smiruje vetrove, kao i ogledalo pučine i ogledalo obale, ukupno osam. (Ovo je Veliki bog osam blaga iz svetilišta Izuši.[7])

---

[7] Svetilište u mestu Izuši u zemlji Tađima, danas u gradu Izuši.

9. BOG AKIJAMA I BOG HARUJAMA

A u ovog Velikog boga beše kći po imenu boginja Izuši Otome.[1] I osamdeset bogova poželeše da uzmu za ženu tu Izuši Otome, al to nikom ne pođe za rukom. No, behu tu dva boga. Stariji brat zvaše se Akijama no Šitahiotoko,[2] a mlađi brat Harujama no Kasumiotoko.[3] Onda stariji brat reče mlađem: „Ja prosih Izuši Otome, al je ne isprosih. Možeš li ti da osvojiš tu devu?" Ovaj mu odgovori: „Lako ću je osvojiti." A stariji će na to: „Ako uspeš da isprosiš tu devu, ja ću skinuti i košulju i čakšire, spraviću ti sake u zemljanoj posudi visokoj koliko i ja, još ću ti spremiti sve plodove reka i gora, te neka to bude ulog za opkladu." Onda mlađi brat ispriča majci sve što mu stariji brat beše rekao, a majka uze lozu glicinije,[4] te za noć istka i načini košulju i čakšire, čarape i obuću, načini luk i strelu, pa ga obuče u tu odeću, dade mu luk i strelu i posla ga devinoj kući, a kad tamo, ono odeća i luk i strela procvetaše. Onda Harujama no Kasumiotoko okači luk i strelu u devin nužnik. A Izuši Otome se začudi cvetovima glicinije, pa ih unese u sobu, a on uđe za njom i uze je za ženu. Tako mu ona rodi jedno dete. Onda se on obrati svom starijem bratu: „Ja osvojih Izuši Otome." A stariji brat, srdit zbog toga što

---

[1] Ime boginje znači Deva iz Izušija.
[2] Bog jesenje gore s rumenim lišćem.
[3] Bog prolećne gore s izmaglicom.
[4] U staro vreme vlakna od loze glicinije korišćena su za izradu odeće.

je mlađi brat beše uzeo za ženu, ne dade mu obećeni ulog. Stoga se mlađi brat požali majci, a ona reče: „Mi u svetu bogova treba da se ugledamo na bogove. No, tvoj stariji brat ugleda se, valjda, na ljude ovoga sveta kad ti ne dade ulog", i tako okrivi svog starijeg sina, a onda uze jedan bambus sa spruda na reci Izuši i načini grubo pletenu korpu sa osam okaca,[5] zatim izvadi iz reke kamen, posu ga morskom solju i umota u bambusov list, pa reče svom mlađem sinu da izgovori ovu kletvu: „Kao što se zeleni ovaj bambusov list, kao što vene ovaj bambusov list, tako i ti zeleni i veni. I kao što nadolazi i opada more, neka i tebi nadolazi i opada snaga. I kao što tone ovaj kamen, i ti potoni i padni." Čim on to izgovori, majka ostavi korpu nad ognjištem. Usled toga, stariji brat tokom osam narednih godina venuše, bolovaše i umiraše. Onda očajan i uplakan, stade preklinjati majku, na šta ona dozvoli da skinu korpu. Uto se njegovo telo povrati i on posta čio, kao pre. (Odatle potiče izraz „opklada pred bogom".)

---

[5] Broj osam označava mnoštvo.

10. CAREVI POTOMCI

Sin ovoga cara Homude, princ Vakanoke Futatama,[1] uze za ženu mlađu sestru svoje majke, po imenu Momošiki Irobe, znanu i kao presvetla princeza Otohime Mavakahime, te mu se rodi sin, princ Ooiracuko, znan i kao princ Oohodo, zatim kći, presvetla princeza Osaka no Oonakacuhime, zatim kći, princeza Tai no Nakacuhime, zatim princeza Tamija no Nakacuhime, zatim princeza Fuđivara no Kotofuši no Iracume, zatim sin, princ Torime, a zatim princ Sane (sedmoro dece). A princ Oohodo je (predak Mikuni no Kimija,[2] Hata no Kimija,[3] Okinaga no Saka no Kimija,[4] Sakahito no Kimija,[5] Jamađi no Kimija,[6] Cukuši no Meta no Kimija[7] i Fuse no Kimija[8]). I opet, princ Netori uze za ženu svoju mlađu polusestru, Mihara no Iracume, te mu se rodi sin, princ

---

[1] Ranije pomenut kao princ Vakanuke Futatama. Videti str. 207. On je ovde istaknut zato što će njegov potomak naslediti carstvo posle prekida loze cara Nintokua.
[2] Pleme iz mesta Mikuni u zemlji Koši, sadašnjoj prefekturi Fukui.
[3] Pleme iz mesta Hata u zemlji Omi, sadašnjoj prefekturi Šiga.
[4] Pleme iz mesta Okinaga u zemlji Omi.
[5] Pleme iz mesta Sakahito (kasnije, Sakabito) u zemlji Sucu, sadašnjoj prefekturi Osaka.
[6] Nije poznato mesto iz kog potiče.
[7] Pleme iz mesta Meta u zemlji Hi, sadašnjoj prefekturi Saga na ostrvu Kjušu.
[8] Pleme iz mesta Fuse u zemlji Koši, sadašnjoj prefekturi Tojama.

Nakacuhiko, a zatim sin, princ Ivađima (dva sina). A sin princa Katašihe[9] je princ Kunu.

Ovaj car Homuda požive stotinu trideset leta. (Izdahnu devetog dana devetog meseca u godini Konja.[10]) Njegova grobnica nalazi se na brdu Mofuši u mestu Ega[11] u zemlji Kavaći.

---

[9] Njegovo ime ovde se prvi put pominje.
[10] Godina 394.
[11] Veruje se da velika humka duga 412 m, koja se nalazi u mestu Homuda, pripada caru Ođinu.

KNJIGA TREĆA

Ukupno devetnaest careva od cara Oosazakija
do carice Tojomike Kašikijahime.[1]

---

[1] Tekst je najverovatnije umetnut prilikom kasnijeg prepisivanja. U Trećoj knjizi pominje se osamnaest careva, a pretpostavlja se da devetnaestog predstavlja princeza Iitojo, majka careva Kenzoa i Ninkena, koja je preuzela presto posle smrti cara Seineija i vršila carevu vlast dok su joj deca bila mala.

CAR NINTOKU

1. ŽENE, POTOMCI I SPOMENI

Njegovo veličanstvo Oosazaki[1] obitavaše u dvoru Takacu u mestu Naniva[2] i vladaše carstvom. Ovaj car uze za ženu kćer Kazuraki no Socubikoa,[3] presvetlu princezu Ivanohime (carica[4]), te mu se rodi sin, presvetli princ Ooe no Izahovake,[5] zatim princ Suminoe no Nakacu,[6] zatim presvetli princ Tađihi no Mizuhavake,[7] a zatim presvetli princ Oasacuma Vakugo no Sukune[8] (četiri sina). I opet, uze za ženu već pomenutu kćer Himuka no Morogata no Kimija Ušimoroa, Kaminagahime,[9] te

---

[1] Šesnaesti car, Nintoku, sin cara Ođina. Njegovo Ime Oosazaki znači Veliki carić. Imena i toponimi koji su u vezi sa dinastijom Kavaći često sadrže reč koja označava neku vrstu ptica.

[2] Mesto nije tačno utvrđeno, ali to je bilo negde u sadašnjem gradu Osaka.

[3] Ranije pomenut kao Kazuraki no Nagae no Socubiko, sin velikodostojnika Takešiući no Sukunea.

[4] Posebno naznačena kao carica jer je bila prva iz podaničke porodice. Ovo istovremeno pokazuje da je uspostavljena hijerarhija među carevim ženama.

[5] Kasnije, car Riću.

[6] Carev srednji sin. Kasnije će biti ubijen zbog pobune i zato mu se ne pripisuje titula „presvetli".

[7] Kasnije, car Hanzei. Za razliku od prethodne dinastije Jamato, za dinastiju Kavaći karakteristično je nasleđivanje prestola linijom brat-brat.

[8] Kasnije, car Ingjo.

[9] Postojala je priča o tome kako je car Ođin dao Kaminagahime svome sinu, princu Oosazakiju. Videti str. 213.

mu se rodi sin, Hatabi no Ooiracuko, znan i kao princ Ookusaka, a zatim kći, Hatabi no Vakiiracume, znana i kao presvetla princeza Nagamehime, i kao presvetla princeza Vakakusakabe (dvoje dece). I opet, uze za ženu svoju sestru po ocu, princezu Jata no Vakiiracume, i opet, svoju sestru po ocu, princezu Uđi no Vakiiracume. Sa njima nemaše poroda. U cara Oosazakija beše ukupno šestoro dece (pet sinova i jedna kći). Princ Izahovake kasnije će vladati carstvom. Zatim, i princ Tađihi no Mizuhavake kasnije će vladati carstvom. A zatim, i princ Oasacuma Vakugo no Sukune kasnije će vladati carstvom.

U vreme svoje vladavine, car osnova pleme Kazurakibe[10] da čuva spomen na caricu Ivanohime, i opet osnova pleme Mibube[11] da čuva spomen na prestolonaslednika, princa Izahovakea, i opet osnova pleme Tađihibe[12] da čuva spomen na princa Mizuhavakea, i opet osnova pleme Ookusakabe[13] da čuva spomen na princa Ookusaku, i opet osnova pleme Vakakusakabe[14] da čuva spomen na princezu Vakakusakabe. Takođe, car naloži plemenu Hata[15] da kod mesta Mamuta[16] izgradi nasip i carske žitnice *mijake*, zatim da izgradi jezera Vani[17]

---

[10] Pleme čije zaduženje je bilo da služi carici, koja je poreklom iz oblasti Kazuraki.

[11] Pleme čije zaduženje je bilo da odgaja prestolonaslednika.

[12] Pleme iz mesta Tađihi u zamlji Kavaći, u sadašnjoj prefekturi Osaka.

[13] Pleme čije zaduženje je bilo da služi princu Ookusaki.

[14] Pleme čije zaduženje je bilo da služi princezi Vakakusakabe.

[15] Doseljenici sa Korejskog poluostrva. O plemenu Hata no Mijacuko videti fusnotu 18 na str. 219.

[16] Mesto u zemlji Kavaći, kod sadašnjeg grada Nejagava u prefekturi Osaka.

[17] Jezero za navodnjavanje, koje se nalazilo u mestu Vani u zemlji Jamato, danas deo grada Nara.

i Josami,[18] zatim da se prokopa i do mora sprovede jarak za dovod vode u mestu Naniva,[19] zatim da se prokopa jarak Obaši,[20] kao i da se uredi pristanište Suminoe.[21]

---

[18] Jezero za navodnjavanje. Ranije je pomenuto da ga je prvi izgradio car Suđin. Videti fusnotu 2 na str. 160.
[19] Kanal za odvođenje rečne vode, izgrađen da bi se sprečila poplava reke Jodo.
[20] Kanal za odvođenje vode. Nalazio se u mestu Obase, danas delu grada Osaka.
[21] Pristanište na ušću reke Jamato. Zove se i luka Naniva. U blizini se nalazi svetilište Sumijoši.

2. VLADAVINA SVETOG CARA

Pope se jednom car na visoku planinu,[1] pogleda zemlju na sve četiri strane sveta, pa reče: „U celoj zemlji nigde se ne diže dim sa ognjišta. Narod je siromašan. Stoga ću ga od sada pa u naredne tri godine osloboditi svih nameta i radova." Iako carski dvor zbog toga poče propadati i prokišnjavati sa svih strana, car ne dade da se popravi, već kišnicu skupljahu u posude, a on sâm sklanjaše se tamo gde nije prokišnjavalo. Kad potom opet pogleda zemlju, dima beše u izobilju. Car pomisli kako narod više ne oskudeva, pa opet uvede namete i radove. I tako je narod živeo u blagostanju, ne grcajući pod nametima. Zato njegovo vreme slave kao vladavinu svetoga cara.[2]

---

[1] Stari obred *kunimi*, gledanje zemlje. Vladar se penjao na svetu planinu i razgledajući svoju zemlju pohvalno se izražavao o njoj. Verovalo se u mističnu snagu izrečenih reči i da će one doneti bogatu žetvu i procvat zemlje. Videti pesmu br. 42 na str. 210. Za razliku od svog prethodnika, car Nintoku ne pokušava da reši siromaštvo naroda lepim rečima kojim se dozivaju bogovi, nego privremenim ukidanjem nameta, u čemu se ogleda uticaj konfucijanskog učenja, kao i prelazak iz doba polubogova u doba ljudskih careva.

[2] Sveti car je, po konfucijanskom shvatanju, onaj koji vlada vrlinom čovečnosti, po ugledu na prve legendarne kineske careve, Jaoa i Šuna.

3. LJUBOMORNA CARICA I KIBI NO KUROHIME

Njeno veličanstvo carica Ivanohime beše često veoma ljubomorna. Zbog toga careve naložnice ne mogahu ni da se pojave na dvoru. Caricu bi obuzela tako silna ljubomora da bi lupala nogama o pod ako bi koja od njih caru prozborila makar i reč. Car doču o lepoti kćeri Kibi no Amabe no Ataija,[1] po imenu Kurohime, te je pozva u službu. No, ona se uplaši caričine ljubomore i pobeže natrag u zavičaj. Car se pope na visoku kulu i gledajući odatle u daljinu kako se njen brod otiskuje od obale i plovi po moru, ispeva pesmu:

53
Na pučini su
   nanizani brodići.
To moja draga,
   crnokosa i krasna,
   u zavičaj se vraća.

Kad ču ovu pesmu carica se silno naljuti, pa u zaliv uputi ljude u poteru za Kurohime da je skinu sa broda i vrate kući pešice. A car čeznuše za Kurohime, te prevari caricu govoreći: „Želim da vidim ostrvo Avađi", i kad stiže na ostrvo pogleda u daljinu i ispeva pesmu:

---

[1] Poglavar koji je kao carev namesnik upravljao plemenom Amabe u zemlji Kibi. *Atai* je titula koju je dvor dodeljivao starešinama plemena, koji su bili u rangu upravitelja okruga.

54
Od osunčanog
    grebena kod Nanive
ja se otisnuh
    i zemlju svoju videh:
ostrvo Ava,
    pa i Onogoro,[2]
i ono s palmom.
    A u daljini videh
usamljeno ostrvo.

Car pođe odatle, te ploveći tako od ostrva do ostrva stiže u zemlju Kibi. A Kurohime ga povede do bašte na brdu da ga posluži veličanstvenim jelima. I dok braše zelen da mu skuva varivo, car dođe do nje i ispeva pesmu:

55
Zelje u bašti,
    na brdu zasejano,
berem zajedno
    sa devom iz Kibija.
    O, kako sam samo srećan!

A kad car pođe natrag u svoju prestonicu, Kurohime mu posveti pesmu:

56
Prema Jamatu
    zapadni vetar duva,
oblak odnosi.
    I ti si sve dalje,
    zaboravit te neću!

---

[2] Ostrva koja se pominju još u glavi o postanju. Videti fusnotu 4 na str. 22 i fusnotu 9 na str. 23.

I opet ispeva pesmu:

> **57**
> Prema Jamatu,
>   čiji odlazi dragi?
> Ko ponornica
>   što kradomice teče,
>   čiji odlazi dragi?

4. LJUBOMORNA CARICA I JATA NO VAKIIRACUME

Nakon nekog vremena, htede carica da priredi gozbu u čast nove žetve, pa ode u zemlju Ki da nabere trorogog lišća hrasta, a car za to vreme uze za ženu princezu Jata no Vakiiracume.[1] Kad se carica vraćaše kući brodom punim hrastovog lišća, neki radnik sa ostrva Košima[2] u zemlji Kibi, koji beše u službi kod upravnika vodosnabdevanja na dvoru, na povratku kući, kod prelaza u Nanivi, susrete jednu ženu koja je radila u caričinoj riznici, a koja sada beše na brodu zaostalom za caričinim. On joj ispriča sledeće: „Veliki gospodar nedavno uze za ženu Jata no Vakiiracume, pa se provodi i danju i noću, a biće da velika gospodarica za to i ne zna, čim može tako bezbrižno da putuje." Kad je to čula, ona odmah sustiže caričin brod i kaza joj sve što je onaj radnik ispričao. Carica se veoma razgnevi i omrznu cara, te pobaca u more sve trorogo lišće hrasta, utovareno na brod. Stoga se to mesto naziva Micunosaki,[3] Trorogi rt. Ona se ne vrati na dvor, već naredi da odvuku brod jarkom[4]

---

[1] Kći cara Ođina, mlađa sestra prestolonaslednika Uđi no Vakiiracukoa. Videti fusnotu 10 na str. 207.

[2] Sadašnje poluostrvo Kođima u prefekturi Okajama. Videti fusnotu 22 na str. 26.

[3] Tačno mesto nije utvrđeno.

[4] Kanal koji je prokopan u mestu Naniva po nalogu cara Nintokua. Videti fusnotu 19 na str. 235.

zaobilazeći dvor, te rekom ode u zemlju Jamaširo. Tada ispeva pesmu:

> **58**
> Međ vrhovima
>   ta reka Jamaširo,
> uzvodno plovim,
>   uz reku plovim ja,
> kad na obali
>   uspravno stoji
> azeleja,
>   to drvo lepo,
> a niže njega
>   uspravno stoji
> lisnata
>   kamelija sveta!
> Blistavo sijaš
>   ko beli cvet njen,
> veliki si
>   ko bujno lišće njeno,
>   ti silni gospodaru!

Onda carica iz Jamašira zaobilaznim putem stiže do brda Nara[5] i tu ispeva pesmu:

> **59**
> Međ vrhovima
>   ta reka Jamaširo,
> kraj dvora plovim,
>   uz reku plovim ja —
> ja prođoh Naru
>   zelene gline,[6]

---

[5] Granični prevoj između zemalja Jamato i Jamaširo. Videti str. 169.

[6] Stalni epitet za Naru, nastao verovatno po tome što se nekada zelena glina vadila sa brda Nara.

> ja prođoh
>> Jamato, mali štit,[7]
>> željna da vidim Takamiju[8]
>>> u kraju Kazuraki,
>>> gde dom se nalazi moj.

Ispevavši ovu pesmu, ona se vrati u zemlju Jamaširo, te boraviše neko vreme u mestu Cucuki,[9] u kući jednog čoveka poreklom iz zemlje Kara, čije ime beše Nurinomi.[10]

A car, čuvši da je carica krenula iz Jamašira, po jednom slugi po imenu Torijama posla joj pesmu:

> **60**
> O Torijama,
>> u zemlji Jamaširo
> stigni je, sustigni!
>> Da voljenu dragu mi
>> sustigneš i nju susretneš.

Car odmah zatim posla carici Vani no Omija Kućikoa i po njemu pesmu:

> **61**
> To lovište
>> na Mimoro planini
>> zvano Veprovo polje.
> U polju vepar,
>> u sebi nosi
> to srce silno.

---

[7] Stalni epitet za Jamato, nastao verovatno po izgledu planine kraj njega. Jamato ovde nije zemlja, već okrug u istoimenoj zemlji.
[8] Mesto u oblasti Kazuragi, gde se nalazila caričina rodna kuća.
[9] Mesto u zemlji Jamaširo.
[10] Nuri no Omi iz zemlje Kudara sa Korejskog poluostrva.

>   Zar u srcu ne možeš
>   na mene bar da pomisliš?

I opet ispeva pesmu:

> **62**
> Međ vrsima
>   zemlje Jamaširo
> deva motikom
>   kopa rotkvu belu.
> Beli koren,
>   tvoja ruka bela!
> Ona mi uzglavlje beše,
>   pa ne reci da me ne znaš.

5. CARICA IVANOHIME U PALATI CUCUKI

Kad Kućiko no Omi htede da prenese carevu pesmu, poče jaka kiša. Ne mareći za kišu, on dođe do prednjih dveri palate i pade ničice, a carica, da bi ga izbegla, ode na stražnje dveri. Kad on stiže do stražnjih dveri, ona, da bi ga izbegla, ode na prednje dveri. Onda on dopuza i kleknu nasred dvorišta, a nadošla voda dopre mu do pojasa. Pošto ovaj dvoranin nosiše ruho bojeno u plavo, ukrašeno crvenom vrpcom,[1] voda mu pokvasi crvenu vrpcu, te plavo postade potpuno crveno. Tada je caricu služila mlađa sestra Kućiko no Omija, Kućihime. I Kućihime u pesmi kaza:

63
U Jamaširu,
   u palati Cucuki,
  dok gledam brata
    gde poruku prenosi,
    meni suze naviru.

Kada je carica upita zašto, ona joj odvrati: „To je moj stariji brat Kućiko no Omi."

Onda se njih troje, Kućiko no Omi, sestra mu Kućihime i Nurinomi, posavetovaše, te izvestiše cara: „Evo zašto velika gospodarica dođe ovamo. Nurinomi uzgaja bube, i to takvu čudnu vrstu što se tri puta menja. Prvo postane buba što gmiže, onda postane čaura, i na kraju

---

[1] Službena odeća dvorana.

postane ptica što leti.² Ona dođe samo da vidi te bube. Drugih namera nema." Kada ovo preneše caru, on reče: „Ako je tako, to je zaista čudno, pa bih i ja došao da ih vidim", pa sa dvora krenu uzvodno, i kada stiže do Nurinomijeve kuće, Nurinomi darova carici te bube što se tri puta menjaju, koje sam beše uzgajao. Onda car stade pred dveri palate u kojoj boraviše carica, i zapeva:

64
Međ vrsima
    zemlje Jamaširo
deva motikom
    kopa rotkvu belu.
Zato što i ti
    tako bučno zboraše,
dođoh s ljudima,
    brojnim ko dudovi
što se tamo granaju.

Ovih šest pesama što ih pevahu car i carica, jesu *šicuuta no utaikaeši*, tihe pesme sa ponavljanjima.

Čeznući za princezom Jata no Vakiiracume, car joj posla pesmu. U toj pesmi joj kaza:

65
U Jati
    jedna stabljika šaša.
Bez poroda,
    hoće li uvenuti?
    Siroto polje šaša!
Kad tako kažem,
    nije polje šaša, već je
čedna deva sirota.

---

² Svilena buba. Postoji predanje da ju je za vreme cara Ođina u Japan doneo Nuri no Omi iz zemlje Kudara, zajedno sa tehnikom tkanja svile.

Jata no Vakiiracume uzvrati pesmom:

> **66**
> U Jati
> > jedna stabljika šaša
> > ne mari što je sama
>
> ako gospodar
> > kaže da treba tako,
> > ne mari što je sama.

Tako car osnova pleme Jatabe[3] da čuva spomen na princezu Jata no Vakiiracume.

---

[3] Pleme iz mesta Jatabe u zemlji Secu, sadašnjoj prefekturi Osaka.

6. PRINC HAJABUSAVAKE I PRINCEZA MEDORI

I opet, car posla svog mlađeg brata, princa Hajabusavakea[1] kao provodadžiju, i zatraži ruku svoje mlađe polusestre, princeze Medori.[2] Tada princeza Medori reče princu Hajabusavakeu: „Zbog caričine plahovitosti, on ne uze sebi na dvor ni Jata no Vakiiracume. Stoga ne želim da mu služim. Postaću žena vašeg visočanstva", i oni se tako venčaše. Zato princ Hajabusavake ne izvesti cara o svom zadatku. Onda car sâm ode do mesta gde je živela princeza Medori i stade na prag njene palate. Princeza Medori sedeše za razbojem, tkajući haljine. Onda car ispeva pesmu:

67
O Medori,
    princezo moja draga,
za koga to tkaš
    tkaninu na razboju?

Princeza Medori uzvrati mu pesmom:

68
Tkanina za plašt
za mog princa-sokola[3]
što leti visoko.

---

[1] Sin cara Ođina i polubrat cara Nintokua. Videti str. 207.
[2] Kći cara Ođina i mlađa sestra princeze Jata no Vakiiracume.
[3] Reč *hajabusa* u njegovom imenu znači „soko".

Shvativši kakva su njena osećanja, car se vrati na dvor. Tada joj dođe muž, princ Hajabusavake, te mu princeza Medori ispeva pesmu:

> 69
> Ševa ptica
>   vinu se u nebo.
> Prinče-sokole
>   što letiš visoko,
>   hvataj pticu carića![4]

Čuvši za ovu pesmu, car podiže vojsku u nameri da ih pogubi. Tada princ Hajabusavake i princeza Medori pobegoše i popeše se na planinu Kurahaši.[5] Onda princ Hajabusavake ispeva pesmu:

> 70
> Vrh Kurahaši
>   ko lestve uspravljene,[6]
> toliko je strm.
>   Draga mi ruku hvata,
>   jer stenu ne mogaše.

I opet ispeva pesmu:

> 71
> Vrh Kurahaši
>   ko lestve uspravljene,
> iako je strm,
>   dok se sa dragom penjem
>   ko da mi nije tako strm.

---

[4] Ime cara Nintokua, Oosazaki, sastoji se od epiteta *oo*, veliki, i imena ptice *sazaki*, carić.

[5] Planina u mestu Kurahaši, danas deo grada Sakurai u prefekturi Nara.

[6] Stalni epitet za reč *kura*, skladište.

Onda otuda izbegoše, a kad stigoše do mesta Soni u Udi,[7] careva vojska ih sustiže i pogubi.

Zapovednik te vojske, Jamabe no Ootate no Murađi, uze grivnu od dragulja sa ruke princeze Medori i dade je svojoj ženi. Nešto kasnije, kada car priredi gozbu, žene iz raznih plemena dođoše na dvor. Dođe i žena Ootate no Murađija noseći na ruci grivnu od dragulja princeze Medori. Onda njeno veličanstvo, carica Ivanohime, sama uze sake u hrastovim listovima, te ga davaše ženama iz raznih plemena. Tada vide i prepozna onu grivnu od dragulja kod jedne od njih, pa njoj ne dade sake u hrastovom listu, već naredi da je udalje, pozva njenog muža, Ootate no Murađija, i reče mu: „Princ i princeza behu oterani zbog nepoštovanja cara i tu nema ničeg čudnog. A ti, podlače jedan, strgnuo si grivnu od dragulja sa ruke svoje gospodarice dok još beše topla i odmah si je dao svojoj ženi." I smesta naredi da ga pogube.

---

[7] Mesto u okrugu Uda na putu za zemlju Iga, sadašnje prefekture Mie.

7. JAJE DIVLJE GUSKE

Kada opet, jednom prilikom, car ode na ostrvo Hime[1] da bi tamo priredio gozbu, na tom ostrvu divlja guska snese jaje.[2] On pozva velikodostojnika Takešiući no Sukunea i pesmom ga upita kako to da je divlja guska snela jaje. U toj pesmi car kaza:

72
Verna mi slugo
    besmrtne duše,
ti si od svih
    najdugovečniji.
Ču li ikad
    da u Jamatu nebeskom[3]
divlja guska snese jaje?

Na to mu Takešiući no Sukune odgovori pesmom:

73
O, sine sunca,
    ti presvetli,
zbilja je mudro
    što me to pitaš,
baš je pravo
    što me to pitaš.

---

[1] Ostrvo na ušću reke Jodo, danas deo grada Osake.
[2] Divlje guske su ptice selice koje na jesen stižu u Japan, a u proleće se vraćaju na sever, tako da jaja retko nose u samom Japanu.
[3] Pridev nebeski je stalni epitet za zemlju Jamato.

>Ja sam od svih
>   najdugovečniji,
>al ne čuh još
>   da u Jamatu nebeskom
>neka divlja guska
>   ikad snese jaje.

Kad to reče, car mu dade koto i on zapeva:

74

>Ti sine sunca,
>   divlja guska snese jaje —
>   znak da vladaćeš večno.

Ovo je *hokiuta no katauta*, polovična pesma kojom se blagosilja.

8. BROD PO IMENU KARANO

Za vladavine ovog cara, zapadno od reke Tonoki[1] beše jedno visoko drvo. Senka tog drveta pod jutarnjim suncem dopiraše sve do ostrva Avađi, a pod večernjim suncem prelaziše preko planine Takajasu.[2] Kad to drvo posekoše i načiniše brod, on beše veoma brz. Nazvaše ga, onda, Karano, Lakonogi.[3] Ovaj brod su koristili da ujutru i uveče donose vodu sa studenog izvora ostrva Avađi[4] i služe je caru. Kada se ovaj brod beše raspao, njegovim drvetom naložiše vatru da bi dobili so, a od drveta što ne sagore načiniše koto, čiji zvuk dopiraše sedam sela daleko. O tome ispevaše pesmu:

75
Brod Karano
    za so spališe,
a od drveta
    koto načiniše.
Kada zasvira,
    ko morska trava

---

[1] Reka koja teče kraj mesta Tonoki, sadašnjeg grada Takaiši u prefekturi Osaka.

[2] Planina koja se nalazi zapadno od sadašnjeg grada Jao u prefekturi Osaka.

[3] Ime broda verovatno potiče iz mesta Karuno u zemlji Izu gde su proizvodili brze brodove.

[4] Izvor na ostrvu Avađi bio je veoma značajan za dvor. Videti fusnotu 12 na str. 136.

> na grebenima podvodnim
>   kod luke Jura,[5]
> trava što leluja,
>   podrhtava.

Ovo je *šicuuta no utaikaeši*, tiha pesma sa ponavljanjima.

Ovaj car poživi četrdeset i tri leta. (Izdahnu petnaestog dana osmog meseca četvrte godine Zeca.[6]) Njegova grobnica nalazi se na polju Mimi u mestu Mozu.[7]

---

[5] Luka na istočnoj strani ostrva Avađi.
[6] Godina 427.
[7] Velika humka, duga 486 m i visoka 36 m, u mestu Mozu (svračak), danas u gradu Sakai u prefekturi Osaka, pripisuje se ovom caru.

CAR RIĆU

1. ŽENE I DECA

Carev sin, njegovo veličanstvo Izahovake,[1] obitavaše u dvoru Vakasakura u mestu Ivare[2] i vladaše carstvom. Ovaj car uze za ženu presvetlu princezu Kurohime, kćer Ašida no Sukunea, sina Kazuraki no Socubikoa,[3] te mu se rodi sin, princ Ićinohe no Ošiha,[4] zatim princ Mima, a zatim mlađa mu sestra, princeza Aomi no Iracume, znana još i kao princeza Iitojo no Iracume[5] (troje dece).

---

[1] Sedamnaesti car, Rićh, sin cara Nintokua.
[2] Danas deo grada Sakurai u prefekturi Nara.
[3] Sin Takešiući no Sukunea i otac carice Ivanohime. Videti str. 145.
[4] Otac careva Kensoa i Ninkena.
[5] Pretpostavlja se da se ustoličila posle smrti cara Seineija, mada se nigde izričito ne pominje kao carica.

2. POBUNA PRINCA SUMINOE NO NAKACUA

Dok je još obitavao u dvoru Naniva,[1] car jednom priredi veliku gozbu u slavu nove žetve, te se opi i zaspa. Tada njegov mlađi brat, princ Suminoe no Nakacu,[2] podmetnu vatru u palati gde beše car, u nameri da ga ubije. Uto Aći no Atai, predak Jamato no Aja no Ataija,[3] krišom iznese usnulog cara, stavi ga na konja i povede ga u Jamato. Kad tako stigoše na polje Tađihi,[4] car se probudi i reče: „Gde sam ja ovo?" A Aći no Atai mu odgovori: „Tvoj mlađi brat, princ Suminoe no Nakacu, podmetnu vatru u palati. Zato te ja povedoh ovamo, da bi mogao da pobegneš u Jamato." Onda car ispeva pesmu:

> 76
> U polju Tađihi
>   da znadoh da ću usnit,
> poneo bih ja
>   i rogozinu za zastor.
>   Da znadoh da ću usnit.

---

[1] Posle smrti cara Nintokua, princ Izahovake je, kao prestolonaslednik, izvesno vreme ostao u dvoru Takacu u mestu Naniva.

[2] Drugi sin cara Nintokua. Prvi put pominje se sukob između dva rođena brata oko prestola. Pored nasleđivanja po liniji otac-sin, dinastija cara Nintokua uspostavila je novi oblik nasleđivanja po liniji brat-brat. To je jedan od uzroka bratoubistava u ovoj dinastiji.

[3] Doseljeničko pleme poreklom iz Kine. Došli su u zemlju Jamato za vreme cara Ođina. Videti fusnotu 19 na str. 219.

[4] Polje u mestu Tađihi u zemlji Kavaći, danas deo grada Abikino u prefekturi Osaka.

Kad stigoše na brdo Hanju, pogledaše u daljini dvor Naniva, a ona vatra još buktaše. Tada car opet ispeva pesmu:

77

Na brdu Hanju
    stojim i dole gledam,
to sela bukte
    kao prolećna jara,[5]
    tamo je kuća moje drage.

Onda, kad stigoše ispod brda Oosaka,[6] sretoše jednu ženu. Ona im reče: „Mnoštvo naoružanih ljudi prepričilo je ovo brdo. Bolje da ga zaobiđete drumom Tagima."[7] Tada car ispeva pesmu:

78

Sretosmo devu
    pred brdom Oosaka,
pitasmo za put.
    Ne uputi nas pravo
    nego na drum Tagima.

Onda car dođe u Jamato i ostade u svetilištu Isonokami.[8]

---

[5] Isparavanje s površine ugrejane zemlje, česta pojava u proleće. Stalni epitet za glagole buktati, goreti i sl.
[6] Prevoj između zemalja Kavaći i Jamato. Najkraći put za Jamato.
[7] Drum koji vodi iz zemlje Kavaći u mesto Tagima u zemlji Jamato. Zaobilazni put za Jamato.
[8] U ovom svetilištu bio je carski arsenal. Videti fusnotu 10 na str. 119.

3. HAJATO NO SOBAKARI

Onda mu dođe mlađi brat, presvetli princ Mizuhavake,[1] i zatraži da ga car primi. Car mu poruči: „Sumnjam da si i ti naumio isto što i princ Suminoe no Nakacu. Stoga neću govoriti s tobom", a ovaj odgovori: „Nemam nečasnih namera. Niti sam uz princa Suminoe no Nakacua." Na to mu car opet poruči: „Ako je tako, ti se odmah vrati natrag i ubij princa Suminoe no Nakacua, pa onda opet dođi ovamo. Tada ću sigurno razgovarati s tobom." I tako se ovaj odmah vrati nazad u Nanivu, te prevari ličnog slugu princa Suminoe no Nakacua, Sobakarija iz naroda Hajato,[2] rekavši mu: „Ako me poslušaš, ja ću postati car, a tebe ću učiniti velikodostojnikom, i tako ću vladati carstvom. Šta veliš na to?" A Sobakari mu odgovori: „Kako ti zapovedaš." Na to princ bogato nagradi tog Hajatoa, te mu reče: „Ako je tako, ubij svog gospodara." I Sobakari sačeka da princ Suminoe no Nakacu ode u nužnik, te ga tad probode kopljem i tako ga ubi. Onda princ Mizuhavake povede Sobakarija sa sobom i krenu gore u Jamato, pa stigavši do brda Oosaka,

---

[1] Mlađi brat po majci cara Rićua, ranije pomenut kao Tađihi no Mizuhavake. Videti fusnotu 7 na str. 233.

[2] Narod koji je bio nastanjen u južnom delu ostrva Kjušu. Kao izuzetno ratoborni, njegovi pripadnici bili su u stražarskoj službi na dvoru. Pokoravanje ovog naroda dinastiji Jamato imalo je odjek još u mitološkom predanju kao pokoravanje boga Hoderija svom mlađem bratu, bogu Hooriju, čiji će unuk biti ustoličen kao prvi car dinastije Jamato. Videti fusnotu 2 na str. 109.

pomisli: „Istina da Sobakari za mene učini veliku stvar, ali on ipak ubi svoga gospodara, što nije ispravno. A ako mu se zato ne odužim, pogazio bih reč. Opet, ako održim reč, strahovao bih od njegovih namera. Zato ću mu se odužiti, ali ću njega samog uništiti." Pa reče Sobakariju: „Danas ćemo se zaustaviti ovde, imenovaću te velikodostojnikom, a sutra ćemo nastaviti put." Tako se zaustaviše pod brdom, sazdaše privremenu palatu, gde princ na brzinu priredi obilnu gozbu, imenova tog Hajatoa za velikodostojnika, pa naloži da mu se svi dvorani poklone, na šta se Hajato obradova misleći kako mu se želja ispunila. Onda princ reče Hajatou: „Danas ću piti iz iste čaše kao i velikodostojnik," i kad bi da zajedno piju, sake što će im prineti natočiše u činiju, tako veliku da činija zaklanjaše lice. Princ je pio prvi, a Hajato za njim. Kad Hajato uze da pije, ona mu zaklanjaše lice. Tada princ isuče mač što mu ležaše pod prostirkom i odrubi Hajatou glavu. A sutradan nastavi put. Otuda to mesto nazvaše Ćikacuasuka, Bliža Asuka.[3] A kad stiže u Jamato, reče: „Danas ću se zaustaviti ovde, opraću se i pročistiti, a sutra ću otići gore i pokloniti se u svetilištu." Stoga to mesto nazvaše Toocuasuka, Dalja Asuka.[4] I tako, dođe u svetilište Isonokami, te poruči caru: „Ja ispunih tvoju zapovest, pa dođoh." Onda ga car primi i oni sedoše da razgovaraju.

Car imenova Aći no Ataija za prvog nadzornika riznice i dodeli mu još i zemlju. I opet, za svoje vladavine Vakasakurabe no Omiju[5] i drugima dodeli isto prezime,

---

[3] Mesto Asuka u zemlji Kavaći, nalazi se bliže, gledano iz mesta Nanive, prestonice cara Nintokua.

[4] Mesto Asuka u zemlji Jamato, nalazi se dalje, gledano iz mesta Nanive.

[5] Pleme nazvano po imenu dvora cara Rićua. Po jednom predanju car Rićua je svoj dvor nazvao imenom Vakasakura, Mlada

a Himeda no Kimiju[6] i drugima dodeli iste titule i nazva ih tim imenom. Takođe osnova pleme Ivarebe.[7] Car požive šezdeset i četiri leta. (Izdahnu trećeg dana prvog meseca devete godine Majmuna.[8]) Njegova grobnica nalazi se u mestu Mozu.[9]

---

trešnja, jer mu je u čašu uletela latica trešnjevog cveta na zimskoj zabavi na jezeru Ivare, iako joj tada nije vreme. Tom prilikom, car je prezime Vakasakurabe dodelio Mononobe no Nagamaiju, uz titulu Mijacuko, zato što je utvrdio odakle je latica doletela, kao i Kašivade no Arešiju, uz titulu Omi, jer ga je u tom trenutku služio sakeom.

[6] Ranije je pomenuto da su pripadnici ovog plemena potomci princa Unakamija. Videti fusnotu 14 na str. 149.

[7] Pleme iz mesta Ivare, gde se nalazio carev dvor.

[8] Godina 432.

[9] Velika humka, duga 265 m, koja se nalazi jugozapadno od grobnice cara Nintokua u mestu Mozu, pripisuje se ovom caru.

CAR HANZEI

Carev mlađi brat, njegovo veličanstvo Mizuhavake,[1] obitavaše u dvoru Šibakaki u mestu Tađihi[2] i vladaše carstvom. Car beše visok devet stopa i dva i po palca. Zubi mu behu dugi jedan palac,[3] široki dve desetine palca, a gornji i donji red behu jednako ravni, kao dve niske bisera.[4] Ovaj car uze za ženu Cuno no Iracume, kćer Vani no Kogoto no Omija,[5] te mu se rodi kći, princeza Kai no Iracume, zatim princeza Cubura no Iracume (dve kćeri). Onda uze za ženu mlađu sestru Otohime, kćer istog Omija, te mu se rodi sin, princ Takara, zatim kći, princeza Takabe no Iracume. Ukupno beše četvoro dece. Ovaj car poživi šezdeset leta. (Izdahnu sedmog meseca četvrte godine Bika.[6] Njegova grobnica nalazi se na polju Mozu.[7])

---

[1] Osamnaesti car, Hanzei, mlađi brat cara Rićua.
[2] Mesto u zemlji Kavaći, sadašnjoj prefekturi Osaka.
[3] Jedan palac, *ki,* iznosio je oko 2 cm. Videti fusnotu 7 na str. 162.
[4] Carevo ime Mizuha znači „prekrasni zubi".
[5] Poglavar plemena Vani. O plemenu Vani videti fusnotu 7 na str. 147.
[6] Godina 437.
[7] Danas deo grada Sakai u prefekturi Osaka.

CAR INGJO

1. ŽENE I DECA

Carev mlađi brat, njegovo veličanstvo Oasacuma Vakugo no Sukune,[1] obitavaše u dvoru Toocuasuka[2] i vladaše carstvom. Ovaj car uze za ženu presvetlu princezu Osaka no Oonakacuhime,[3] mlađu sestru princa Oohodoa, te mu se rodi sin, princ Kinaši no Karu, zatim kći, princeza Nagata no Ooiracume, zatim sin, princ Sakai no Kurohiko, zatim presvetli princ Anaho,[4] zatim kći, princeza Karu no Ooiracume, znana i kao Sotooši no Iracume (razlog što joj dadoše ime Sotooši, Isijavanje, beše taj što sjaj njenog tela isijavaše kroz ruho), zatim sin, princ Jacuri no Širohiko, zatim presvetli princ Oohacuse,[5] zatim kći, princeza Taćibana no Ooiracume, a zatim princeza Sakami no Iracume (devetoro dece). U ovog cara beše ukupno devetoro dece (pet prinčeva i četiri princeze). Od ovo devetoro dece princ Anaho kasnije će vladati carstvom. Zatim, princ Oohacuse kasnije će vladati carstvom.

---

[1] Devetnaesti car, Ingjo, mlađi brat cara Hanzeija. Njegovo ime Oasacuma verovatno je vezano za mesto Asacuma u zemlji Jamato.
[2] Mesto Asuka u zemlji Jamato, sadašnjoj prefekturi Nara.
[3] Unuka cara Ođina. Videti str. 229.
[4] Kasnije, car Anko.
[5] Kasnije, car Jurjaku.

2. UREĐIVANJE TITULA I IMENA PLEMENA

Kad dođe vreme da ovaj car nasledi presto, on to odbi rekavši: „Ja već dugo bolujem. Ne mogu naslediti carstvo." Ali, pošto carica i svi dvorani to snažno zahtevahu, on najzad stade na presto. Tada vladar zemlje Širagi[1] posla danak na osamdeset i jednoj lađi. A veleizaslanik po imenu Kon Haćin Kanki Mu, po kojem danak beše poslat, beše dobro upućen u tajne lečenja. I on izleči carevu bolest.

Tada car, zabrinut zbog zbrke i grešaka nastalih u titulama i imenima među njihovim nosiocima širom zemlje, postavi kazan s vrelom vodom pred svetilište boga Koto Jasomagacuhija[2] na brdu Amakaši, i tako uredi titule i imena starešina osamdeset plemena u čitavom carstvu.

Takođe, osnova pleme Karube da čuva spomen na prestolonaslednika princa Kinaši no Karua, pleme Osakabe[3] da čuva spomen na caricu, a pleme Kavabe[4] da

---

[1] Kraljevina na Korejskom poluostrvu.
[2] Bog reči osamdeset nesreća. Broj osamdeset označava mnoštvo. Ranije je pomenut bog Jasomagacuhi, osamdeset nesreća. Videti fusnotu 19 na str. 39. Ovde je reč o nesrećama koje izazivaju krive reči. Verovalo se da se onaj ko ne laže neće opeći ni kada stavi ruku u vrelu vodu u kazanu pred ovim bogom, i obrnuto.
[3] Ime mu je dato po caričinom imenu Osaka no Oonakacuhime.
[4] Ne zna se zašto mu je dato ime Kavabe, što znači „pleme zaduženo da upravlja rečnim tokom". Po analogiji trebalo bi da bude Taibe.

čuva spomen na caričinu mlađu sestru Tai no Nakacuhime. Car požive sedamdeset i osam leta. (Izdahnu petnaestog dana prvog meseca prve godine Konja.[5]) Njegova grobnica nalazi se u mestu Nagae u okolini Ege[6] u zemlji Kavaći.

---

[5] Godina 454.
[6] Danas deo grada Fuđiidera u prefekturi Osaka.

3. PRINC KARU I PRINCEZA KARU NO OOIRACUME

Nakon careve smrti, prestolonaslednik princ Kinaši no Karu beše određen da nasledi carstvo, no dok još ne beše stupio na presto, on već krišom pohodiše svoju sestru po majci,[1] princezu Karu no Ooiracume, te tada ispeva pesmu:

79
Pravi se polje
    na brdu visokome.
Jer je visoko,
    pod zemljom cev za vodu.
Baš tako tajno
    ja se dragoj udvarah.
Baš tako tajno
    za milom svojom plakah.
Večeras, evo,
    spokojno je milujem.

Ova pesma naziva se *širageuta*, pesma sa glasnijim krajem. Zatim ispeva i ovu pesmu:

80
Dobuje gràd
    po bambusovom lišću.

---

[1] U to vreme veza između polubrata i polusestre nije bila zabranjena, bar u krugu carske porodice gde je krvno srodstvo bilo važno, ali je veza između rođenih brata i sestre bila smatrana incestom, i kao takva odbacivana.

>   Baš tako burno
>   mi postelju delismo
>   pa nek draga i ode.
>   Kad u ljubavi
>   mi postelju delismo,
>   ko šaš posečen
>   nek se i razdvojimo,
>   kad je tako delismo.

Ova pesma naziva se *hinaburi no ageuta*, pesma rustičnog stila sa glasnijim krajem.

Zbog ovoga svi dvorani i narod okrenuše leđa prestolonasledniku Karuu, te se prikloniše princu Anahou. A prestolonaslednik Karu se uplaši, pa pobeže u kuću velikodostojnika Oomae Omae no Sukunea,[2] načini oružje i tako se pripremi. (Strele što ih tada načini imahu vrhove od bakra. Stoga se te strele nazivaju *karuja*, Karuove ili lake strele.) I princ Anaho načini oružje. (Strele što ih ovaj princ napravi ove su današnje. One se nazivaju *anahoja*, Anahoove strele.) Onda princ Anaho podiže vojsku i opkoli kuću Oomae Omae no Sukunea. A kad stiže do kapije, pade silni grȁd. Tada ispeva pesmu:

>   81
>   Pod kapijom
>   Oomae Omae
>   Sukuneovom
>   svi se okupite,
>   Isve dok kiša ne stane.

Tada Oomae Omae no Sukune izađe pevajući i plešući, dižući ruke i udarajući se po kolenima. U toj pesmi kaza:

---

[2] Pravo ime mu je Mononobe no Oomae no Sukune.

82
Zvonce otpade
　　s podveznika nogavice[3]
dvoraninove.
　　Uskomeša se dvor,
　　čuvaj se, narode moj!

Ova pesma naziva se *mijahitoburi*, pesma dvoranskog stila. Pevajući tako, priđe princu Anahou, pa reče: „Sine našeg velikog gospodara, ne idi na brata vojskom. Učiniš li to, sigurno će te ljudi ismejavati. Ja ću ga uhvatiti i predati tebi." Na to princ Anaho raspusti vojsku i povuče se. I tako, Oomae Omae no Sukune uhvati prestolonaslednika Karua, dovede ga i predade. A prestolonaslednik, uhvaćen tako, ispeva pesmu:

83
Devo moja
　　iz Karua lakog![4]
Plačeš li glasno,
　　svi ljudi će saznati.
Plači zato tiho,
　　ko golub
　　s one Hasa planine.

I opet ispeva pesmu:

84
Devo moja
　　Karua lakog!

---

[3] Dvorani su nosili dugačke čakšire koje bi malo podigli i vezali kanapom. Taj podveznik ponekad je ukrašavan zvončićem. Otpalo zvonce aluzija je na prebeglog princa.

[4] Reč *karu* znači „lak" i zato se uz nju kao stalni epitet koristi reč „lak", koja u izvornom obliku glasi *amadamu* ili *amatobu*, „što nebom leti".

Krišom mi dođi,
    provedi noć pa idi.
  O, deve iz Karua![5]

I tako prestolonaslednik Karu beše poslat u izgnanstvo, u banju Ijo.[6] A pred polazak u izgnanstvo, on ispeva pesmu:

85
I ptica je
    glasnik što nebom leti.[7]
Pa kad ždralov krik
    ti jednom budeš čula,
    za mene tad upitaj.

Ove tri pesme nazivaju se *amadaburi*, pesme letećeg stila.[8] I opet ispeva pesmu:

86
Gospodara svog
    na ostrvo prognaše.
  Vratio bih se,
    al je lađa prepuna.
  Asuru mi sačuvaj.[9]
    Kad tako kažem,
  na asuru ne mislim,
    ti mi se draga čuvaj!

---

[5] Množina „deve iz Karua" ukazuje na činjenicu da se pesma prvobitno pevala na nadmetanju pesmama, *utagaki*, kad su se momci i devojke na svetom mestu okupljali i udvarali se jedni drugima razmenjujući pesme.

[6] Banja u zemlji Ijo, danas banja Dogo u gradu Macujama u prefekturi Ehime na ostrvu Šikoku.

[7] Stalni epitet „što nebom leti" koristi se i uz reč „ptica".

[8] Sve tri pesme sadrže reč *amadamu* ili *amatobu*, pa su nazvane „letećim".

[9] Skloniti nekome postelju u njegovom odsustvu, po tadašnjem shvatanju, donelo bi mu nesreću.

Ova pesma naziva se *hinaburi no kataoroši*, pesma rustičnog stila sa tišim krajem. Tada princeza Sotooši njemu posveti pesmu. U toj pesmi kaza:

> **87**
> Ne gazi školjke
>   na obali Aine[10]
> pod letnjom travom,
>   nego mi ostani,
>   pa idi tek kad svane.

A ona posle pođe za njim jer ne mogaše odoleti čežnji, i tada ispeva pesmu:

> **88**
> Ti na put ode,
>   prođoše dani mnogi.
> Ko liske zove[11]
>   poći ću ti u susret,
>   čekat više ne mogu.
>   (Zova, *jamatazu*, danas se
>   zove *mijacukogi*.)

Ona ga sustiže, a on je, obuzet čežnjom, dočeka i ispeva pesmu:

> **89**
> Skrovite zemlje,[12]
>   iznad mesta Hacuse,
> na višem vrhu
>   zastave dignute,

---

[10] Mesto nije poznato. U ovoj pesmi se verovatno javlja jer reč *aine* može značiti „leći zajedno".

[11] Reč „zova" koristi se kao stalni epitet uz reč „susret" zato što zova ima parne listiće.

[12] Stalni epitet za brdo Hacuse, poznato po obredima kremacije i grobovima. Dignute zastave vezuju se za sahranu.

>   na nižem vrhu
>   zastave dignute.
>   Ah, ti vrhovi!
>   Nerazdvojni mi smo,
>   o, voljena moja draga!
>   I kad ti ležiš
>   ko položen zelkovin luk,
>   i kad ti stojiš
>   ko uspravljen brezov luk,
>   uvek ću te čuvati,
>   o, voljena moja draga!

I opet ispeva pesmu:

>   90
>   Skrovite zemlje,
>   na reci kroz Hacuse,
>   u gornjem toku
>   zabit kolac sveti.
>   U donjem toku,
>   zabit kolac krasni.
>   O kocu svetom
>   ogledalo visi.
>   O kocu krasnom
>   niska od dragulja.
>   Ko ti dragulji
>   mila mi je žena,
>   ko ogledalo
>   mila mi je draga.
>   Kad bi ona u domu bila,
>   domu bih joj došao,
>   za zavičajem čeznuo.

Ispevavši to, njih dvoje zajedno okončaše svoje živote. A ove dve pesme nazivaju se *jomiuta*, pesme za kazivanje.

CAR ANKO

1. STRADANJE PRINCA OOKUSAKE

Carev sin, njegovo veličanstvo Anaho,[1] obitavaše u dvoru Anaho u mestu Isonokami[2] i vladaše carstvom. U ime svog brata po majci, princa Oohacusea, car posla Ne no Omija, pretka Sakamoto no Omija,[3] princu Ookusaki[4] da mu prenese sledeće: „Želim da svoju mlađu sestru, princezu Vakakusaku, daš princu Oohacuseu za ženu, te mi je stoga predaj." Princ Ookusaka pokloni se četiri puta, pa reče: „Pomišljah da bi takva zapoved mogla doći pa je čuvah u kući. Pokoravam se. Predaću je kako mi je zapoveđeno." No, pomisli kako bi to bilo veoma nepristojno učiniti samo rečima, pa u njeno ime posla kao dar krunu ukrašenu draguljima. Ne no Omi tu krunu ukrade i okleveta princa Ookusaku govoreći: „Princ Ookusaka ne povinova se zapovedi, već se naljuti i, hvatajući se za balčak mača, kaza: 'Zar da svoju sestru dam nekome iz svog roda da mu bude postelja!'" Car se tada veoma rasrdi, pa ubi princa Ookusaku, a njegovu ženu, Nagata no Ooiracume,[5] uze sebi za caricu.

---

[1] Dvadeseti car, Anko, sin cara Ingjoa.
[2] Mesto u zemlji Jamato, danas deo grada Tenri u prefekturi Nara.
[3] Potomak legendarnog velikodostojnika Tekešiući no Sukunea. Videti fusnotu 40 na str. 145.
[4] Sin cara Nintokua i Kaminagahime.
[5] Mada je Nagata no Ooiracume ranije pomenuta kao starija sestra princa Anahoa, ovde nije reč o istoj osobi. Pretpostavlja se da je to princeza Nakašihime, znana i kao Nagata no Ooiracume, kći cara Rićua, koja nije pomenuta u ovoj knjizi.

2. PRINC MAJOVA

Prođe neko vreme kad car, u po bela dana, leže u božansku postelju.[1] Tada upita caricu: „Da li te nešto brine?" a ona mu odvrati: „A šta bi me to brinulo, kada sam u beskrajnoj gospodarevoj milosti?" U to vreme, caričinom sinu iz prethodnog braka, princu Majovi, beše sedam godina. Baš u tom času on se igrao ispod te odaje.[2] Onda car, i ne znajući da se mali princ igra ispod odaje, reče carici: „Ima nešto što mene stalno brine. A to je, da li će tvome sinu, princu Majovi, nešto nečasno pasti na um kada odraste i sazna da sam mu ja ubio oca." Tada princ Majova što se igraše ispod odaje ču te reči, sačeka u potaji dok car ne zaspa, uze mač što kraj njega ležaše i odseče mu glavu, pa pobeže u dom velikodostojnika Cubura Oomija.[3] Car požive pedeset i šest leta. Njegova grobnica nalazi se na brdu Fušimi u mestu Sugahara.[4]

Čuvši za ovaj događaj, princ Oohacuse koji u to vreme još uvek beše mlad,[5] ozlojedi se i razgnevi, te ode

---

[1] Trebalo bi da car u božansku postelju legne noću i pročišćen kako bi u snu dobio božju reč. Car Anko, međutim, u ovom slučaju postupa u svemu suprotno.

[2] Zgrada je podignuta na stubove, tako da ispod poda ima prostora, kako bi se izbegla vlaga.

[3] Velikodostojnik Kazuraki no Cubura.

[4] Danas deo grada Nara.

[5] Starojapanska reč *oguna*, mladić, koja se ovde koristi, podseća na princa Jamato Takerua, koji se kao mlad zvao Jamato Oguna, Mladić iz zemlje Jamato. Inače, princ Oohacuse pokazuje dosta odlika koje je imao i Jamato Takeru.

do svog starijeg brata, princa Kurohikoa, i reče mu: „Ubiše cara! Šta nam je činiti?" Međutim, princ Kurohiko se ne začudi, već beše ravnodušan. Na to ga princ Oohacuse stade grditi govoreći mu: „Prvo, on je car, a drugo, on nam je brat, pa kako možeš da budeš tako nepouzdan? Kako se ne začudi već osta ravnodušan kad ču da ti je brat ubijen?" pa ga zgrabi za okovratnik i izvuče napolje, isuka mač i ubi ga. Zatim ode do svog starijeg brata, princa Širohikoa, sve mu ispriča kao i onome pre, ali kako i ovaj beše ravnodušan kao i princ Kurohiko, zgrabi i njega za okovratnik i odvuče ga sve do Oharide, tamo iskopa jamu i zakopa ga uspravljenog, a kad ovaj beše zatrpan do pojasa, oba oka mu iskočiše i on izdahnu.

Onda princ Oohacuse podiže vojsku i opkoli kuću velikodostojnika Cubura Oomija. I ovaj podiže vojsku i dočeka napad, a strele koje odapinjahu razleteše se ko cvetovi trske. Tada princ Oohacuse uze koplje i osloni se na njega kao na štap, pa pogleda u kuću i upita: „Da li je u ovoj kući deva s kojom ja razmenih obećanja?" Čuvši ove reči, velikodostojnik Cubura Oomi izađe sam, poskida sa sebe oružje, pokloni mu se osam puta i prozbori: „Moja kći Karahime, koju si ti ranije zaprosio, služiće ti. Darovaću ti uz nju i pet imanja. (Takozvana carska imanja Icumura, Pet sela, danas su mesto Sonobito, Carevi baštovani, u Kazurakiju.[6]) Međutim, razlog što ja sâm ne mogu da ti se predam, jeste sledeći: od davnina pa sve do današnjih dana još se poneki podanik i skrivaše u prinčevoj palati, al ja ne čuh da se princ skrivao u kući podanika. Kad tako razmislim, verujem da bih ja, ništavni sluga, teško mogao da te pobedim čak i kada

---

[6] Sela u oblasti Kazuraki kasnije su pretvorena u carska imanja *mijake*, sa kojih su seljaci, mahom doseljenici sa Korejskog poluostrva, dvor obezbeđivali povrćem.

bih se borio svom svojom snagom. Pa ipak, ni po cenu života neću napustiti princa koji dođe u moju neuglednu kuću uzdajući se u mene." Tako rekavši, on opet uze svoje oružje, vrati se unutra i nastavi da se bori. A kad mu ponesta i snage i strela, on reče princu: „Sav sam u ranama, a i strela nam ponestade. Sad se više ne možemo boriti. Šta nam je činiti?" Princ mu odgovori: „Ako je tako, onda se tu ništa ne može. Ubij me sada!" Onda ovaj mačem probode i ubi princa, a odmah potom sebi odrubi glavu i izdahnu.

3. STRADANJE PRINCA IĆINOHE NO OŠIHE

Posle nekog vremena, predak Omi no Sasakinojama no Kimija,[1] po imenu Karabukuro, reče: „U polju trske u mestu Kutavata[2] u zemlji Omi ima mnogo divljači. Kada stoje, noge su im ko bujna trska, a podignuti im rogovi ko osušeni borovi." Tada princ Oohacuse povede sa sobom princa Ićinohe no Ošihu[3] i ode u zemlju Omi i kad stigoše do onog polja, svaki princ sebi podiže privremeni konak da tu prenoći. Onda narednog jutra, još pre svanuća, princ Ošiha mirno dojaha na svome konju do privremenog konaka princa Oohacusea i obrati se njegovoj pratnji: „Još nije budan? Brzo ga zovite! Već se razdanilo! Mora poći u lovište!" i odmah potera konja i odjuri. Onda ljudi što služiše princu Oohacuseu rekoše: „Princ drsko zbori. Budi na oprezu! Naoružaj se dobro!" Zato on navuče oklop ispod haljina, ponese luk i strele, uzjaha konja i pođe. U jednom času, kad im konji behu jedan uz drugoga, princ Oohacuse odape strelu, obori s konja princa Ošihu, i ne samo to, već raskomada njegovo telo, stavi ga u zobnicu i pokopa bez humke.

Tada sinovi princa Ićinohea, princ Oke i princ Uoke (dva sina), čuvši za ovaj nemio događaj i pobegoše. Sti-

---

[1] Pleme iz mesta Sasaki u zemlji Omi, sadašnjoj prefekturi Šiga, čije zaduženje je bilo da snabdeva dvor gorskim blagom, tj. mesom divljači.

[2] Mesto u okrugu Gamo, koje je bilo uporište plemena Sasakinojama no Kimija.

[3] Sin cara Rićua.

goše u mesto Karihai u zemlji Jamaširo,[4] i dok jedoše svoju hranu, dođe im starac očiju izduženih tetovažom, te im ote hranu. Prinčevi na to rekoše: „Mi ne žalimo svoje hrane, ali ko si ti?" a on im odvrati: „Ja sam svinjar iz Jamašira." Onda oni nastaviše da beže i na prelazu Kusuba[5] pređoše reku i dođoše u zemlju Harima, nastaniše se u kući jednog ondašnjeg žitelja po imenu Šiđimu,[6] i ne otkrivši ko su i šta su, služahu tamo kao govedari i konjušari.

---

[4] Mesto nije poznato.
[5] Prelaz na reci Jodo. Videi fusnotu 9 na str. 158.
[6] Upravnik carskog poseda iz mesta Šiđimi u zemlji Harima, jugozapadnom delu sadašnje prefekture Hjogo.

CAR JURJAKU

1. ŽENE I DECA

Njegovo veličanstvo Oohacuse Vakatakeru[1] obitavaše u dvoru Asakura u mestu Hacuse[2] i vladaše carstvom. Car uze za ženu mlađu sestru princa Ookusake, princezu Vakakusakabe (nemahu dece). I opet, uze za ženu kćer velikodostojnika Cubura Oomija, Karahime, te mu se rodi sin, presvetli princ Širaka,[3] i zatim kći, presvetla princeza Vakatarašihime[4] (dvoje dece). Onda osnova pleme Širakabe da čuva spomen na prestolonaslednika, princa Širaku, i opet, postavi sluge na imanju Hacusebe, i opet, postavi sluge da nadgledaju rečne tokove. U to vreme, doseliše se ljudi iz zemlje Kure.[5] Njih naseliše na polju Kure.[6] Zato se to mesto naziva Kurehara, Polje Kure.

---

[1] Dvadeset prvi car, Jurjaku, mlađi brat cara Ankoa.
[2] Mesto se danas zove Hase i deo je grada Sakurai u prefekturi Nara.
[3] Kasnije, car Seinei.
[4] Kasnije, vrhovna sveštenica svetilišta Ise.
[5] Doseljenici kineskog porekla, navodno iz zemlje Vu koja se nalazila južno od reke Jangce u trećem veku.
[6] Polje se danas zove Kurihara i nalazi se pored sela Asuka u prefekturi Nara.

2. KUĆA ŠIKI NO OOAGATANUŠIJA

U početku, dok je carica obitavala u mestu Kusaka,[1] car stiže u zemlju Kavaći prečicom preko brda Kusaka. Popevši se na brdo, on pogleda zemlju dole i opazi kuću sa ukrasnim balvanima na krovu.[2] Car upita: „Čija je to kuća sa balvanima na krovu?" i naloži slugama da se raspitaju, a oni mu odgovoriše: „To je kuća Šiki no Ooagatanušija.[3]" Na to car reče: „Taj bednik! Da sagradi svoju kuću po ugledu na carsku palatu!" te posla ljude da tu kuću spale, a onaj Ooagatanuši, u strahu ponizno pade pred cara i reče: „Bedni sam sluga i kao takav ne znadoh, već pogreših. Ponizno molim za oproštaj. Zato mi dopusti da ti nešto darujem", pa mu u znak iskupljenja ponudi belog psa pokrivenog suknom, sa zvoncetom oko vrata, te odredi jednog svog srodnika po imenu Košihaki da uzme psa za uzicu i da ga odvede caru. Tako car odustade od nakane da mu spali kuću. Nakon toga, car stiže do kuće princeze Vakakusakabe i posla joj onog psa na poklon, uz poruku: „Ovo što dobih danas na drumu prava je retkost. Neka to bu-

---

[1] Mesto Kusaka u zemlji Kavaći, danas deo grada Higaši Osaka.
[2] Velike palate i hramovi tada su na slemenu krova nosili osam do deset balvana kojima je pričvršćena trska na krovu, a služili su i kao ukras.
[3] Starešina plemena iz okruga Šiki u zemlji Kavaći, sadašnjoj prefekturi Osaka. *Agatanuši*, načelnik okruga, nasledna je titula. Videti fusnotu 35 na str. 49. Ovaj starešina imao je epitet *oo*, veliki.

de prosidbeni dar." Na to princeza Vakakusakabe caru poruči po glasniku: „Nije dobro što dolaziš ovamo sa suncem za leđima. Zato ću ja doći pravo gore na dvor da ti služim." Tako se on vrati na dvor, a usput zastade na onom brdu i ispeva pesmu:

> 91
> Između gore
>   pred Kusakabeom
> i brda Heguri
>   ko slagane asure,[4]
> tu u tesnacu
>   razgranat stoji
> jedan visoki hrast
>   listova širokih.
> Pod njime su
>   bambusi prepleteni,
> a nad krošnjom mu
>   bambusi priljubljeni.
> Ne spavasmo mi
>   tako prepleteni,
> ne spavasmo mi
>   ni tako priljubljeni.
> Spavaćemo uskoro,
>   voljena ženo moja!
>   O, draga!

Onda car posla nazad onog glasnika da joj prenese pesmu.

---

[4] Stalni epitet za bregove Heguri. Videti fusnotu 8 na str. 188.

3. HIKETABE NO AKAIKO

Opet jednom, car izađe da se prošeta, i stigavši na reku Miva,[1] na obali ugleda neku devu kako pere rublje. Ona beše prekrasna. Car je upita: „Čija si ti?" A ona odgovori: „Zovem se Hiketabe no Akaiko.[2]" Onda joj on reče: „Nemoj se udavati. A ja ću poslati po tebe", te se vrati na dvor. I tako je prošlo osamdeset leta dok je ona čekala carev poziv. Tad Akaiko pomisli: „Provedoh mnoge godine čekajući poziv velikog gospodara, a lice i stas mi zalud usahnuše i oronuše i više nemam čemu da se nadam. Ipak, neću jadna imati mira dok mu ne pokažem kako sam ga odano čekala", pa ponese stotinu stolova prepunih darova i dođe caru da mu ih preda. A car, potpuno zaboravivši na svoju negdašnju reč, upita Akaiko: „Ko si ti, starice? I zašto si došla?" Na to mu Akaiko odgovori: „Tog i tog meseca, te i te godine, ti mi, gospodaru, dade reč, te ja čekah na tvoj poziv sve do dana današnjeg, i tako prođe osamdeset leta. Sada sam ostarela i više nemam čemu da se nadam. Dođoh, ipak, da ti iskažem svoju odanost." Na to car, zaprepašćen, uzviknu: „Ja sam na to potpuno zaboravo. A ti provede svoje najlepše godine čuvajući svoju odanost i iščekujući moj poziv.

---

[1] Donji tok reke Hacuse koja teče u podnožju planine Miva.
[2] Pleme iz mesta Hiketa (kasnije Hikita), danas dela grada Sakurai u prefekturi Nara. Prihvatajući prosidbu devojka nije rekla ime svog oca kako je nalagao tadašnji običaj.

Kako je to žalosno!" Premda on u sebi požele da se njom oženi, veoma se rastuži shvativši da to ne može jer ona beše tako ostarela, te joj posveti pesmu. U toj pesmi kaza:

> 92
> Svetome hrastu
>   na planini Mimoro,[3]
> baš tome hrastu
>   ne bih smeo prići,
>   devo šume hrastove!

I opet ispeva pesmu:

> 93
> U Hiketi
>   mlada šuma kestena.
> Da legoh s tobom
>   dok beše tako mlada!
>   Eh, kako ti ostare!

A suze koje je Akaiko lila natopiše rukave njene haljine obojene u crveno. I ona odgovori pesmom:

> 94
> Ograde dizah
>   na planini Mimoro,
> dizah i dizah.
>   U koga da se uzdam
>   ja, sveštenica božja?

Te opet ispeva pesmu:

---

[3] Sveta planina Miva, posvećena bogu Oomononušiju. Videti fusnotu 10 na str. 80.

95
Lotosi rastu
    u barama Kusaka,[4]
lotosi cvetni.
    O, kako im zavidim!
    U cvetu su mladosti.

Onda car bogato darova staricu i posla je natrag. A ove četiri pesme su *šicuuta*, tihe pesme.

---

[4] U to vreme oko mesta Kusaka bila je močvara. Mada se govori o lotosovim cvetovima, to može biti aluzija na caricu Vakakusakabe.

4. DEVA S PLANINE JOŠINO

Kada car krenu u letnji dvor Jošino,[1] na obali reke Jošino ugleda neku devu. Ona beše prekrasna. Car je uze za ženu i vrati se na dvor. Kad posle nekog vremena ponovo krenu u Jošino, zaustavi se tamo gde beše našao devu, na tom mestu postavi veliku stolicu i sede, pa zasvira u koto, a devi zapovedi da pleše. Pošto deva plesaše vešto, car sačini pesmu. U toj pesmi kaza:

96
Božanske ruke
   onoga na stolici
sviraju koto.
   Devo što lepo plešeš,
   večno ista ostani!

---

[1] Carev letnjikovac u mestu Jošino u zemlji Jamato, sadašnjoj prefekturi Nara.

5. POLJE AKIZU

Nakon toga, car pođe u lov u polje Akizu.[1] Tamo je sedeo na svojoj stolici, kad ga ujede obad, a obada istoga časa ščepa vilin konjic i odlete. Na to car sačini pesmu. U toj pesmi kaza:

97
U gori Omuro[2]
    u zemlji Miešino[3]
divljači ima.
Ko kaza
    to našem gospodaru?
Tek naš gospodar
    koji svetom vladaše[4]
divljač čekaše
    na stolici sedeći,
kad obad slete
    na mišicu mu,
pod rukav bele
    od duda haljine.
A tog obada
    vilin konjic uhvati,

---

[1] Polje blizu carevog letnjikovca Jošino.
[2] Planina Omuro nalazi se kod mesta Omura, danas sela Higaši Jošino.
[3] Oblast Jošino u zemlji Jamato, sadašnjoj prefekturi Nara.
[4] Stalni epitet za velikog gospodara. Videti fusnotu 2 na str. 186.

>   tako po njemu,
>   da mu ime ponese,
>   zovu zemlju
>   Jamato, tu nebesku,[5]
>   ostrvima Akizu.

I tako, od tog doba to polje zovu Akizu, Polje vilinog konjica.

---

[5] Stalni epitet za zemlju Jamato. Videti fusnotu 3 na str. 250.

6. PLANINA KAZURAKI I VELIKI BOG HITOKOTONUŠI

Opet jednom, car pođe na planinu Kazuraki.[1] Uto se pojavi ogromni divlji vepar. Car uze zviždeću strelu, te ga pogodi, a pobesneli divlji vepar ustremi se prema njemu ričući. Car, uplašen rikom, pobeže na drvo jove. Tu ispeva pesmu:

98

Taj naš gospodar
    što svetom vladaše
ustreli vepra
    u lovu.
Uplašen rikom
    toga ranjenog vepra
pobegoh ja i popeh se
    na vrh brda,
      pa na jovinu granu.

I opet jednom, kad pođe na planinu Kazuraki, obuče car svoju mnogobrojnu pratnju svu u plavo bojene odore, ukrašene crvenim vrpcama.[2] U isto vreme, neki ljudi penjahu se uz planinu grebenom naspram njih. A veoma nalikovahu carevoj povorci, i behu im odećom i izgledom tako slični da se teško mogahu razlikovati.

---

[1] Planina Kazuraki (959 m) nalazi se na granici između zemalja Jamato i Kavaći.
[2] Službena odeća dvorana. Videti fusnotu 1 na str. 244. Ovoga puta car nije pošao u lov već u obilazak zemlje.

Car ih osmotri, te posla slugu da ih upita: „Ko to ide tako, kad u zemlji Jamato nema drugog gospodara do mene?" I odgovor beše isti kao careve reči. To veoma razgnevi cara, te on zape luk i u njih uperi strelu, što učini i mnogobrojna mu pratnja. Tad i oni tamo zapeše lukove i uperiše strele. Onda car opet posla slugu da upita: „Kaži svoje ime! Pa nek svaki od nas kaže svoje ime i odapne strelu." Na to dobi odgovor: „Kad sam već prvi upitan, prvi ću i reći svoje ime. Ja sam Veliki bog Kazuraki no Hitokotonuši, bog što izriče reč, i reč koja donosi nesreću i reč koja donosi sreću." Tu se car uplaši i sa strahopoštovanjem reče: „Klanjam ti se, Veliki bože. I ne znadoh da imaš vidljivo obličje", pa najpre on sâm skide sa sebe mač i luk i strele, naredi da sva njegova pratnja skine svoje odore, pa ih sve prinese bogu. Onda Veliki bog Hitokotonuši udari dlanom o dlan i primi ponude. I tako, Veliki bog stade na vrh, i odatle isprati cara na putu nazad do podnožja brda Hacuse.[3] Eto tada se Veliki bog Hitokotonuši ukaza.

---

[3] Mesto gde se nalazi dvor cara Jurjakua. Videti fusnotu 2 na str. 276.

7. BRDO KANASUKI

I opet, kad car pođe u mesto Kasuga[1] da uzme za ženu Odohime, kćer Vani no Sacuki no Omija,[2] on srete devu na putu. Ugledavši cara i njegovu pratnju, ona pobeže na brdo i tamo se sakri. Onda car sačini pesmu. U toj pesmi kaza:

99
Krasnu devu
   sakri mi taj brežuljak.
Da mi je petsto
   gvozdenih lopata
   izravnao bih ga ja.

I tako to brdo dobi ime Kanasuki, Brdo gvozdenih lopata.

---

[1] Mesto Kasuga u zemlji Jamato, danas deo grada Nara, bilo je uporište plemena Vani. Videti fusnotu 2 na str. 147.

[2] Starešina plemena iz mesta Vani u zemlji Jamato, koje će se kasnije, prelaskom u mesto Kasuga, zvati Kasuga no Omi. Videti fusnotu 6 na str. 138.

8. SLUŠKINJA IZ MESTA MIE

Opet, kad car priredi raskošnu gozbu pod drvetom zelkove od stotinu grana[1] na brdu Hacuse, sluškinja iz mesta Mie u zemlji Ise[2] prinese mu čašu držeći je visoko. Uto, s drveta zelkove od stotinu grana otpade list i upade u čašu. A sluškinja, ne znajući da list pliva u čaši, tako prinese sake caru. Car, videvši da u čaši pliva list, udari sluškinju i obori je na zemlju, stavi joj mač pod grlo i taman htede da joj odrubi glavu, kad mu se ona obrati rečima: „Gospodaru, nemoj me ubiti. Imam nešto da ti kažem." I onda ispeva pesmu:

100
Dvor je Hаširo
    na brdu Makimuku,[3]
  dvor gde sija
    jutarnje sunce,
  dvor gde blista
    i večernje sunce,
  gde koreni se
    koren bambusa,

---

[1] Izraz „od stotinu grana" znači „razgranat". Zelkova, na japanskom *cuki*, listopadno je drvo visine do 30 metara. Pod takvim drvetom često su se održavale gozbe i druge zgode.

[2] Okrug u zemlji Ise, sadašnjoj prefekturi Mie. Poglavar lokalnog plemena davao je dvoru svoju sestru za sluškinju na dvoru, *uneme*. Ona je bila značajan činilac u sistemu vlasti brata-vladara i sestre-šamanke. U gradu Jokaići u prefekturi Mie danas postoji mesto Uneme.

[3] Dvor cara Keikoa. Videti fusnotu 2 na str. 173.

gde grana se
   koren drveta,
dvor što sazdan je
   na zemlji nabijenoj.
Dvor od čempresa,
   pravog drveta,[4]
tu hram za prvi plod.
Kraj njega raste
drvo zelkove
   od stotinu grana.
Gornje grane
   nebo zaklanjaju,
srednje mu grane
   sav istok zaklanjaju,
donje grane
   sela zaklanjaju.
S gornjih grana
   lišće dodiruje,
spuštajući se,
   te srednje grane.
Sa srednjih grana
   lišće dodiruje,
spuštajući se,
   te donje grane.
S donjih grana
   list jedan opade.
Deva, sluškinja
   iz mesta Mie,
drži visoko
   čašu od bisera,
u nju list upade,
   pluta ko masnoća[5]

---

[4] Stalni epitet za čempres, kao najbolju građu.
[5] U glavi o postanju piše: „I dok zemlja u začetku plutaše kao masnoća na površini vode..." Videti str. 18.

> nalik ključanju morske vode,⁶
> a to je
> tako veličanstveno!
> Ah, ti presvetli
> sine sunca!
> Priča se
> da sve desilo se
> ovako.

I kad ispeva tu pesmu, car joj oprosti greh. Onda carica ispeva pesmu. U toj pesmi kaza:

> **101**
> U Jamatu
> u mestu Takeći,
> uzdiže se
> brdo za tržnicu
> i hram za prvi plod.
> Kraj njega stoji
> lisnata
> kamelija sveta!
> Veliki si
> ko bujno joj lišće,
> blistavo sijaš
> ko beli cvet njen.
> Ah, tom presvetlom
> tom sinu sunca
> prinesi sake,
> to božansko piće!
> Priča se
> da sve desilo se
> ovako.

---

⁶ U glavi o bogu Izanakiju i boginji Izanami piše: „kad njih dvoje urinuše nebesko koplje i promešaše njime, ote se zvuk nalik ključanju morske vode, a kad izvukoše koplje, slane kapi sa njegovog vrha nataložiše se i skupiše, te tako nastade kopno." Videti str. 22.

Onda car ispeva pesmu:

102
Sluge mog dvora
    sazdanog na kamenu[7]
marame nose
    ko ptice prepelice,
skute ukrste
    ko pastirice,
u skupu čuče
    ko vrapčići u bašti.
Ko da se danas
    kupaju u sakeu,
sluge presvetlog
    velikog sina sunca.
Priča se
    da sve desilo se
    ovako.

Ove tri pesme su *amagatariuta*, pesme o nebu. I tako, na ovoj raskošnoj gozbi sluškinju iz mesta Mie car pohvali i bogato je nagradi.

Opet, na dan ove raskošne gozbe, kad Kasuga no Odohime prinese sake caru, on ispeva pesmu:

103
Oj devo s dvora[8]
    što mi sipaš sake,
prekrasni bokal držiš.
    Sad bokal drži,
drži ga baš čvrsto,
    drži još čvršće,
najčvršće što možeš ti,
    devo što bokal držiš!

---

[7] To je stalni epitet za dvor.
[8] Odnosi se na Kasuga no Odohime.

Ovo je *ukiuta*, pesma o čaši. Onda Odohime posveti caru pesmu. U toj pesmi kaza:

104

Gospodaru moj
    što celim svetom vladaš,
ti se ujutru
    na naslon naslanjaš,
ti se uveče
    na naslon naslanjaš.
Da sam barem donji deo
    naslona tvoga!
    Brate moj![9]

Ovo je *šicuuta*, tiha pesma.

Car požive sto dvadeset i četiri leta. (Izdahnu devetog dana osmog meseca u godini Zmije.[10]) Njegova grobnica nalazi se u mestu Takavaši na polju Tađihi[11] u zemlji Kavaći.

---

[9] Vrsta pripeva. Videti fusnotu 4 na str. 187.
[10] Godina 489.
[11] Danas deo grada Abikino u prefekturi Osaka. Videti fusnotu 4 na str. 255.

CAR SEINEI

1. PRINCEZA IITOJO

Carev sin, njegovo veličanstvo Široka no Oojamatoneko,[1] obitavaše u dvoru Mikakuri u mestu Ivare[2] i vladaše carstvom. Ovaj car nemaše ni carice ni poroda. Car osnova pleme Širakabe da čuva spomen na njega. Posle careve smrti ne beše princa koji bi vladao carstvom. Sa dvora stadoše tražiti nekoga ko će naslediti carstvo i saznaše da u dvoru Cunosaši kod lovišta u mestu Ošinumi u okrugu Kazuraki obitava mlađa sestra princa Ićinohe no Ošihavakea, Ošinumi no Iracume, znana i kao princeza Iitojo.[3]

---

[1] Dvadeset drugi car, Seinei, sin cara Jurjakua. Ime Široka, Bela kosa, dobio je po tome što je još od malena imao belu kosu.

[2] Danas deo grada Sakurai u prefekturi Nara.

[3] Kći cara Rićua, ranije pomenuta kao Iitojo no Iracume. Videti fusnotu 5 na str. 254. Posle pogibije svoga brata, princa Ićinohe no Ošihe, povukla se u uporište plemena Kazuraki.

2. PLES DVOJICE PRINČEVA

Pošto beše postavljen za namesnika zemlje Harima,[1] Jamabe no Murađi Odate[2] dođe jednom tamošnjem žitelju po imenu Šiđimu[3] na proslavu završetka gradnje nove odaje. A u trenutku kad se najviše veselilo i pilo, svako izađe da pleše, određenim redom već prema važnosti i starosti. Najzad behu pozvana da zaplešu i dva momčića ložača, što su sedela kraj ognjišta. Mlađi od njih kaza: „Brate, izvoli ti prvi!" a stariji mu uzvrati: „Hajde ti prvi!" te dok tako prepuštahu jedan drugom, svi okupljeni se tome smejahu. Na koncu, prvi otpleša stariji brat, a mlađi, pre nego što zapleša, stade otegnutim glasom kazivati:

Moj gospodar,
smeoni ratnik,
o pas stavi mač.
Balčak mu obojen
cinober bojom,
temnjak kićen
zastavicama crvenim.
Dižu se zastave crvene,
čas se vide, čas ne vide,
zakloni ih gora.

---

[1] Jugozapadni deo sadašnje prefekture Hjogo.
[2] Predak Jamabe no Murađija, plemena čije zaduženje je bilo da snabdeva dvor mesom divljači. Videti fusnotu 2 na str. 218.
[3] Upravnik carskog poseda u mestu Šiđimi. Videti fusnotu 6 na str. 275.

Ko kad se bambus gore
poseče, pa se zatalasa po tlu,
ko kad se skladno svira koto sa osam žica,
baš tako carstvom svojim gospodariše
veliki nam gospodar Izahovake.
Sin njegov beše princ Ićinohe no Ošiha,
a njegov sin sam ja.

Kad ovo ču, Odate no Murađi od čuda pade sa svog mesta, istera napolje sve koji behu u toj odaji, pa obojicu prinčeva posadi sebi na kolena i tako plakaše i tugovaše. On okupi ljude da načine privremenu palatu, te u nju smesti prinčeve, a na dvor posla glasnike na brzim konjima. Čuvši za to, njihova tetka, princeza Iitojo, obradova se i naloži da ih dovedu na dvor.

3. *UTAGAKI*, NADMETANJE PESMAMA

A kad bi da presvetli princ Uoke zavlada carstvom, predak Heguri no Omija,[1] po imenu Šibi no Omi,[2] učestvovaše na nadmetanju pesmama[3] i tamo za ruku uhvati devu koju već htede zaprositi presvetli princ Uoke. Ta deva, po imenu Ouo,[4] beše kći Uda no Obitoa.[5] Na nadmetanju onda istupi i princ Uoke. Tada Šibi no Omi ispeva pesmu:

> 105
> Na onoj strani
>   tvog velikog dvora
>   nakrivi se kraj strehe.

To ispeva, pa zatraži nastavak pesme, na šta princ Uoke ispeva pesmu:

> 106
> To drvodelja
>   nevešte bi ruke,
>   nakrivi se kraj strehe.

---

[1] Pleme iz mesta Heguri u zemlji Jamato, sadašnjoj prefekturi Nara. Videti fusnotu 34 na str. 145.

[2] Reč *šibi* znači „tuna".

[3] Nadmetanje pesmama, *utagaki*, stari je običaj. Na nekoj od tržnica ili brda okupljali bi se momci i devojke, i nadmećući se u pesmama i igrama tražili partnera. Događaj koji je ovde opisan desio se na jednom od takvih nadmetanja, održavanih u poznatom trgovištu Cubakići. Danas je to deo grada Sakurai u prefekturi Nara.

[4] Reč *ouo* znači „velika riba".

[5] Starešina plemena iz mesta Uda u zemlji Jamato. *Obito*, poglavar, je nasledna titula.

Onda Šibi no Omi opet ispeva pesmu:

> **107**
> U gospodara
>   jeste srce mekušno,
> podaniku svom
>   preko osam ograda
>   ni prići ne bi smeo.

Na to princ opet ispeva pesmu:

> **108**
> Gledam brzak,
>   tu gde lome se vali,
> dopliva tuna.
>   A kraj njenog peraja
>   vidim dragu gde stoji.

To još više razljuti Šibi no Omija, pa on ispeva pesmu:

> **109**
> U gospodara,
>   u princa, ograda je
> spletena čvrsto.
>   Nek je s osam čvorova,
> raspašće se ograda,
>   izgoreće ograda.

Na to princ ponovo ispeva pesmu:

> **110**
> Veliku ribu,
>   tunu, loviš, ribaru!
> Umakne li ti,
>   u srcu svom žalićeš.
>   O Šibi, ribaru!

Nadmetahu se tako pesmama sve do zore, kad i jedan i drugi odoše kućama.

Sledećeg jutra, dva princa, Oke i Uoke, dogovarahu se govoreći: „Svi dvorani izjutra su na dvoru, a u podne se okupljaju kod Šibija. Šibi sada sigurno spava i niko mu još nije došao. Zato, ako mu sada ne dođemo glave, kasnije će biti teško," pa odmah digoše vojsku, opkoliše Šibijevu kuću i ubiše ga.

Tada ova dva princa stadoše jedan drugome ustupati vlast nad carstvom. Princ Oke ponudi presto mlađem bratu govoreći: „Da ti ne otkri naša imena dok živesmo u kući Šiđimua u zemlji Harima, nikada ne bismo zagospodarili carstvom. To je posve tvoja zasluga. Zato, iako sam ja stariji, carstvom prvi vladaj ti", i tako mu odlučno ustupi vlast. A princ Uoke ne mogaše odbiti, te tako prvi vladaše carstvom.

CAR KENSO

1. STARICA OKIME

Njegovo veličanstvo Uoke no Ivasuvake,[1] sin princa Ićinohe no Ošihe, što beše sin cara Izahovakea,[2] obitavaše u dvoru Ćikacuasuka[3] i osam leta vladaše carstvom. Car uze za ženu kćer princa Ivakija,[4] princezu Nanivu, ali ne imaše poroda.

Kad se ovaj car dade u potragu za kostima svoga oca, princa Ićinohea, dođe mu na dvor jedna priprosta starica iz zemlje Omi i ovako kaza: „Jedino ja dobro znam gde su zakopane prinčeve kosti. One se prepoznaju po zubima." (Zubi mu behu udvojeni i krivi poput trostruke stabljike ljiljana.) Car dovede ljude da prekopavaju zemlju, u potrazi za očevim kostima. A kad ih najzad pronađe, on načini grobnicu na brdu istočno od polja trske[5] i tu ih pokopa, a potomcima onog Karabukuroa[6] dade da čuvaju grobnicu. Prinčeve kosti car kasnije premesti bliže dvoru. Vrativši se u dvor, car pozva staricu i pohvali je što nije zaboravila mesto već ga je tačno upamtila, te joj dade ime starica Okime, Vida.[7] Primi je tako na dvor i

---

[1] Dvadeset treći car, Kenso, brat od tetke cara Seineija.

[2] Car Rićtu.

[3] Mesto Asuka u zemlji Kavaći, sadašnjoj prefekturi Osaka.

[4] Sin cara Jurjakua.

[5] Polje trske u mestu Kutavata u zemlji Omi. Videti fusnotu 2 na str. 274.

[6] Pošto je dao povod za stradanje princa Ićinohea, Karabukuro je trebalo da bude pogubljen, ali je car ublažio kaznu. Samo mu je oduzeo titulu i njegovom plemenu odredio zaduženje čuvara grobnice.

[7] Ime joj znači „videti i upamtiti".

prema njoj se ophodiše srdačno i velikodušno. Napravi joj kuću u blizini dvora, te je svakog dana neizostavno pozivaše sebi. Na vrata svoje odaje obesi veliko zvono kojim bi pozvonio uvek kada bi hteo da pozove staricu. Onda sačini pesmu, i u toj pesmi kaza:

> 111
> Preko doline,
>   preko trščanih polja,
> odjeci zvona
>   nadaleko se čuju.
>   To mi Okime stiže.

Jednog dana starica Okime reče: „Jako sam ostarila. Želela bih da se vratim u svoj zavičaj." A kad pođe kao što je tražila, car je isprati pesmom:

> 112
> Okime moja,
>   Okime iz Omija!
> Od sutra bićeš
>   skrivena iza gora
>   i ja te videti neću.

Car se onda dade u potragu za starcem svinjarem što mu beše oteo hranu dok je bežao posle one nesreće. Kad ga nađoše, car naredi da ga dovedu i dade da ga poseku u koritu reke Asuka, a da se njegovim srodnicima preseku tetive na kolenima. Otuda, sve do dana današnjeg, svinjarevi potomci obavezno hramlju kad god dođu u Jamato. A car obeleži mesto gde je živeo taj starac kako bi ga pokazao ljudima. Stoga se to mesto naziva Šimesu,[8] Pokazalište.

---

[8] Mesto nije poznato.

2. ZEMLJA SA GROBNICE

Car duboko mrzeše cara Oohacusea[1] koji mu je ubio oca, i želeše da se osveti njegovoj duši. Htede da pošalje sluge kako bi uništio grobnicu cara Oohacusea, kad mu njegov brat, princ Oke, kaza: „Ne treba slati druge da razruše grobnicu. Otići ću ja sâm i razrušiti je, po želji velikog gospodara." A car mu reče: „Ako je tako, onda pođi i učini kako si rekao." I tako princ Oke ode sam, raskopa malo zemlju kraj grobnice, pa se vrati i izvesti cara: „Potpuno je raskopah i uništih." A caru bi čudno što se ovaj tako brzo vratio, pa ga upita: „Kako si je to razrušio i uništio?" na šta mu ovaj odgovori: „Raskopah malo zemlju kraj grobnice." Car mu reče: „Zašto samo malo, kad je svakako treba potpuno razrušiti ako želimo da se osvetimo za očevu smrt?" a ovaj mu odgovori: „Evo zašto tako učinih. Uistinu je pravo što se želiš osvetiti njegovoj duši za smrt oca. No, premda car Oohacuse beše očev krvnik, on nam ipak beše stric, a povrh toga i vladaše carstvom. Ako, vođeni samo mišlju da je on očev ubica, potpuno razrušimo grobnicu cara što vladaše carstvom, pokolenja će posle o nama sigurno loše govoriti. Ali, očevu smrt moramo osvetiti. Stoga ja raskopah malo zemlju kraj grobnice. Tako nanesena sramota biće dovoljna da bude pouka budućim naraštajima." Kad tako kaza, car mu odgovori: „Razum-

---

[1] Car Jurjaku.

no zboriš. Neka bude kako kažeš." Posle careve smrti presto odmah nasledi princ Oke.

Caru beše trideset i osam godina. Carstvom vladaše osam leta. Njegova grobnica nalazi se kraj brda Ivacuki u mestu Kataoka.[2]

---

[2] Mesto u sadašnjem gradu Kašiba, u prefekturi Nara.

CAR NINKEN

Stariji brat princa Uokea, njegovo veličanstvo Oke,[1] obitavaše u dvoru Hirotaka u mestu Isonokami[2] i vladaše carstvom. Car uze za ženu kćer cara Oohacuse Vakatakerua,[3] princezu Kasuga no Ooiracume, te mu se rodi kći, princeza Takaki no Iracume, zatim princeza Takara no Iracume, zatim princeza Kusubi no Iracume, zatim princeza Taširaka no Iracume,[4] zatim sin, presvetli princ Ohacuse no Vakasazaki,[5] a zatim kći, princeza Mavaka. I opet, uze za ženu kćer Vani no Hicuma no Omija, Nuka no Vakugo no Iracume, te mu se rodi kći, princeza Kasuga no Jamada no Iracume.[6] Ovaj car imaše ukupno sedmoro dece. Među njima, presvetli princ Ohacuse no Vakasazaki kasnije će vladati carstvom.

---

[1] Dvadeset četvrti car, Ninken, stariji brat cara Kensoa.
[2] Danas deo grada Tenri u prefekturi Nara. Videti fusnotu 2 na str. 270.
[3] Car Jurjaku.
[4] Kasnije, carica cara Keitaija.
[5] Kasnije, car Burecu.
[6] Kasnije, carica cara Ankana.

CAR BURECU

Njegovo veličanstvo Ohacuse no Vakasazaki[1] obitavaše u dvoru Namiki u mestu Hacuse[2] i osam leta vladaše carstvom. Ovaj car ne imaše poroda. Zato osnova pleme Ohacusebe da čuva spomen na njega. Njegova grobnica nalazi se na brdu Ivacuki u mestu Kataoka.[3]

Posle careve smrti ne beše princa koji bi nasledio presto. Zato iz zemlje Ćikacuomi dovedoše presvetlog princa Ohodoa,[4] potomka petog kolena cara Homude,[5] oženiše ga presvetlom princezom Taširaka[6] i predadoše mu carstvo.

---

[1] Dvadeset peti car, Burecu, sin cara Ninkena. Ime Vakasazaki, Mladi carić, verovatno mu je dato kao poslednjem vladaru dinastije cara Oosazakija, Velikog carića, tj. cara Nintokua.

[2] Mesto Hacuse u zemlji Jamato, danas deo grada Sakurai u prefekturi Nara.

[3] Isto mesto gde se nalazi i grobnica cara Kensoa. Videti fusnotu 2 na str. 302.

[4] Kasnije, car Keitai.

[5] Car Ođin.

[6] Ranije pomenuta kao Taširaka no Iracume, kći cara Ninkena. Videti fusnotu 4 na str. 303.

CAR KEITAI

Potomak petog kolena princa Homude,[1] njegovo veličanstvo Ohodo,[2] obitavaše u dvoru Tamaho u mestu Ivare[3] i vladaše carstvom. Car uze za ženu pretkinju Mio no Kimija,[4] po imenu Vakahime, te mu se rodi sin, princ Ooiracuko, a zatim kći, princeza Izumo no Iracume (dvoje dece). I opet, uze za ženu Meko no Iracume, mlađu sestru Ooši no Murađija, pretka Ohari no Murađija,[5] te mu se rodi sin, presvetli princ Hirokuni Ošitake Kanahi,[6] a zatim presvetli princ Take Ohirokuni Ošitate[7] (dva sina). I opet, uze za ženu kćer cara Okea, presvetlu princezu Taširaka[8] (ona beše carica), te mu se rodi sin, presvetli princ Amekuni Ošiharuki Hironiva[9] (jedan sin). I opet, uze za ženu kćer princa Okinaga Matea, Okumi no Iracume, te mu se rodi kći, princeza Sasage no Iracume (jedna kći). I opet, uze za ženu kćer princa Sakata no Oomate, Kurohime, te mu se rodi kći, princeza

---

[1] Car Ođin.
[2] Dvadeset šesti car, Keitai.
[3] Danas deo grada Sakurai u prefekturi Nara. Car Keitai uspeo je da se ustoliči u zemlji Jamato tek u dvadesetoj godini svoje vladavine, posle dužeg boravka u zemljama Kavaći i Jamaširo.
[4] Pleme iz mesta Mio u zemlji Omi. Videti fusnotu 32 na str. 163.
[5] Pleme iz zemlje Ovari, sadašnje prefekture Aići. Videti fusnotu 3 na str. 138.
[6] Kasnije, car Ankan.
[7] Kasnije, car Senka.
[8] Ranije pomenuta kao Taširaka no Iracume. Videti fusnotu 4 na str. 303.
[9] Kasnije, car Kinmei.

Kamusaki no Iracume, zatim princeza Ta no Iracume, zatim princeza Širasaka no Ikuhiko no Iracume, a zatim princeza No no Iracume, znana i kao Nagamehime (četiri kćeri). I opet, uze za ženu mlađu sestru Mio no Kimija Katabua, Jamatohime, te mu se rodi kći, princeza Ooiracume, zatim sin, princ Maroko, zatim princ Mimi, a zatim kći, princeza Akahime no Iracume (četvoro dece). I opet, uze za ženu Abe no Haehime, te mu se rodi kći, princeza Vakaja no Iracume, zatim princeza Cubura no Iracume, a zatim sin, princ Azu (troje dece). U ovog cara beše ukupno devetnaestoro dece (sedam sinova i dvanaest kćeri). Među njima, presvetli princ Amekuni Ošiharuki Hironiva kasnije će vladati carstvom. Zatim, presvetli princ Hirokuni Ošitake Kanahi kasnije će vladati carstvom. Zatim, presvetli princ Take Ohirokuni Ošitate kasnije će vladati carstvom. Zatim, princeza Sasage služiše u svetilištu Ise.

Za vladavine ovoga cara, Cukuši no Kimi Ivai[10] otkaza poslušnost caru i bahato se vladaše. Zato car posla dvojicu vojskovođa, Mononobe no Arakai no Oomurađija i Ootomo no Kanamura no Murađija,[11] da ubiju Ivaija.

Car poživе četrdeset i tri leta. (Izdahnu devetog dana četvrtog meseca četvrte godine Ovce.[12]) Njegova je grobnica Ai u mestu Mišima.[13]

---

[10] Ivai je bio Cukuši no Kuninomijacuko, tj. upravitelj zemlje Cukuši, sadašnje prefekture Fukuoka. U prvoj polovini šestog veka pobunio se protiv centralne vlasti, na podstrek kraljevine Širagi sa Korejskog poluostrva.

[11] Plemena Mononobe i Ootomo činila su udarne snage careve vojske.

[12] Godina 527.

[13] Mesto u zemlji Kavaći, sadašnjoj prefekturi Osaka.

CAR ANKAN

Carev sin, njegovo veličanstvo Hirokuni Ošitake Kanahi,[1] obitavaše u dvoru Kanahaši u mestu Magari[2] i vladaše carstvom. Ovaj car ne imaše poroda. (Izdahnu trećeg dana trećeg meseca druge godine Zeca.[3]) Njegova grobnica nalazi se u selu Takaja u mestu Furuići[4] u zemlji Kavaći.

---

[1] Dvadeset sedmi car, Ankan, sin cara Keitaija.
[2] Mesto Magari u zemlji Jamato. To mesto se danas zove Magarigava, a deo je grada Kašivabara u prefekturi Nara.
[3] Godina 535.
[4] Mesto u zemlji Kavaći, sadašnjoj prefekturi Osaka.

CAR SENKA

Carev mlađi brat, njegovo veličanstvo Take Ohirokuni Ošitate,[1] obitavaše u dvoru Iorino u mestu Hinokuma[2] i vladaše carstvom. Car uze za ženu kćer cara Okea, presvetlu princezu Taćibana no Nakacuhime,[3] te mu se rodi kći, presvetla princeza Išihime,[4] zatim presvetla princeza Oišihime,[5] a zatim sin, princ Kura no Vakae. I opet, uze za ženu princezu Kafući no Vakugohime, te mu se rodi sin, princ Honoho, a zatim princ Eha. U ovog cara beše ukupno petoro dece (tri sina i dve kćeri). Dalje, princ Honoho je (predak Šihida no Kimija[6]). Princ Eha je (predak Ina no Kimija[7] i Tađihi no Kimija[8]).

---

[1] Dvadeset osmi car, Senka, brat cara Ankana.
[2] Mesto Hinokuma u zemlji Jamato, danas selo Asuka u prefekturi Nara.
[3] Carica, kći cara Ninkena. Njeno ime prvi put se ovde pominje.
[4] Kasnije, carica cara Kinmeija.
[5] Kasnije, žena cara Kinmeija.
[6] Pleme iz mesta Šihida u zemlji Secu, sadašnjoj prefekturi Hjogo.
[7] Pleme iz mesta Ina u zemlji Secu. Mesto Ina danas je deo grada Amagasaki.
[8] Pleme iz mesta Tađihi u zemlji Kavaći, sadašnjoj prefekturi Osaka.

CAR KINMEI

Carev mlađi brat, njegovo veličanstvo car Amekuni Ošiharuki Hironiva,[1] obitavaše u Velikom dvoru u mestu Šikišima[2] i vladaše carstvom. Car uze za ženu kćer cara Hinokume,[3] presvetlu princezu Išihime, te mu se rodi sin, princ Jata, zatim presvetli princ Nunakura Futotamašiki,[4] a zatim princ Kasanui (tri sina). I opet, uze za ženu njenu mlađu sestru, presvetlu princezu Oišihime, te mu se rodi sin, princ Kami (jedan sin). I opet, uze za ženu kćer Kasuga no Hicuma no Omija, Nukago no Iracume, te mu se rodi kći, princeza Kasuga no Jamada no Iracume,[5] zatim sin, princ Maroko, a zatim princ Soga no Kura (troje dece). I opet, uze za ženu kćer velikodostojnika Soga no Iname no Sukunea,[6] Kitašihime, te mu se rodi sin, presvetli princ Taćibana no Tojohi,[7] zatim mlađa mu sestra, princeza Ivakuma,[8] zatim sin, princ Atori, zatim kći, presvetla princeza Tojomike Kašikijahime,[9]

---

[1] Dvadeset deveti car, Kinmei, polubrat cara Senke.
[2] Mesto na obali reke Hacuse, jugoistočno od sadašnjeg grada Sakurai u prefekturi Nara.
[3] Car Senka, nazvan po mestu gde se nalazio njegov dvor.
[4] Kasnije, car Bidacu.
[5] Gotovo identična rečenica nalazi se u poglavlju o caru Ninkenu. Videti str. 303. Smatra se da je ovde pogrešno ponovljena, a na to upućuje i ponavljanje imena princa Marokoa u nastavku.
[6] Pleme iz mesta Soga u zemlji Jamato. Velikodostojnik Iname bio je u to vreme najmoćniji na dvoru. *Sukune* je titula koju je dvor dodeljivao starešinama moćnijih plemena.
[7] Kasnije, car Jomei.
[8] Služila je kao glavna sveštenica u svetilištu Ise.
[9] Kasnije, carica Suiko.

zatim sin, još jedan princ Maroko, zatim princ Oojake, zatim princ Imigako, zatim princ Jamaširo, zatim mlađa mu sestra, princeza Ootomo, zatim sin, princ Sakurai no Jumihari, zatim princ Mano, zatim princ Taćibana no Moto no Vakugo, a zatim princ Nedo (trinaestoro dece). I opet, uze za ženu tetku presvetle princeze Kitašihime, Oehime, te mu se rodi sin, princ Umaki, zatim princ Kazuraki, zatim kći, princeza Hašihito no Anahobe,[10] zatim sin, princ Sakikusabe no Anahobe, znan i kao Sumeirodo,[11] i zatim sin, presvetli princ Hacusebe no Vakasazaki[12] (petoro dece). U ovog cara beše ukupno dvadeset petoro dece. Među njima, princ Nunakura Futotamašiki kasnije će vladati carstvom. Zatim, princ Taćibana no Tojohi kasnije će vladati carstvom. Zatim, princeza Tojomike Kašikijahime kasnije će vladati carstvom. Zatim, princ Hacusebe no Vakasazaki kasnije će vladati carstvom. Ukupno četvoro njegove dece kasnije će vladati carstvom.

---

[10] Kasnije, carica cara Jomeija, majka legendarnog princa Umajadoa, poznatijeg kao prestolonaslednik Šotoku.

[11] Njegovo ime znači „carev rođeni brat". Bio je potencijalni naslednik cara Jomeija, ali ga je ubio Inameov sin, velikodostojnik Soga no Umako.

[12] Kasnije, car Sušun.

CAR BIDACU

Carev sin, njegovo veličanstvo Nunakura Futotamašiki,[1] obitavaše u dvoru Osada[2] i četrnaest leta vladaše carstvom. Ovaj car uze za ženu svoju polusestru, presvetlu princezu Tojomike Kašikijahime, te mu se rodi kći, princeza Šizukai,[3] znana i kao princeza Kaitako, zatim sin, princ Takeda, znan i kao princ Okai, zatim kći, princeza Oharida, zatim sin, princ Kazuraki, zatim kći, princeza Umori, zatim sin, princ Ohari, zatim kći, princeza Tame, a zatim princeza Sakurai no Jumihari (osmoro dece). I opet, uze za ženu kćer Ise no Ooka no Obitoa,[4] Okumako no Iracume, te mu se rodi kći, presvetla princeza Futohime, a zatim princeza Takara, znana i kao Nukadehime[5] (dve kćeri). I opet, uze za ženu kćer princa Okinaga Matea, presvetlu princezu Hirohime,[6] te mu se rodi sin, prestolonaslednik Osaka no Hikohito,[7] znan i kao princ Maroko, zatim kći, princeza Sakanobori, a zatim princeza Uđi. I opet, uze za ženu kćer Kasuga no Nakacuvakugoa, Ominako no Iracume, te mu se rodi sin, princ Naniva, zatim kći, princeza Kuvata, zatim sin, princ Kasuga, a zatim princ Oomata

---

[1] Trideseti car, Bidacu, sin cara Kinmeija.
[2] Mesto Osada u zemlji Jamato, danas deo grada Sakurai u prefekturi Nara.
[3] Udala se za prestolonaslednika Šotokua.
[4] Upravnik carskog poseda u zemlji Ise.
[5] Majka cara Đomeija. Princeza Takara verovatno je pogrešno prepisano ime. Kasnije se pominje kao princeza Tamura.
[6] Carica.
[7] On nije nasledio presto, ali će njegov sin postati car.

(četvoro dece). U ovog cara beše ukupno sedamnaestoro dece, i među njima, prestolonaslednik Hikohito uze za ženu svoju polusestru, princezu Tamuru,[8] znanu i kao presvetla princeza Nukadehime, te mu se rodi sin, njegovo veličanstvo što obitavaše u dvoru Okamoto i vladaše carstvom,[9] zatim princ Nakacu, a zatim princ Tara (tri sina). I opet, uze za ženu mlađu sestru princa Aje, princezu Oomata, te mu se rodi sin, princ Ćinu,[10] a zatim mlađa sestra, princeza Kuvata (dvoje dece). I opet, uze za ženu svoju polusestru, princezu Jumihari, te mu se rodi sin, princ Jamaširo, a zatim princ Kasanui (dva sina). Ukupno sedmoro dece. (Car izdahnu šestog dana četvrtog meseca prve godine Zmaja.[11]) Njegova grobnica nalazi se u mestu Šinaga[12] u zemlji Kavaći.

---

[8] Ranije je pomenuta kao princeza Takara.
[9] Car Đomei.
[10] Otac careva Kogjokua i Kotokua.
[11] Godina 584.
[12] Mesto Šinaga u zemlji Kavaći, sadašnjoj prefekturi Osaka.

CAR JOMEI

Carev mlađi brat, njegovo veličanstvo Taćibana no Tojohi,[1] obitavaše u dvoru Ikenohe[2] i tri leta vladaše carstvom. Ovaj car uze za ženu kćer velikodostojnika Inamea, Oogitašihime, te mu se rodi sin, princ Tame (jedan sin). I opet, uze za ženu svoju polusestru, princezu Hašihito no Anahobe, te mu se rodi sin, presvetli princ Uenomija no Umajado no Tojotomimi,[3] zatim princ Kume, zatim princ Ekuri, a zatim princ Mamuta (četiri sina). I opet, uze za ženu kćer Tagima no Kuranoobitoa Hiroa,[4] princezu Iinoko, te mu se rodi sin, princ Tagima, a zatim mlađa mu sestra, princeza Sukaširoko no Iracume. Ovaj car (izdahnu petnaestog dana četvrtog meseca četvrte godine Ovce[5]). Njegova grobnica nalazila se kraj jezera Ivare,[6] ali je kasnije premeštena u središnju grobnicu u mestu Šinaga.[7]

---

[1] Trideset prvi car, Jomei, brat cara Bidacua.
[2] Dvor se nalazio u mestu Ivare. To mesto se danas zove Abe i deo je grada Sakurai u prefekturi Nara.
[3] Poznatiji kao prestolonaslednik Šotoku. Kao regent carice Suiko stvarno je vladao carstvom. Ime Umajado, Konjušnica, dobio je po tome što ga je majka, Hašihito no Anahobe, rodila kraj konjušnice.
[4] Upravnik carskog skladišta iz mesta Tagima. *Kuranoobito*, upravnik skladišta, titula je koju je dvor dodeljivao starešinama lokalnih plemena.
[5] Godina 587.
[6] Mesto Ivare u zemlji Jamato, danas deo grada Sakurai u prefekturi Nara.
[7] Mesto Šinaga u zemlji Kavaći. Videti fusnotu 12 na str. 312.

CAR SUŠUN

Carev mlađi brat, njegovo veličanstvo car Hacusebe no Vakasazaki,[1] obitavaše u dvoru Šibakaki u mestu Kurahaši[2] i četiri leta vladaše carstvom. (Izdahnu trinaestog dana jedanaestog meseca devete godine Pacova.[3]) Njegova grobnica nalazi se kraj brda Kurahaši.[4]

---

[1] Trideset drugi car, Sušun, brat cara Jomeija.
[2] Danas deo grada Sakurai u prefekturi Nara.
[3] Godine 592. na njega je izvršen atentat po nalogu velikodostojnika Soga no Umakoa, koji je tako uspostavio gotovo neograničenu vlast.
[4] Grobnica se nalazila blizu dvora.

CARICA SUIKO

Careva mlađa sestra, njeno veličanstvo Tojomike Kašikijahime,[1] obitavaše u dvoru Oharida[2] i trideset sedam leta vladaše carstvom. (Izdahnu petnaestog dana trećeg meseca pete godine Pacova.[3]) Njena grobnica nalazila se kraj brda Oono,[4] ali je kasnije premeštena u veliku grobnicu u mestu Šinaga.[5]

---

[1] Trideset treći car, carica Suiko, mlađa sestra cara Jomeija i carica svog polubrata, cara Bidacua. Ona je prva službeno priznata vladarka sa titulom carice u Japanu.

[2] Mesto Oharida u zemlji Jamato, danas selo Asuka u prefekturi Nara.

[3] Godina 628.

[4] Danas deo grada Kašivabara u prefekturi Nara.

[5] Isto mesto kao i grobnica njenog brata, cara Jomeija. Videti fusnotu 7 na str. 313.

INDEKS
LIČNIH IMENA

INDEKS LIČNIH IMENA

Abe no Haehime 阿倍之波延比売 306
Abe no Iracume, princeza 阿倍郎女 206
Aći, učeni 阿知吉師 218
Aći no Atai 阿知直 255, 258
Ađisuki Takahikone, bog 阿遅鉏高日子根神 76 (=Ađišiki Takahikone)
Ađišiki Takahikone, bog 阿治志貴高日子根神 88, 89 (=Ađisuki Takahikone)
Agatanuši Hae 県主波延 135
Agući no Mihara no Iracume, princeza 阿具知能三腹郎女 206 (=Mihara no Iracume)
Ahirahime 阿比良比売 128
Aja, princ 漢王 312
Ajakašikone, boginja 阿夜訶志古泥神 20
Akahime no Iracume, princeza 赤比売郎女 306
Akaiko 赤猪子 279, 280 (=Hiketabe no Akaiko)
Akaruhime, boginja 阿加流比売神 225
Aketacu, princ 曙立王 148, 168, 169 (=Jamatohašikitomi Tojoasakura no Aketacu)
Akibime, boginja 秋毘売神 83
Akiguinouši, bog 飽咋之宇斯能神 39
Akijama no Šitahiotoko, bog 秋山之下氷壮夫 227
Akutohime 阿久斗比売 135
Amacuhiko, bog 天津日高 107, 109 (=Ho no Ninigi)
Amacuhiko Hiko Hohodemi, bog 天津日高日子穂々手見命 104 (=Hiko Hohodemi, Hoori)
Amacuhiko Hiko Ho no Ninigi, bog 天津日高日子番能邇々芸命 102 (=Ho no Ninigi)
Amacuhiko Hiko Nagisatake Ugajafukiaezu, bog 天津日高日子波限建鵜草葺不合命 110, 111 (=Hiko Nagisatake Ugajafukiaezu, Ugajafukiaezu)

Amacuhikone, bog 天津日子根命 47, 48
Amacukume, bog 天津久米命 99
Amacukunitama, bog 天津国玉神 86, 88
Amacumara, bog 天津麻羅 51
Amacumisora Tojoakizunevake, bog 天御虚空豊秋津根別 26
Amaterasu, velika boginja 天照大御神 40, 41, 44, 45, 46, 47, 50, 51, 53, 57, 84, 86, 87, 90, 91, 95, 96, 97, 118, 197
Amećikaru Mizuhime, boginja 天知迦流美豆比売 81
Ame Futaja, bog 天両屋 27
Ame Hitocubašira, bog 天比登都柱 25
Ame Hitocune, bog 天一根 26
Amekuni Ošiharuki Hironiva, presvetli princ, nj. veličanstvo (car Kinmei) 天国押波流岐広庭命（欽明天皇）305, 306, 309
Amenikiši Kuninikiši Amacuhiko Hiko Ho no Ninigi, bog 天邇岐志国邇岐志天津日高日子番能邇々芸命 95 (=Ho no Ninigi)
Ame no Cudohećine, boginja 天之都度閇知泥神 59
Ame no Fujukinu, bog 天之冬衣神 59
Ame no Fukio, bog 天之吹男 28
Ame no Hibara Oošinadomi, bog 天日腹大科度美神 77
Ame no Hiboko 天之日矛 224, 225, 226
Ame no Hoakari, bog 天火明命 95
Ame no Hohi, bog 天之菩卑能命/天菩比神 47, 48, 85, 86
Ame no Ivatovake, bog 天石門別神 97, 98 (=Kušiivatomado, Tojoivatomado)
Ame no Kaku, bog 天迦久神 90
Ame no Kojane, bog 天児屋命 52, 53, 97, 98
Ame no Kuhizamoći, bog 天之久比奢母智神 28
Ame no Kurado, bog 天之闇戸神 29
Ame no Mikage, bog 天之御影神 148
Ame no Mikanuši, bog 天之甕主神 77
Ame no Mikumari, bog 天之水分神 28
Ame no Minakanuši, bog 天之御中主神 17, 18
Ame no Ohabari, bog 天之尾羽張神 33, 90 (=Icu no Ohabari)
Ame no Ošihi, bog 天忍日命 99
Ame no Ošihomimi, bog 天忍穂耳命 84, 95 (=Masakacu Akacu Kaćihajahi Ame no Ošihomimi)

INDEKS LIČNIH IMENA

Ame no Ošikorovake, bog 天之忍許呂別 25
Ame no Ošio, bog 天之忍男 26
Ame no Sadejorihime, boginja 天之狭手依比売 26
Ame no Sagiri, bog 天之狭霧神 29, 78
Ame no Sagume, boginja 天佐具売 87
Ame no Sazući, bog 天之狭土神 29
Ame no Tađikarao, bog 天手力男神 52, 53 (=Tađikarao)
Ame no Tokotaći, bog 天之常立神 19
Ame no Torifune, bog 天鳥船神 29, 30, 90, 91 (=Tori no Ivakusufune)
Ame no Uzume, boginja 天宇受売命 52, 53, 96, 97, 98, 100, 101
Ame no Vakahiko, bog 天若日子 86, 87, 88
Ameoši Tarašihiko, presvetli princ 天押帯日子命 138
Anaho, presvetli princ, nj. veličanstvo (car Anko) 穴穂命（安康天皇）261, 265, 266, 270
Aomi no Iracume, princeza 青海郎女 254 (=Iitojo no Iracume, Ošinumi no Iracume, Iitojo)
Aonumanu Ošihime, boginja 青沼馬沼押比売 77
Arakavatobe 荒河刀弁 152
Arehime, presvetla princeza 阿礼比売命 141 (=Oojamatokuni Arehime)
Asuha, bog 阿須波神 82
Ašida no Sukune 葦田宿禰 254
Ašihara Šikoo, bog 葦原色許男神 60, 65, 79, 169 (=Ookuninuši)
Ašikagamivake, princ 足鏡別王 192, 193
Ašinadaka, boginja 葦那陀迦神 77 (=Jagavaehime)
Ašinazući, bog 足名椎神 55, 57, 58
Ata no Obaši no Kimi 阿多之小椅君 128
Atori, princ 足取王 309
Avanagi, bog 沫那芸神 28, 29
Avanami, boginja 沫那美神 28
Avasaku Mitama, bog 阿和佐久御魂 100 (=Sarutabiko)
Azamicuhime, presvetla princeza 阿耶美津比売命 161, 163
Azami no Iribime, presvetla princeza 阿耶美能伊理毘売命 161
Azu, princ 阿豆王 306

Bun Mei, kralj 文命 16

Cubura no Iracume, princeza 都夫良郎女 260
Cubura no Iracume, princeza 都夫良郎女 306
Cubura Oomi, velikodostojnik 都夫良意富美 271, 272, 276
Cubutacu Mitama, bog 都夫多都御魂 100 (=Sarutabiko)
Cući, majka boginja 土之御祖神 82
Cućiikazući, bog 土雷 35
Cukitacu Funato, bog 衝立船戸神 38 (=Funato)
Cukujomi, bog 月読命 40, 41
Cukuši no Kimi Ivai 竺紫君石井 306 (=Ivai)
Cunogui, bog 角杙神 20
Cuno no Iracume 都怒郎女 260
Curanagi, bog 頰那芸神 28
Curanami, boginja 頰那美神 28

Ćićicukuvahime, presvetla princeza 千々都久和比売命 152
Ćićihajahime, presvetla princeza 千々速比売命 141
Ćigaeši, veliki bog 道反之大神 37
Ćimata, bog 道俣神 38
Ćinu, princ 知奴王 312
Ćišiki, velika boginja 道敷大神 37 (=Izanami)

Eha, princ 恵波王 308
Ehime 兄比売 166
Ehime 兄比売 176
Ehime, boginja 愛比売 25
Ekuri, princ 植栗王 313
Ešiki 兄師木 126
Eukaši 兄宇迦斯 122

Fucu no Mitama, bog 布都御魂 119 (=Sađifucu)
Fuđivara no Kotofuši no Iracume 藤原之琴節郎女 229
Fuha no Mođikunusunu, bog 布波能母遅久奴須奴神 59
Fukabući no Mizujarehana, bog 深淵之水夜礼花神 59
Funato, bog 船戸神 39 (=Cukitacu Funato)
Funozuno, bog 布怒豆怒神 59
Furukuma 振熊 201 (=Nanivaneko Take Furukuma)

Fušiikazući, bog 伏雷 35
Futađihime 布多遲比売 192
Futađi no Iribime, presvetla princeza 布多遲能伊理毘売命 162, 163, 192 (=Ivacukubime)
Futemimi, boginja 布帝耳神 59
Futohime, presvetla princeza 布斗比売命 311
Futoma Vakahime, presvetla princeza 賦登麻和訶比売命 137 (=Iihihime)
Futotama, bog 布刀玉命 52, 53, 97, 98

Hacusebe no Vakasazaki, presvetli princ, nj. veličanstvo (car Sušun) 長谷部若雀命 (崇峻天皇) 310, 314
Haeirodo 蠅伊呂杼 136, 141
Haeirone 蠅伊呂泥 136 (=Oojamatokuni Arehime)
Hahiki, bog 波比岐神 82
Haja Akicuhiko, bog 速秋津日子神 28
Haja Akicuhime, boginja 速秋津比売神 28
Hajabusavake, presvetli princ 速総別命 207, 247, 248
Hajama, bog 羽山 83 (=Hajamato)
Hajamacumi, bog 羽山津見神 33
Hajamato, bog 羽山戸神 82, 83 (=Hajama)
Hajamika no Take Sahajađinumi, bog 速甕之多気佐波夜遅奴美神 77
Haja Susanoo, bog 速須佐之男命 40, 42, 44, 45, 46, 47, 50, 54, 57, 58 (=Take Haja Susanoo)
Hanijasubiko, bog 波邇夜須毘古神 30
Hanijasubime 波邇夜須毘売 143
Hanijasubime, boginja 波邇夜須毘売神 30
Harajamacumi, bog 原山津見神 33
Harima no Inabi no Ooiracume 針間之伊那毘能大郎女 173 (=Inabi no Ooiracume)
Harujama no Kasumiotoko, bog 春山之霞壮夫 227
Hašihito no Anahobe, princeza 間人穴太部王 310, 313
Hatabi no Ooiracuko, princ 波多毘能大郎子 234 (=Ookusaka)
Hatabi no Vakiiracume, princeze 波多毘能若郎女 234 (=Nagamehime, Vakakusakabe, Vakakusa)

Hatahi no Vakiiracume, princeze 幡日之若郎女 207
Hata no Jaširo no Sukune 波多八代宿禰 144
Hecukaibera, bog 辺津甲斐弁羅神 39
Hecunagisabiko, bog 辺津那芸佐毘古神 39
Heguri no Cuku no Sukune 平群都久宿禰 145
Hezakaru, bog 辺疎神 39
Hibasuhime, presvetla princeza 比婆須比売命/氷羽州比売命 149, 161, 171, 172
Hiđiri, bog 聖神 81
Hieda no Are 稗田阿礼 14, 16
Hihajahi, bog 樋速日神 32
Hihiragi no Sonohanamazumi, bog 比々羅木之其花麻豆美神 77
Hikavahime, boginja 日河比売 59
Hiketabe no Akaiko 引田部赤猪子 279 (=Akaiko)
Hiko Fucuoši no Makoto, presvetli princ 比古布都押之信命 143, 144
Hikohito, prestolonaslednik 日子人太子 313 (=Osaka no Hikohito)
Hikohito no Ooe, princ 日子人之大兄王 174
Hiko Hohodemi, bog 日子穂々手見命 111 (=Amacuhiko Hiko Hohodemi)
Hiko Ho no Ninigi, bog 日子番能邇々芸命 95, 96, 98 (=Amenigiši Kunininigiši Amacuhiko Hiko Ho no Ninigi)
Hiko Imasu, princ 日子坐王 147, 148, 157
Hiko Inakođivake, presvetli princ 比古伊那許士別命 144
Hiko Isaseribiko, presvetli princ 日古伊佐勢理毘古命 141 (=Ookibicuhiko)
Hiko Jai, presvetli princ 日子八井命 130, 132
Hiko Jumusumi, presvetli princ 比古由牟須美命 147, 148
Hiko Kunibuku, presvetli princ 日子国夫玖命 158 (=Kunibuku)
Hiko Kuniokecu, presvetli princ 日子国意祁都命 147
Hiko Nagisatake Ugajafukiaezu, bog 日子波限建鵜草葺不合命 17 (=Amacuhiko Hiko Nagisatake Ugajafukiaezu)
Hiko Osu, princ 比古意須王 148
Hiko Samema, presvetli princ 日子寤間命 141, 142

Hiko Sašikatavake, prtesvetli princ 日子刺肩別命 141, 142
Himetatara Isukejorihime, boginja 比売多々良伊須氣余理比売 129 (=Hototatara Isusukihime)
Himuka no Izumi no Nagahime 日向之泉長比売 207
Himuka no Mihakašibime 日向之美波迦斯毘売 174
Himuka no Morogata no Kimi Ušimoro 日向之諸県君牛諸 233
Hinagahime 肥長比売 170
Hinarašibime, boginja 比那良志毘売 77
Hinateri Nukatabićio Ikoćini, boginja 比名照額田毘道男伊許知邇神 77
Hi no Jagihajao, bog 火之夜芸速男神 29 (=Hi no Kakabiko, Hi no Kagucući)
Hi no Kagucući, bog 火之迦具土神 30 (=Kagucući, Hi no Jagihajao)
Hi no Kakabiko, bog 火之炫毘古神 30 (=Hi no Jagihajao)
Hinokuma, car 檜坰天皇 309 (=Take Ohirokunioši Tate)
Hirohime, presvetla princeza 比呂比売命 311
Hirokuni Ošitake Kanahi, presvetli princ, nj. veličanstvo (car Ankan) 広国押建金日命 (安閑天皇) 305, 306, 307
Hiruko 水蛭子 23, 30
Hitokotonuši, veliki bog 一言主大神 286 (=Kazuraki no Hitokotonuši)
Hoderi, bog 火照命 103, 105, 109 (=Umisaćibiko)
Homucuvake, presvetli princ 品牟都和気命 161 (=Homućivake)
Homućivake, carević 本牟智和気 166 (=Homucuvake)
Homuda, car 品陀天皇/品太天皇 17, 229, 230, 304, 305 (=Homudavake)
Homuda no Mavaka, princ 品陀真若王 206
Homudavake, presvetli princ, nj. veličanstvo (car Ođin) 品陀和気命 (応神天皇) 195, 206 (=Homuda, Ootomovake)
Homujavake, presvetli princ 品夜和気命 195
Honoho, princ 火穂王 308
Honoikazući, bog 火雷 35
Ho no Ninigi, bog 番能邇々芸命 10, 97, 99, 100, 102, 103 (=Amenigiši Kunininigiši Amacuhiko Hiko Ho no Ninigi)

Hoori, bog 火遠理命/火袁理命 104, 105, 107, 108, 109, 110 (=Amacuhiko Hiko Hohodemi, Jamasaćibiko, Soracuhiko)
Hosuseri, bog 火須勢理命 104
Hototatara Isusukihime, boginja 富登多々良伊須々岐比売命 128 (=Himetatara Isukejorihime, Isukejorihime)

Icu no Ohabari, bog 伊都之尾羽張神 33, 90 (=Ame no Ohabari)
Icuse, bog 五瀬命 111, 115, 116, 117
Ićikišimahime, boginja 市寸島比売命 46, 47 (=Sajoribime)
Ićinohe, princ 市辺王 274 (=Ićinohe no Ošiha)
Ićinohe no Ošiha, princ 市辺之忍歯王 254, 274, 295, 299 (=Ićinohe, Ićinohe no Ošihavake)
Ićinohe no Ošihavake, princ 市辺忍歯別王 293 (=Ićinohe no Ošiha)
Igahime, presvetla princeza 伊賀比売命 152
Igatarašihiko, presvetli princ 伊賀帯日子命 161
Ihika, bog 井氷鹿 120
Iihihime, presvetla princeza 飯日比売命 137 (=Futoma Vakahime)
Iijorihiko, bog 飯依日子 25
Iikatasumi, bog 飯肩巣見命 154
Iinoko, princeza 飯之子王 313
Iino no Magurohime, presvetla princeza 飯野真黒比売命 193
Iitojo, princeza 飯豊王 293, 295 (=Ošinumi no Iracume, Iitojo no Iracume)
Iitojo no Iracume, princeza 飯豊郎女 254 (=Aomi no Iracume, Iitojo)
Ikaga Sikome, presvetla princeza 伊迦賀色許売命 143, 147
Ikaga Sikoo, bog 伊迦賀色許男命 155
Ikatarašihiko, princ 五十日帯日子王 162, 163
Ikobajavake, presvetli princ 伊許婆夜和気命 161, 163
Ikucuhikone, bog 活津日子根命 47
Ikugui, boginja 活杙神 20
Ikume, car 伊久米天皇 148, 192 (=Ikume Iribiko Isaći)
Ikume Iribiko Isaći, presvetli princ, nj. veličanstvo (car Suinin) 伊久米伊理毘子伊佐知命/伊玖米入日子伊沙知命 (垂仁天皇) 152, 161 (=Ikume)

Ikutamajoribime 活玉依毘売 154, 156
Ikutama Sakitamahime, boginja 活玉前玉比売神 77
Imigako, princ 伊美賀古王 310
Inaba no Jagamihime, boginja 稲羽之八上比売 61 (=Jagamihime)
Inabi no Ooiracume 伊那毘能大郎女 174 (=Harima no Inabi no Ooiracume)
Inabi no Vakiiracume 伊那毘能若郎女 174
Inada no Mijanuši Suga no Jacumimi, bog 稲田宮主須賀之八耳神 58 (=Ašinazući)
Inahi, bog 稲氷命 111, 112
Inajorivake, princ 稲依別王 192
Iname, velikodostojnik 稲目大臣 313 (=Soga no Iname no Sukune)
Inasebiko, princ 稲瀬毘古王 163
Inišiki no Irihiko, presvetli princ 印色之入日子命 161, 162
Inohime 伊怒比売 81
Ioki no Irihiko, presvetli princ 五百木之入日子命 173, 174, 206
Ioki no Irihime, presvetla princeza 五百木之入日売命 173
Irine, princ 伊理泥王 148, 150
Isahi no Sukune 伊佐比宿禰 200, 201
Ise no Ooka no Obito 伊勢大鹿首 311
Isukejorihime, boginja 伊須気余理比売命 129, 130, 131 (=Hototatara Isukejorihime)
Išihime, presvetla princeza 石比売命 308, 309
Išikoridome, boginja 伊斯許理度売命 51, 97, 98
Itoihime 糸井比売 207
Itošivake, princ 伊登志別王 162, 163
Ivacucunoo, bog 石筒之男神 31
Ivacućibiko, bog 石土毘古神 28
Ivacukubime, presvetla princeza 石衝毘売命 162 (=Futadi no Iribime)
Ivacukuvake, princ 石衝別王 162, 163
Ivadima, princ 伊和島王 230
Ivai 石井 306 (=Cukuši no Kimi Ivai)
Ivaki, princ 石木王 299

Ivakuma, princeza 石坰王 309
Ivanagahime, boginja 石長比売 102, 103
Ivanohime, presvetla princeza, carica 石之比売命 233, 234, 237, 249
Ivaošivakunoko, bog 石押分之子 121
Ivasaku, bog 石析神 31, 32
Ivasuhime, boginja 石巣比売神 28
Izahovake, princ (car Rićú) 伊耶本和気王（履中天皇）234, 254, 295, 299 (=Ooe no Izahovake)
Izanaki, bog 伊耶那岐命 20, 22, 23, 24, 29, 30, 31, 33, 34, 35, 36, 37, 38, 39, 40, 41, 42, 43
Izanami, boginja 伊耶那美命 20, 21, 22, 23, 24, 29, 30, 31, 34, 35, 36 (=Ćišiki)
Iza no Mavaka, princ 伊奢能麻和迦王 208
Iza no Mavaka, presvetli princ 伊耶能真若命 152
Iza no Mavaka, presvetli princ 伊奢之真若命 206
Izasavake, veliki bog 伊奢沙和気大神 202
Izumo no Iracume 出雲郎女 305
Izumo Takeru 出雲建 180
Izunome, boginja 伊豆能売 39
Izuši Otome, boginja 伊豆志袁登売神 227

Jacuri no Irihiko, princ 八瓜入日子王 148 (=Kamu Oone)
Jacuri no Širohiko, princ 八瓜之白日子王 261
Jaćihoko, bog 八千矛神 60, 68, 70, 71, 74 (=Ookuninuši)
Jae Kotošironuši, bog 八重事代主神 91, 93 (=Kotošironuši)
Jagamihime, boginja 八上比売 62, 63, 67 (=Inaba no Jagamihime)
Jagavaehime, boginja 八河江比売 77 (=Ašinadaka)
Jakavaehime, presvetla princeza 矢河枝比売命 207, 210, 211 (=Mijanuši Jakavaehime)
Jamabe no Murađi Odate 山部連小楯 294 (=Odate no Murađi)
Jamabe no Ootate no Murađi 山部大楯連 249 (=Ootate no Murađi)
Jamada no Sohodo, bog 山田之曾富騰 80 (=Kuebiko)
Jamanobe no Ootaka 山辺之大鶙 167

Jamasaćibiko, bog 山佐知毘古 105 (=Hoori)
Jamasue no Oonuši, bog 山末之大主神 82 (=Oojamakui)
Jamaširo, princ 山代王 310
Jamaširo, princ 山代王 312
Jamaširo no Enacuhime 山代之荏名津比売 148 (=Karihata-tobe)
Jamaširo no Kukuma Morihime 山城之玖々麻毛理比売 192
Jamaširo no Oocucuki Mavaka, princ 山代之大筒木真若王 148, 150
Jamaširo no Ookuni no Fući 山代大国之淵 161 (=Ookuni no Fući)
Jamašita Kagehime 山下影日売 144
Jamatohašikitomi Tojoasakura no Aketacu, princ 倭者師木登美豊朝倉曙立王 168 (=Aketacu)
Jamatohiko, presvetli princ 倭日子命 152, 153
Jamatohime 倭比売 306
Jamatohime, presvetla princeza 倭比売命 161, 163, 178, 181, 182
Jamatoneko, presvetli princ 倭根子命 173
Jamato Oguna, presvetli princ 倭男具那命 173, 179 (=Ousu)
Jamato Takeru, presvetli princ 倭建命 163, 174, 179, 180, 181, 182, 183, 184, 185, 186, 187, 190, 191, 192 (=Ousu)
Jamato Tobihaja Vakajahime, princeza 倭飛羽矢若屋比売 141
Jamato Tomomosobime, presvetla princeza 夜麻登登母々曾毘売命 141
Jasaka no Irihiko, presvetli princ 八坂入日子命 152, 173
Jasaka no Irihime, presvetla princeza 八坂之入日売命 173
Jasomagacuhi, bog 八十禍津日神 39, 40
Jasumaro 安万侶 9, 16 (=Oo no Asomi Jasumaro)
Jašimađinumi, bog 八島士奴美神 59, 78
Jašimamuđi, bog 八島牟遅能神 76
Jata, princ 八田王 309
Jata no Vakiiracume, princeza 八田若郎女 207, 234, 240, 245, 246, 247
Jomido, veliki bog 黄泉戸大神 37
Jorozuhata Tojoakicušihime, boginja 万幡豊秋津師比売命 95
Josotahobime, presvetla princeza 余曾多本毘売命 138

Jugori 由碁理 147
Jumihari, princeza 玄王 312 (=Sakurai no Jumihari)
Juradomi 由良度美 225 (=Sugakama Juratomi)

Kaćidohime 勝門比売 199
Kafući no Aotama 河内青玉 143
Kafući no Vakugohime 川内之若子比売 308
Kagosaka, princ 香坂王 193, 195, 200
Kagucući, bog 迦具土神 31, 32, 33 (=Hi no Kagucući)
Kagujahime, presvetla princeza 迦具夜比売命 161
Kagujamatoomi, bog 香山戸臣神 82
Kagujohime, boginja 香用比売 81
Kagurohime, presvetla princeza 迦具漏比売命/訶具漏比売 174, 193, 207
Kai no Iracume, princeza 甲斐郎女 260
Kaitako, princ 貝鮹王 311 (=Šizukai)
Kajanohime, boginja 鹿屋野比売神 29 (=Nocući)
Kajorihime, presvetla princeza 香余理比売命 174
Kami, princ 上王 309
Kaminagahime 髪長比売 213, 233
Kamu Atacuhime, boginja 神阿多都比売 102 (=Konohana no Sakujabime)
Kamudo no Curugi 神度剣 89 (=Oohakari)
Kamu Ikusubi, bog 神活須毘神 81
Kamu Jaimimi, presvetli princ 神八井耳命 130, 131, 132
Kamujamato, car 神倭天皇 10 (=Kamujamato Ivarebiko)
Kamujamato Ivarebiko, bog (car Đinmu) 神倭伊波礼毘古命 (神武天皇) 17, 112, 115, 116, 118, 120, 122, 123, 124, 125, 126, 127, 128, 133 (=Vakamikenu)
Kamu Jatatehime, boginja 神屋楯比売 76
Kamukuši, princ 神櫛王 173, 175
Kamu Musuhi, bog, majka boginja 神産巣日 18, 54, 63, 79, 94
Kamunaobi, bog 神直毘神 39
Kamu Nunakavamimi, presvetli princ, nj. veličanstvo (car Suizei) 神沼河耳命 (綏靖天皇) 130, 131, 132, 133, 134 (=Take Nunakavamimi)

Kamu Ooićihime, boginja 神大市比売 59
Kamu Oone, princ 神大根王 148, 150 (=Jacuri no Irihiko, Oone)
Kamusaki no Iracume 神前郎女 306
Kanajamabiko, bog 金山毘古神 30
Kanajamabime, boginja 金山毘売神 30
Kanime Ikazući, princ 迦邇米雷王 150
Kara, bog 韓神 81
Karabukuro 韓袋 274, 299
Karahime 訶良比売 272, 276
Karihatatobe 苅幡戸弁 148 (=Jamaširo no Enacuhime)
Karihatatobe 苅羽田刀弁 161
Karu, prestolonaslednik 軽太子 265, 266, 267 (=Kinaši no Karu)
Karu no Ooiracume, princeza 軽大郎女 261, 264 (=Sotooši, Sotooši no Iracume)
Kasanui, princ 笠縫王 309
Kasanui, princ 笠縫王 312
Kasuga, princ 春日王 311
Kasuga no Ćićihaja Mavakahime, presvetla princeza 春日千々速真若比売命 141
Kasuga no Hicuma no Omi 春之日爪臣 309
Kasuga no Jamada no Iracume, princeza 春日山田郎女 303, 309
Kasuga no Nakacuvakugo 春日中若子 311
Kasuga no Odohime 春日之袁杼比売 291 (=Odohime)
Kasuga no Ooiracume, princeza 春日大郎女 303
Kasuga no Take Kunikacutome 春日建国勝戸米 148
Katađi, princ 迦多遅王 208
Katašiha, princ 堅石王 230
Kavamatabime 河俣毘売 134, 135
Kavamata no Inajoribime 河俣稲依毘売 150
Kavarada no Iracume, princeza 川原田郎女 207
Kazemocuvake no Ošio, bog 風木津別之忍男神 28
Kazuraki, princ 葛城王 310
Kazuraki, princ 葛城王 311

Kazuraki no Hitokotonuši, veliki bog 葛城一言主大神 286 (=Hitokotonuši)
Kazuraki no Nagae no Socubiko 葛城長江曾都毘古 145 (=Kazuraki no Socubiko)
Kazuraki no Noirome 葛城之野伊呂売 208
Kazuraki no Socubiko 葛城之曾都毘古 233, 254 (=Kazuraki no Nagae no Socubiko)
Kazuraki no Takaćinabime 葛城高千那毘売 144
Kazuraki no Takanukahime 葛城之高額比売 150, 225
Kazuraki no Tarumi no Sukune 葛城垂見宿禰 147
Kehi, veliki bog 気比大神 203
Ken, vladar 軒后 13
Kibi no Ehiko, princ 吉備之兄日子王 174
Kibi no Omi Takehiko 吉備臣建日子 192 (=Misukitomomimi Takehiko)
Kihisacumi 岐比佐都美 169
Kijohiko 清日子 225
Kinaši no Karu, princ 木梨之軽王 261, 262, 264 (=Karu)
Ki no Arata no Iracume, princeza 木之荒田郎女 206
Ki no Cunu no Sukune 木角宿禰 145
Kinomata, bog 木俣神 67 (=Mii)
Ki no Uno no Iracume, princeza 木之菟野郎女 206
Kisagaihime, boginja 𧏛貝比売 63
Kisumimi, bog 岐須美々命 128
Kitašihime 岐多斯比売 309, 310
Komuku no Iracume, princeza 高目郎女 206
Kon Haćin Kanki Mu, veleizaslanik 金波鎮漢紀武 262
Konohanaćiruhime, boginja 木花知流比売 59
Konohana no Sakujabime, boginja 木花之佐久夜毘売 102, 103 (=Kamu Atacuhime)
Kose no Okara no Sukune 許勢小柄宿禰 144
Košihaki 腰佩 277
Koto Jasomagacuhi, bog 言八十禍津日 262
Kotošironuši, bog 事代主神 76, 92, 93 (=Jae Kotošironuši)
Kućihime 口日売/口比売 244
Kućiko no Omi 口子臣 244 (=Vani no Omi Kućiko)
Kuebiko, bog 久延毘古 79, 80 (=Jamada no Sohodo)

INDEKS LIČNIH IMENA

Kugamimi no Mikasa 玖賀耳之御笠 157
Kuimata Nagahiko, princ 咋俣長日子王 193, 207
Kukuki Vakamurocunane, bog 久々紀若室葛根神 83 (=Vakamurocunane)
Kukunoći, bog 久々能智神 29
Kukutoši, bog 久々年神 83
Kumano Kusubi, bog 熊野久須毘命 47
Kumano no Takakurađi 熊野之高倉下 118 (=Takakurađi)
Kumaso, braća 熊曾 179 (=Kumaso Takeru)
Kumaso Takeru 熊曾建 178, 179 (=Kumaso)
Kume, princ 久米王 313
Kume no Maitohime 久米能摩伊刀比売 145
Kunibuku, presvetli princ 国夫玖命 158 (=Hiko Kunibuku)
Kunikatahime, presvetla princeza 国片比売命 152
Kuni no Kuhizamoći, bog 国之久比奢母智神 29
Kuni no Kurado, bog 国之闇戸神 29
Kuni no Mikumari, bog 国之水分神 28
Kuni no Sagiri, bog 国之狭霧神 29
Kuni no Sazući, bog 国之狭土神 29
Kuni no Tokotaći, bog 国之常立神 20, 21
Kuniošitomi, bog 国忍富神 77
Kunu, princ 久奴王 230
Kurajamacumi, bog 闇山津見神 33
Kuramicuha, boginja 闇御津羽神 32
Kura no Vakae, princ 倉之若江王 308
Kuraokami, bog 闇淤加美神 32
Kurohiko, princ 黒日子王 272 (=Sakai no Kurohiko)
Kurohime 黒比売 237, 238
Kurohime 黒比売 305
Kurohime, presvetla princeza 黒比売命 254
Kuroikazući, bog 黒雷 35
Kusubi no Iracume 久須毘郎女 303
Kušicunuvake, princ 櫛角別王 173, 174
Kušiivamado, bog 櫛石窓神 98 (=Ame no Ivatovake)
Kušijatama, bog 櫛八玉神 93
Kušimikata, bog 櫛御方命 154
Kušinadahime, boginja 櫛名田比売 55, 59

Kuvašihime, presvetla princeza 細比売命 141
Kuvata, princeza 桑田王 311
Kuvata, princeza 桑田王 312

Maecumi 前津見 225
Majova, princ 目弱王 271
Mamuta, princ 茨田王 313
Mano, princ 麻怒王 310
Maroko, princ 丸高王 306
Maroko, princ 麻呂古王 309
Maroko, princ 麻呂古王 310
Maroko, princ 麻呂古王 311
Masakacuakacu Kaćihajahi Ame no Ošihomimi, bog 正勝吾勝々速日天之忍穂耳命 46, 84, 95 (=Ame no Ošihomimi)
Masakajamacumi, bog 正鹿山津見神 32, 33
Matonohime, presvetla princeza 真砥野比売命/円野比売命 149, 171
Mavaka, princ 真若王 174
Mavaka, princeza 真若王 303
Medori, princeza 女鳥王 207, 247, 248, 249
Meko no Iracume 目子郎女 305
Micuhanome, boginja 弥都波能売神 30
Mići no Nagaćiha, bog 道之長乳歯神 38
Mići no Omi, bog 道臣命 122
Mićinouši, princ 美知能宇志王 149, 171 (=Taniha no Hikotatasu Mićinouši)
Mihara no Iracume, princeza 三腹郎女 229 (=Agući no Mihara no Iracume)
Mii, bog 御井神 67 (=Kinomata)
Miicuhime 御井津比売 148
Mijanuši Jakavaehime 宮主矢河枝比売 207, 210 (=Jakavaehime)
Mijazuhime 美夜受比売 182, 185
Mikadovake, princ 朝庭別王 149
Mikafucu, bog 甕布都神 119 (=Sađifucu)
Mikahajahi, bog 甕速日神 32
Mikanušihiko, bog 甕主日子神 77
Mikecu, veliki bog 御食津大神 202

Mikenu, bog 御毛沼命 111, 112
Mikuratana, bog 御倉板挙之神 41
Mima, princ 御馬王 254
Mimacuhiko Kaešine, presvetli princ, nj. veličanstvo (car Košo) 御真津日子訶恵志泥命（孝昭天皇）137, 138
Mimacuhime, presvetla princeza 御真津比売命 147
Mimacuhime, presvetla princeza 御真津比売命 152
Mimaki, car 御真木天皇 160 (=Mimaki Irihiko Inie)
Mimaki Iribiko, car 美麻紀伊理毘古 157 (=Mimaki Irihiko Inie)
Mimaki Irihiko Inie, presvetli princ, nj. veličanstvo (car Suđin) 御真木入日子印恵命（崇神天皇）147, 148, 152 (=Mimaki, Mimaki Iribiko)
Mimi, princ 耳王 306
Mino no Iracume, princeza 三野郎女 206
Mio no Kimi Katabu 三尾君加多夫 306
Mironami, bog 美呂浪神 77
Misukitomomimi Takehiko 御鉏友耳建日子 181 (=Kibi no Omi Takehiko)
Mišima no Mizokui 三嶋湟咋 128
Mitoši, bog 御年神 81
Miva no Oomononuši, bog 美和之大物主神 128 (=Oomononuši, Oomiva)
Mizuhavake, presvetli princ, nj. veličanstvo (car Hanzei) 水歯別命（反正天皇）234, 257, 260 (=Tađihi no Mizuhavake)
Mizuho no Iojorihime, princeza 水穂五百依比売 148
Mizuho no Mavaka, princ 水穂真若王 148, 149
Mizumaki, bog 弥豆麻岐神 83
Momošiki Irobe 百師木伊呂弁 229 (=Otohime Mavakahime)
Mononobe no Arakai no Oomurađi 物部荒甲之大連 306
Murobiko, princ 室毘古王 148, 149

Nacunome, bog 夏之売神 83 (=Nacutakacuhi)
Nacutakacuhi, bog 夏高津日神 83 (=Nacunome)
Nagamehime 長目比売 306 (=No no Iracume)
Nagamehime, presvetla princeza 長目比売命 234 (=Hatabi no Vakiiracume)

Nagata no Ooiracume, princeza 長田大郎女 261, 270
Nakacu, princ 中津王 312
Nakacucunoo, bog 中筒之男命 40, 197
Nakacuhiko, princ 中日子王 230
Nakacuhime, presvetla princeza 中日売命 206
Nakacuvatacumi, bog 中津綿津見神 40
Nakime, boginja 鳴女 86, 87
Nakisavame, boginja 泣沢女神 31
Nanacukahagi 七挙脛 191
Naniva, princeza 難波王 299
Naniva, princ 難波王 311
Nanivaneko Take Furukuma, presvetli 難波根子建振熊命 200 (=Take Furukuma, Furukuma)
Nariikazući, bog 鳴雷 35
Nedo, princ 泥杼王 310
Ne no Omi 根臣 270
Nesaku, bog 根析神 31
Netori, presvetli princ 根鳥命 206, 229
Niemocunoko, bog 贄持之子 120
Nigi Hajahi, bog 邇芸速日命 126
Niho 仁番 219 (=Susukori)
Nivacuhi, bog 庭津日神 82
Nivatakacuhi, bog 庭高津日神 82
Nocući, boginja 野椎神 29 (=Kajanohime)
No no Iracume, princeza 野郎女 306 (=Nagamehime)
No no Irohime 怒能伊呂比売 145
Nuhata no Iribime, presvetla princeza 沼羽田之入毘売命 161
Nukadehime, princeza 糠代比売王 311, 312 (=Tamura, Takara)
Nukago no Iracume 糖子郎女 309
Nuka no Vakugo no Iracume 糠若子郎女 303
Nukata no Oonakacuhiko, presvetli princ 額田大中日子命 206
Nunakavahime, boginja 沼河比売 68, 69
Nunaki no Iracume, princeza 沼名木郎女 174
Nunaki no Irihime, presvetla princeza 沼名木之入日売命 152
Nunakura Futotamašiki, presvetli princ, nj. veličanstvo (car Bidacu) 沼名倉太玉敷命 (敏達天皇) 309, 310, 311

Nunoošitomi Torinarumi, bog 布忍富鳥鳴海神 77
Nurinomi 奴理能美 242, 244, 245
Куširo no Iracume, princeza 沼代郎女 174
Nutarašivake, presvetli princ 沼帯別命 161

Oasacuma Vakugo no Sukune, presvetli princ, nj. veličanstvo (car Ingjo) 男浅津間若子宿禰命（允恭天皇）233, 234, 261
Oćivake, princ 落別王 162, 163
Odate no Murađi 小楯連 295 (=Jamabe no Murađi Odate)
Odohime 袁杼比売 287, 292 (=Kasuga no Odohime)
Odojamacumi, bog 淤滕山津見神 32
Oehime 小兄比売 310
Ohacuse no Vakasazaki, presvetli princ, nj. veličanstvo (car Burecu) 小長谷若雀命（武烈天皇）303, 304
Ohae, princ 小羽江王 207
Ohari, princ 小張王 311
Oharida, nj. veličanstvo 小治田 17 (=Tojomike Kašikijahime)
Oharida, princeza 小治田王 311
Ohodo, presvetli princ, nj. veličanstvo (car Keitai) 袁本杼命（継体天皇）304, 305
Oišihime, presvetla princeza 小石比売命 308, 309
Okai, princ 小貝王 311 (=Takeda)
Okami, bog 淤迦美神 59, 77
Oke, princ, nj. veličanstvo (car Ninken) 意祁王（仁賢天皇）274, 298, 301, 302, 303, 305, 308
Okecuhime, presvetla princeza 意祁都比売命 147
Okicuhiko, bog 奥津日子神 82
Okicuhime, boginja 奥津比売命 82 (=Oohehime)
Okicujoso 奥津余曾 138
Okicukaibera, bog 奥津甲斐弁羅神 39
Okicunagisabiko, bog 奥津那芸佐毘古神 39
Okicušimahime, boginja 奥津島比売命 46 (=Takiribime)
Okime 置目 299, 300
Okinagahiko, princ 息長日子王 150
Okinaga Mate, princ 息長真手王 305, 311
Okinaga Mavakanakacuhime 息長真若中津比売 193, 207
Okinaga no Mizujorihime 息長水依比売 148

Okinaga no Sukune, princ 息長宿禰王 150
Okinaga Tarašihime, presvetla princeza, nj. veličanstvo (carica Đingu) 息長帯比売命(神功皇后) 150, 195, 196, 200, 201, 204, 225
Okinaga Tavake, princ 息長田別王 192, 193
Okizakaru, bog 奥疎神 39
Okujamacumi, bog 奥山津見神 32
Okumako no Iracume 小熊子郎女 311
Okumi no Iracume 麻組郎女 305
Omata, princ 小俣王 148, 149
Ominako no Iracume 老女子郎女 311
Omi no Šibano Iriki 淡海之柴野入杵 193
Omizunu, bog 淤美豆奴神 59
Omodaru, bog 於母陀流神 20
Omoikane, bog 思金神 51, 84, 85, 86, 90, 97
Onabe, princ 袁那弁王 161
Onabe no Iracume 袁那弁郎女 207
Ooamahime 意富阿麻比売 152
Oobiko, presvetli princ 大毘古 143, 152, 157, 158, 160
Oocucuki Tarine, princ 大筒木垂根王 148, 161
Oocući, boginja 大土神 82
Ooe, princ 大枝王 174, 193, 195
Ooe no Izahovake, presvetli princ 大江之伊耶本和気命 233 (=Izahovake)
Oogecuhime, boginja 大宜都比売 25
Oogecuhime, boginja 大宜都比売神 29, 54
Oogitašihime 意富芸多志比売 313
Oohacuse, presvetli princ, car 大長谷命 261, 270, 271, 272, 274, 301 (=Oohacuse Vakatakeru)
Oohacuse Vakatakeru, nj. veličanstvo (car Jurjaku) 大長谷若建命(雄略天皇) 276, 303 (=Oohacuse, Vakatakeru)
Oohae, princ 大羽江王 207
Oohakari 大量 89 (=Kamudo no Curugi)
Oohara no Iracume, princeza 大原郎女 206
Oohehime, boginja 大戸比売神 82
Oohodo, princ 意富々杼王 229, 261 (=Ooiracuko)
Ooikazući, bog 大雷 35

Ooiracuko, princ 大郎子 229 (=Oohodo)
Ooiracuko, princ 大郎子 305
Ooiracume, princeza 大郎女 306
Ooiriki, presvetli princ 大入杵命 152, 153
Oojabiko, bog 大屋毘古神 28, 64
Oojake, princ 大宅王 310
Oojamacumi, bog 大山津見神 29, 55, 59, 102, 103
Oojamakui, bog 大山咋神 82 (=Jamasue no Oonuši)
Oojamamori, presvetli princ 大山守命 206, 209, 221, 223
Oojamato Hiko Sukitomo, presvetli princ, nj. veličanstvo (car Itoku) 大倭日子鉏友命（懿徳天皇）135, 137
Oojamatokuni Arehime, presvetla princeza 意富夜麻登玖邇阿礼比売命 136, 141 (=Arehime, Haeirone)
Oojamatoneko Hiko Futoni, presvetli princ, nj. veličanstvo (car Korei) 大倭根子日子賦斗邇命（孝霊天皇）140, 141
Oojamatoneko Hiko Kunikuru, presvetli princ, nj. veličanstvo (car Kogen) 大倭根子国玖琉命（孝元天皇）141, 143
Oojamato Tarašihiko Kuniošihito, presvetli princ, nj. veličanstvo (car Koan) 大倭帯日子国押人命（孝安天皇）138, 140 (=Tarašihiko Kuniošihito)
Ookagujamatoomi, bog 大香山戸臣神 81
Ookamuzumi, bog 意富加牟豆美命 36
Ookecuhime, boginja 大気都比売神 83
Ookibicuhiko, presvetli princ 大吉備津日子 141, 142 (=Hiko Isaseribiko)
Ookibi Morosusumi, presvetli princ 大吉備諸進命 140
Ookibi Takehime 大吉備建比売 192
Ookoto Ošio, bog 大事忍男神 28
Ookume, bog 大久米命 122, 128, 129, 130
Ookuni Mitama, bog 大国御魂神 81, 82
Ookuni no Fući 大国之淵 162 (=Jamaširo no Ookuni no Fući)
Ookuninuši, bog 大国主神 59, 61, 66, 74, 76, 79, 80, 85, 86, 91, 92, 93 (=Oonamuđi, Ašihara Šikoo, Jaćihoko, Ucušikunitama)
Ookusaka, princ 大日下王 234, 270, 276 (=Hatabi no Ooiracuko)

Oomae Omae no Sukune 大前小前宿禰 265, 266
Oomagacuhi, bog 大禍津日神 39
Oomata, princ 大俣王 148
Oomata, princ 大俣王 311
Oomata, princeza 大俣王 312
Oome 大目 141
Oomiva, veliki bog 意富美和之大神 155 (=Miva no Oomononuši)
Oomononuši, veliki bog 大物主大神 154 (=Miva no Oomononuši)
Oonabi 意富那毘 144
Oonakacuhiko, presvetli princ 大中津日子命 161, 162
Oonakacuhime, presvetla princeza 大中比売命 193, 195
Oonakata, princ 大名方王 193
Oonamuđi, bog 大穴牟遅神 60, 61, 62, 63, 64, 65, 66, 67, 80 (=Ookuninuši)
Oonaobi, bog 大直毘神 39
Oone, princ 大根王 176 (=Kamu Oone)
Oo no Asomi Jasumaro 太朝臣安万侶 17 (=Jasumaro)
Oonodehime, boginja 大野手比売 26
Oosaka, bog 大坂神 155
Oosazaki, presvetli princ, nj. veličanstvo 大雀命 (仁徳天皇) 17, 206, 208, 209, 213, 216, 221, 223, 231, 233, 234 (=Sazaki)
Ooši no Murađi 凡連 305
Ootamaruvake, bog 大多麻流別 26
Ootamusaka, princ 大多牟坂王 150
Ootamuvake 意富多牟和気 192
Ootarašihiko, car 大帯日子 174, 193 (=OotarašihikoOširovake)
Ootarašihiko Oširovake, presvetli princ, nj. veličanstvo (car Keiko) 大帯日子淤斯呂和気命 (景行天皇) 161, 162, 173, 179 (=Ootarašihiko)
Ootataneko 意富多々泥古 154, 155, 156
Ootate no Murađi 大楯連 249 (=Jamabe no Ootate no Murađi)

Ootohivake, bog 大戸日別神 28
Ootomatohiko, bog 大戸惑子神 29
Ootomatohime, boginja 大戸惑女神 29
Ootomo, princeza 大伴王 310
Ootomo no Kanamura no Murađi 大伴之金村連 306
Ootomovake, presvetli princ 大鞆和気命 195 (=Homudavake)
Ootonobe, boginja 大斗乃弁神 20
Ootonođi, bog 意富斗能地神 20
Ootoši, bog 大年神 59, 81, 82
Oousu, presvetli princ 大碓命 173, 174, 176, 178
Oovatacumi, bog 大綿津見神 28 (=Vatacumi)
Osaka no Hikohito, prestolonaslednik 忍坂日子人太子 311 (=Hikohito, Maroko)
Osaka no Oonakacuhime, presvetla princeza 忍坂之大中津比売命/忍坂大中比売 207, 229, 261
Ošiguro no Ehiko, princ 押黒之兄日子王 176
Ošiguro no Otohiko, princ 押黒弟日子王 176
Ošiha, princ 忍歯王 274 (=Ićinohe no Ošiha)
Ošikahime, presvetla princeza 忍鹿比売命 140
Ošikuma, princ 忍熊王 193, 195, 200, 201
Ošinumi no Iracume 忍海郎女 293 (=Aomi no Iracume)
Ošivake, presvetli princ 押別命 173
Otohime 弟比売 176
Otohime 弟比売 193
Otohime 弟比売 260
Otohime, presvetla princeza 弟日売命 149, 166, 171
Otohime, presvetla princeza 弟比売命 174
Otohime, presvetla princeza 弟比売命 206
Otohime Mavakahime, presvetla princeza 弟日売真若比売命 229 (=Momošiki Irobe)
Otokarihatatobe 弟苅羽田刀弁 162
Otošiki 弟師木 126
Ototaćibanahime, presvetla princeza 弟橘比売命 183, 192
Ototakara no Iracume 弟財郎女 194
Otoukaši 弟宇迦斯 122, 123
Ouo 大魚 296

Ousu, presvetli princ 小碓命 173, 174, 178, 179 (=Jamato Oguna, Jamato Takeru)
Ozaho, princ 袁耶本王 148, 149

Sađifucu, bog 佐土府都神 119 (=Mikafucu, Fucu no Mitama)
Sahađihime, presvetla princeza 佐波遅比売 148, 161 (=Sahobime)
Sahimoći, bog 沙比持神 109
Sahobiko, princ 沙本毘古王 148, 149, 161, 164, 165, 166
Sahobime, presvetla princeza, nj. veličanstvo 沙本毘売命 148, 164, 165 (=Sahađihime)
Saho no Ookuramitome 沙本之大闇見戸売 148
Saiso 西素 219
Sajoribime, boginja 狭依毘売命 46 (=Ićikišimahime)
Sakai no Kurohiko, princ 境之墨日子王 261 (=Kurohiko)
Sakami no Iracume, princeza 酒見郎女 261
Sakanobori, princeza 坂騰王 311
Sakata no Oomata, princ 坂田大俣王 305
Sakikusabe no Anahobe, princ 三枝部穴太部王 310 (=Sumeirodo)
Sakitamahime, boginja 前玉比売 77
Sakuikazući, bog 析雷 35
Sakurai no Jumihari, princ 桜井之玄王 310
Sakurai no Jumihari, princeze 桜井玄王 311 (=Jumihari)
Sane, princ 沙禰王 229
Sanuki no Tarine, princ 讃岐垂根王 148
Saonecuhiko, bog 橋根津日子 116
Sarutabiko, bog 猿田毘古神 96, 100 (=Sokodoku Mitama, Cubutacu Mitama, Avasaku Mitama)
Sasage, princeza 佐佐宜王 306 (=Sasage no Iracume)
Sasage no Iracume 佐佐宜郎女 305 (=Sasage)
Sašikuni, veliki bog 刺国大神 59
Sašikuni Vakahime, boginja 刺国若比売 59
Sazaki 佐耶岐 209 (=Oosazaki)
Sejadatarahime 勢夜陀多良比売 128
Sobakari 曾婆加理/曾婆訶理 257, 258

INDEKS LIČNIH IMENA 343

Soga no Iname no Sukune, velikodostojnik 宗賀之稲目宿禰大臣 309 (=Iname)
Soga no Išikava no Sukune 蘇賀石河宿禰 145
Soga no Kura, princ 宗賀之倉王 309
Sohori, bog 曾富理神 81
Sokocucunoo, bog 底筒之男命 40, 197
Sokocuvatacumi 底津綿津見神 39
Sokodoku Mitama, bog 底度久美御魂 100 (=Sarutabiko)
Soracuhiko, bog 虛空津日高 106, 107, 109 (=Hoori)
Soracuhime, presvetla princeza 虛空津比売命 150
Sotooši, princeza 衣通王 268 (=Karu no Ooiracume)
Sotooši no Iracume 衣通郎女 261 (=Karu no Ooiracume)
Suecumimi, bog 陶津耳命 154
Sugakama Juradomi 菅籠由良度美 225 (=Juradomi)
Suga no Moroo 酢鹿之諸男 225
Suhiđini, boginja 須比智邇神 20
Sukaširoko no Iracume, princeza 須加志呂古郎女 313
Sukuna, bog 少名御神 204 (=Sukunabikona)
Sukunabikona, bog 少名毘古那神 79, 80 (=Sukuna)
Sukunahiko Take Igokoro, presvetli princ 少名日子建猪心命 143
Sumeirodo 須売伊呂杼 310 (=Sakikusabe no Anahobe)
Sumeiro Oonakacuhiko, princ 須売伊呂大中日子王 174, 193
Suminoe no Nakacu, princ 墨江之中津王 233, 255, 257
Susanoo, bog 須佐之男命 42, 55, 57, 64 (=Take Haja Susanoo)
Suseribime, boginja 須勢理毘売 64, 65. 66, 67, 72
Susukori 須々許理 219 (=Niho)

Šibanohime 柴野比売 193
Šibi 志毘 297, 298 (=Šibi no Omi)
Šibi no Omi 志毘臣 296, 297 (=Šibi)
Šibumi no Sukune, princ 志夫美宿禰王 148, 149
Šiđimu 志自牟 275, 294, 298
Šigijamacumi, bog 志芸山津見神 33
Šikicuhiko, presvetli princ 師木津日子命 135
Šikicuhiko Tamademi, presvetli princ, nj. veličanstvo (car Annei) 師木津日子玉手見命 (安寧天皇) 134, 135

Šikijamanuši, bog 敷山主神 77
Šima Tarine 島垂根 207
Šinacuhiko, bog 志那都比古神 29
Šiocući, bog 塩椎神 106
Širahi, bog 白日神 81
Širahivake, bog 白日別 25
Široka, presvetli princ 白髮命 276 (=Široka no Oojamatoneko)
Široka no Oojamatoneko, nj. veličanstvo (car Seinei) 白髮大倭根子 (清寧天皇) 293 (=Široka)
Širasaka no Ikuhiko no Iracume 白坂活日子郎女 306
Širicukitome 志理都紀斗売 206
Širohiko, princ 白日子 272 (=Jacuri no Širohiko)
Širogane, princeza 銀王 193
Šitateruhime, boginja 下光比売/下照比売 76, 86, 88 (=Takahime)
Šizukai, princeza 静貝王 311 (=Kaitako)
Šoko, kralj 照古王 218

Taćibana no Moto no Vakugo, princ 橘本之若子王 310
Taćibana no Nakacuhime, presvetla princeza 橘之中比売命 308
Taćibana no Ooiracume, princeza 橘大郎女 261
Taćibana no Tojohi, presvetli princ, nj. veličanstvo (car Jomei) 橘之豊日命 (用明天皇) 309, 310, 313
Tađihi no Mizuhavake, prescetli princ 蝮之水歯別命 233, 234 (=Mizuhavake)
Tađikarao, bog 手力男 97, 98 (=Ame no Tađikarao)
Tađima Hinaraki 多遅摩比那良岐 225
Tađima Hine 多遅摩斐泥 225
Tađima Hitaka 多遅摩比多訶 225
Tađima Mori 多遅麻毛理 172, 225
Tađima Morosuku 多遅摩母呂須玖 225
Tađima no Matao 多遅摩之俣尾 225
Tagima, princ 当麻王 313
Tagima no Kuranoobito Hiro 当麻之倉首比呂 313
Tagima no Mehi 当摩之咩斐 225
Tagišihiko, presvetli princ 多芸志比古命 137

Tagišimimi, bog, presvetli princ 多芸志美々命 128, 131, 132
Tahiriki Šimarumi, bog 多比理岐志麻流美神 77
Tai no Nakacuhime 田井之中比売 229, 263
Takabe no Iracume, princeza 多訶弁郎女 260
Takagi, bog 高木神 87, 91, 95, 96, 118, 120 (=Takami Musuhi)
Takahime, boginja 高比売命 76, 89 (=Šitateruhime)
Takakihime 高材比売 150
Takakihime, presvetla princeza 高木比売命 174
Takaki no Iracume 高木郎女 303
Takaki no Irihime, presvetla princeza 高木之入日売命 206
Takakuradi 高倉下 10, 118, 119
Takami Musuhi, bog 高御産巣日神 18, 51, 84, 86, 87 (=Takagi)
Takanohime 竹野比売 147
Takara, princ 財王 260
Takara, princeza 宝王 311 (=Nukadehime)
Takara no Iracume, princeza 財郎女 303
Takeda, princ 竹田王 311 (=Okai)
Takefucu, bog 建布都神 32 (=Take Mikazućinoo)
Take Furukuma, presvetli 建振熊命 201 (=Nanivaneko Take Furukuma)
Take Haja Susanoo, bog 建速須佐之男命 40, 41, 46 (=Susanoo, Haja Susanoo)
Take Hanijasu, princ 建波邇安王 158 (=Take Hanijasubiko)
Take Hanijasubiko, presvetli princ 建波邇夜須毘古命 143 (=Take Hanijasu)
Takehikatavake, bog 建日方別 26
Takehimukaihi Tojokuđihinevake, bog 建日向日豊久士比泥別 25
Take Hiratori, bog 建比良鳥命 48
Takehivake, bog 建日別 25
Take Inada no Sukune 建伊那陀宿禰 206
Takejorivake, bog 建依別 25
Take Kaiko, princ 建貝児王 192
Take Mikazući, bog 建御雷神 90, 91, 92, 93, 94, 118, 119 (=Take Mikazućinoo)

Take Mikazući, bog 建甕槌命 155
Take Mikazućinoo, bog 建御雷之男神 32, 90 (=Takefucu, Tojofucu, Take Mikazući)
Take Minakata, bog 建御名方神 92, 93
Take Nunakavamimi, presvetli princ 建沼河耳命 132 (=Kamu Nunakavamimi)
Take Nunakavavake, presvetli princ 建沼河別命 144, 157, 160
Take Ohirokuni Ošitate, presvetli princ, nj. veličanstvo (car Senka) 建小広国押楯命（宣化天皇）305, 306, 308 (=Hinokuma)
Take Ošijama Tarine 建忍山垂根 194
Takešiući no Sukune, presvetli 建内宿禰命 144, 194, 196, 197, 202, 204, 213, 218, 250
Take Tojo Hazuravake, princ 建豊波豆羅和気 147, 150
Takicuhime, boginja 多岐都比売命/田寸津比売命 46, 47
Takiribime, boginja 多紀理毘売命 46, 47, 76 (=Okicušimahime)
Takuso 卓素 219
Tamajoribime, boginja 玉依毘売命 111
Tama no Iracume 玉郎女 207
Tamanoja, bog 玉祖命 52, 97, 98
Tame, princeza 多米王 311
Tame, princ 多米王 313
Tamija no Nakacuhime 田宮之中比売 229
Tamura, princeza 田村王 312 (=Nukadehime, Takara)
Taniguku, bog 多邇具久 79
Taniha no Adisahabime 丹波能阿治佐波毘売 150
Taniha no Hikotatasu Mićinouši, princ 丹波比古多々須美知能宇斯王 148, 161, 166 (=Mićinouši)
Taniha no Kavakami no Masu no Iracume 丹波之河上之摩須郎女 149
Taniha no Toocuomi 丹波之遠津臣 150
Ta no Iracume, princeza 田郎女 306
Tara, princ 多良王 312
Tarašihiko Kuniošihito, presvetli princ 帯日子国忍人命 138 (=Oojamato Tarašihiko Kuniošihito)

Taraši Nakacuhiko, presvetli princ, nj. veličanstvo (car Ćuai) 帯中津日子命/帯中日子命(仲哀天皇) 192, 195, 205
Taširaka, presvetla princeza 手白髪命 304, 305 (=Taširaka no Iracume)
Taširaka no Iracume, princeza 手白髪郎女 303 (=Taširaka)
Tenazući, boginja 手名椎 55, 57
Ten Icu, kralj 天乙 16
Tojamacumi, bog 戸山津見神 33
Tojofucu, bog 豊布都神 32 (=Take Mikazućinoo)
Tojohivake, bog 豊日別 25
Tojoivamado, bog 豊石窓神 98 (=Ame no Ivatovake)
Tojoki Irihiko, presvetli princ 豊木入日子命 152, 153
Tojo Kumono, bog 豊雲野神 20
Tojokunivake, princ 豊国別王 174, 175
Tojomike Kašikijahime, presvetla princeza, nj. veličanstvo (carica Suiko) 豊御気炊屋比売命(推古天皇) 231, 309, 310, 311, 315 (=Oharida)
Tojomikenu, bog 豊御毛沼命 111 (=Vakamikenu)
Tojosukihime, presvetla princeza 豊鉏日売命 153 (=Tojosuki Irihime)
Tojosuki Irihime, presvetla princeza 豊鉏入日売命 152 (=Tojosukihime)
Tojotamabime, boginja 豊玉毘売 107, 108, 110
Tojotovake, princ 豊戸別王 173
Tojoukebime, boginja 豊宇気毘売神 30
Tojuuke, boginja 登由宇気神 98
Tokihakaši, bog 時量師神 38
Tokonecuhiko Irone, presvetli princ 常根津日子伊呂泥命 135
Tomibiko 登美毘古 117, 125, 126 (=Tomi no Nagasunebiko)
Tomijabime 登美夜毘売 126
Tomi no Nagasunebiko 登美能那賀須泥毘古 116 (=Tomibiko)
Toocuajume Makuvašihime 遠津年魚目々微比売 152
Toocujamasakitaraši, bog 遠津山岬多良斯神 78
Toocumaćine, boginja 遠津待根神 78
Tooći no Irihime, presvetla princeza 十市之入日売命 152
Tooši no Iracume, princeza 登富志郎女 207

Torijama 鳥山 242
Torime, princ 鳥売王 229
Torinarumi, bog 鳥鳴海神 76
Tori no Ivakusubune, bog 鳥之石楠船神 29 (=Ame no Torifune)
Totori, boginja 鳥取神 76

Ucušihiganasaku, bog 宇都志日金柝命 40
Ucu Šikome, presvetla princeza 内色許売命 143
Ucu Šikoo, presvetli princ 内色許男命 143
Ucušikunitama, bog 宇都志国玉神 60, 66 (=Ookuninuši)
Uda no Sumisaka, bog 宇陀墨坂神 155
Uđi, princeza 宇遅王 311
Uđi no Vakiiracuko, princ 宇遅能和紀郎子 207, 209, 212, 221, 223
Uđi no Vakiiracume, princeza 宇遅之若郎女/宇遅能若郎女 207, 234
Uenomija no Umajado no Tojotomimi, presvetli princ 上宮之厩戸豊聡耳命(聖徳太子) 313
Uhiđini, bog 宇比地邇神 20
Uka no Mitama, bog 宇迦之御魂神 59
Umaki, princ 馬木王 310
Umaši Ašikabi Hikođi, bog 宇摩志阿斯訶備比古遅神 18
Umaši Mađi, bog 宇麻志麻遅命 126
Umašiući no Sukune 味師内宿禰 144
Umisaćibiko, bog 海佐知毘古 105 (=Hoderi)
Umori, princeza 宇毛理王 311
Umugihime, boginja 蛤貝比売 63
Unakami, princ 菟上王 148, 149, 169, 170
Uoke, princ, presvetli princ 袁祁王 274, 296, 298, 303 (=Uoke no Ivasuvake)
Uokecuhime, presvetla princeza 袁祁都比売命 148
Uoke no Ivasuvake, nj. veličanstvo (car Kenso) 袁祁之石巣別命 (顕宗天皇) 299 (=Uoke)
Usacuhiko 宇沙都日古 115
Usacuhime 宇沙都比売 115
Usagikami, bog 菟神 62

INDEKS LIČNIH IMENA

Utagorihime, presvetla princeza 歌凝比売命 171
Uvacucunoo, bog 上筒之男命 40, 197
Uvacuvatacumi, bog 上津綿津見神 40
Uzuhiko 宇豆比古 144

Vaćicumi, presvetli princ 和知都美命 135
Vakacukušime, boginja 若尽女神 77
Vakahiko Take Kibicuhiko, presvetli princ 若日子建吉備津日子命 141, 142 (=Vaka Take Kibicuhiko)
Vakahime 若比売 305
Vakaikazući, bog 若雷 35
Vakajamakui, bog 若山咋神 83
Vakajamatoneko Hiko Oobibi, presvetli princ, nj. veličanstvo (car Kaika) 若倭根子日子大毘々命 (開化天皇) 143, 147
Vakaja no Iracume 若屋郎女 306
Vakaki no Irihiko, princ 若木之入日子王 174
Vakaki no Irihiko, presvetli princ 若木入日子命 161
Vakakusaka, princeza 若日下王 270 (=Hatabi no Vakiiracume)
Vakakusakabe, presvetla princeza 若日下部命 234, 276, 277, 278 (=Hatabi no Vakiiracume)
Vakamikenu, bog 若御毛沼命 111 (=Tojomikenu, Kamujamato Ivarebiko)
Vakamurocunane 若室葛根神 83 (=Kukuki Vakamurocunane)
Vakanoke Futamata, princ 若野毛二俣王 229 (=Vakanuke Futamata)
Vakanuke, princ 和訶奴気王 194
Vakanuke Futamata, princ 若沼毛二俣王 207 (=Vakanoke Futamata)
Vakasaname, boginja 若沙那売神 83
Vaka Take Kibicuhiko 若建吉備津日子 142, 173 (=Vakahiko Take Kibicuhiko)
Vakatakeru, princ 若建王 192, 193
Vakatarašihiko, presvetli princ, nj. veličanstvo (car Seimu) 若帯日子命 (成務天皇) 173, 174, 194
Vakatarašihime, presvetla princeza 若帯比売命 276
Vakatoši, bog 若年神 83

Vakugo no Sukune 若子宿禰 146
Vaku Musuhi, bog 和久産巣日神 30
Vani, učeni 和邇吉師 219
Vani no Hicuma no Omi 丸邇日瓜臣 303
Vani no Hifure no Oomi 丸邇之比布礼能意富美 207, 210
Vani no Kogoto no Omi 丸邇之許碁登臣 260
Vani no Omi Kućiko 丸邇臣口子 242 (=Kućiko no Omi)
Vani no Sacuki no Omi 丸邇之佐都紀臣 287
Vašihime 鸚比売 147
Vatacumi, bog 綿津見神 40, 106, 108, 109
Vazurainouši, bog 和豆良比能宇斯能神 38

POGOVOR

KOĐIKI, ZAVIČAJ REČI I MISLI ZEMLJE JAPANA

KOĐIKI I NJEGOVO DOBA

Kođiki, zapisi o drevnim događajima najstarije je sačuvano delo koje označava početak japanske književne istorije. Bez njega se ne može govoriti o japanskoj kulturi i civilizaciji. To je i izvorište japanske duhovnosti, politeističke autohtone religije – *šinto*, koja nudi pogled na svet, sasvim drugačiji od onoga kakav poznaje zapadna civilizacija.

Delo *Kođiki* čine tri knjige. Prva knjiga se odnosi na vreme bogova, druga na vreme antičkih junaka, a treća na vreme njihovih potomaka. Prva knjiga sadrži mitove i predanja o rađanju zemlje i bogova. Druga knjiga obuhvata period od vladavine cara Đinmua (660–585. pre n. e.) do cara Ođina (270–310), a treća, od cara Nintokua (313–399) do carice Suiko (592–628). U drugoj knjizi, u kojoj su još prisutni mitološki elementi, govori se o kulturnim junacima i o nastajanju ljudske zajednice, a likovi imaju i božanski i ljudski karakter. U trećoj knjizi se mitološka težnja skoro gubi pa likovi više nisu bogovi ili polubogovi već ljudi, istorijske ličnosti iz stvarnog života.

Istorijski zapis *Kođiki* ne prati hronologiju događaja, već živote bogova i careva. Skoro nigde se ne pominju konkretne godine, meseci i dani zabeleženih dešavanja. Kod nekih careva, doduše, zapisani su datumi njihove smrti, ali ti datumi, stavljeni u zagradu kao uzgredne napomene, najverovatnije su delo kasnijih prepisivača i istorijski su nepouzdani. Umesto istorijskih činjenica u *Kođikiju* se nalazi riznica mitoloških priča i lirskih i epskih pesama starog Japana. On nije samo knjiga o japanskoj istoriji, već predstavlja sam vrh drevne japanske književnosti.

Kođiki je nastao 712. godine, kao istorijski zapis carske porodice. Bilo je to vreme ubrzanog jačanja centralne vlasti pod carskim dvorom. Japan je do VII veka bio neka vrsta plemenskog saveza. Svako pleme je imalo svoje kazivače koji su čuvali i usmeno prenosili mitove, legende i priče koje su se odnosile na plemenske pretke. Iako su se Japanci relativno rano upoznali sa kineskim jezikom i pismom, bilo je malo ljudi koji su znali da se služe veoma složenim kineskim znakovima. Na dvoru su zapis na kineskom vodili istoričari, *fumito*, ali su njihovi tekstovi bili u formi fragmenta. *Kođiki* je bio prvi jedinstveni istorijski zapis, sistematski sređen da se objasni nastanak i razvoj države s gledišta carske porodice.

Pored dela *Kođiki*, gotovo istovremeno, na dvoru su po nalogu carice Genmei, princ Toneri i drugi počeli rad na pisanju istorije Japana, *Nihonšoki* ili *Nihongi*. Rad se završava 720. godine, osam godina posle *Kođikija*. *Nihonšoki* je napisan na kineskom jeziku kako bi se zemlja predstavila pred Kinezima kao civilizovana i nezavisna država. Za razliku od *Kođikija* koji govori o istoriji carske porodice, *Nihonšoki* je prva službena istorija države. Ima trideset tomova i obuhvata više verzija mitova i legendi prenesenih i u druga plemena. S obzirom na to da se oba dela odnose na skoro isti period, ima mnogo podudarnosti na tematsko-motivskom planu. Mogu se naći iste mitološke priče, koje se vrlo malo međusobno razlikuju. Ali *Nihonšoki*, kao službena istorija države, beleži događaje hronološki, sa godinama i mesecima dešavanja. U tom smislu *Nihonšoki* ima veću vrednost kao istorijski zapis, dok je *Kođiki* zadržao daleko više književnih elemenata.

Potreba za zvaničnim istorijskim zapisima države vezana je za unutrašnju i spoljnopolitičku situaciju tog vremena. Početkom VII veka, u Kini se uspostavlja veoma moćna dinastija Tang, što će imati uticaja na čitavu Aziju. Na Korejskom poluostrvu, koje je do tada bilo podeljeno na tri kraljevine, dolazi do velikog previranja, kada zemlja Širagi godine 660. uz podršku dinastije Tang napadne zemlju Kudara. Na molbu Kudare Japan šalje svoju vojsku, koja će 663. godine pretrpeti poraz u bici na ušću reke Hakusukinoe od dve savezničke vojske, Tanga i Širagija. Poraz je uzdrmao tadašnji carski dvor, koji je osetio potrebu da što pre uspostavi diplomatske odnose sa dinastijom Tang i da joj svoju zemlju predstavi kao ravnopravnu i nezavisnu državu. Bilo je potrebno da se postavi čvrst temelj za centralizovanu državu sa jedinstvenim uređenjem i zakonodavstvom.

Usred tih napora za centralizacijom antičke države, 672. godine, posle smrti cara Tenđija, izbio je građanski rat (tzv. Rat u eri Đinšin). Sukobile su se pristalice princa Ootomoa, carevog sina (koji nije od prve carice), s jedne, i princa Ooame, carevog rođenog brata, s druge strane. Princ Ooama izlazi iz ovog sukoba kao pobednik i postaje car Tenmu. On će sprovesti mere za modernizaciju države po uzoru na Kinu. Pošto su se u zemlji još uvek osećali veliki nemiri i neredi kao posledica sukoba u carskoj porodici i među plemenima, car Tenmu odlučio je da uredi jedinstvenu istoriju carske porodice, koja bi uverljivo pokazala legitimitet državne vlasti sa carem na čelu. U drevnom Japanu su smatrali da mitološke priče imaju funkciju rukovodećeg principa za upravljanje društvenim životom (Tsuguta 2002: 190). U tom smislu, *Kođiki* i *Nihonšoki* odražavaju duhovni poredak i političke misli u japanskom narodu od kraja VI do početka VIII veka (Tsuguta 2002: 192).

NASTANAK DELA *KOĐIKI* I DOSADAŠNJE ISTRAŽIVANJE

Smatra se da je Uvod koji je napisao sam priređivač, dvoranin Oo no Jasumaro, vrlo značajan i gotovo jedini tekst koji neposredno svedoči o nastanku ovoga dela. Napisan je na kineskom jeziku, u izuzetno visokom stilu, tzv.

široku benrei tai, sa metričkim obrascem od 4 i 6 obeleženih kineskih znakova.

Pre nastanka *Kođikija* bilo je više istorijskih zapisa, *teiki* (Hronika careva, koja sadrži ime cara i njegov rodoslov; bitne događaje na dvoru i u državi; imena carica, prinčeva i princeza; mesto grobnice) i *kjuđi* (Knjiga predanja, koja se sastoji od priča, legendi i pesama), koji su se usmeno prenosili. Među njima je bilo dosta neslaganja, varijanata, različito prenošenih od plemena do plemena. Car Tenmu odlučio je da ih sistematizuje i da zavede red u toj oblasti kako bi se pokazalo poreklo carske porodice i odnosa svih plemena prema njoj.

Car Tenmu naredi dvorskom kazivaču Hieda no Areu, koji je imao izuzetno pamćenje, da prouči i upamti sve te zapise. Za Hieda no Area, neki istraživači tvrde da je bio muškarac jer je bio oslovljen kao *toneri*, dvorski sluga, što je bio muški posao, dok drugi smatraju da se radi o ženi s obzirom na prezime Hieda koje ukazuje na pripadnost plemenu dvorskih proročica, Sarume.

Iako je vrlo malo literature koja objašnjava funkciju dvorskog kazivača tog vremena, sama pojava kazivača Hieda no Area govori o važnoj činjenici: „glasom" se čuvalo kolektivno pamćenje. Kazivači su učestvovali u svečanostima na carskom dvoru kazujući stare priče. Istoričari tvrde da je u X veku još bio običaj da neka plemena šalju svoje kazivače da učestvuju u takvim svečanostima na dvoru. Uz igru su kazivali pesme, posvećene caru (Miura 2002: 364–365).

Posle smrti cara Tenmua rad na sređivanju Hronike careva i Knjige predanja bio je prekinut. Carica Genmei osetila je potrebu da se još jednom srede istorijski zapisi carske porodice. Septembra godine 711. naloži dvoraninu Oo no Jasumarou da zapiše ono što je Hieda no Are zapamtio. Za samo pet meseci, januara 712. godine, Oo no Jasumaro predaje zapis carici Genmei.

U njegovom uvodnom tekstu osećaju se tragovi kineske filozofije, na primer princip jin (tama; ženski princip) i jang (svetlo; muški princip). I pored toga, Jasumaro je nastojao da pronađe način kako da se kineskim znakovima zabeleže izvorno japanski književni izrazi.

Vešto koristeći kineske znakove, ponegde kao ideogramske, ponegde kao glasovne, prilagođavajući ih gramatici japanskog jezika i njegovoj fonetici, priređivač Oo no Jasumaro uspeo je da sačuva svu raskoš i celo bogatstvo imaginarnog sveta koji je Hieda no Are usmeno prenosio. Posebno je dragoceno što je takvim načinom zapisivanja uspeo da sačuva pesme u izvornom obliku, što bi bilo nemoguće da ih je zapisao kineskim jezikom.

Stil dela *Kođiki*, kao što se može naslutiti po okolnostima njegovog nastanka, u sebi nosi odlike usmenog kazivanja, u kome je veoma razvijena muzička funkcija jezika. Prvo, čuvajući izvorne japanske izraze kao što su zaumne reči i onomatopeje, i koristeći ideogramske znakove kao glasovne, Jasumaro je verno zabeležio stilske figure i refrene. Drugo, u tekstu *Kođikija* učestale su veoma dugačke rečenice, u kojima se ponavljaju iste sintaksičke jedinice. Nobucuna Saigo (Nobutsuna Saigo) ih je nazvao postupkom sintaktičkog ponavljanja, odnosno *proročkim stilom* (Miura 2002: 360–363). Zatim, primećuju se kanonizovane rečenice, u kojima se javljaju antiteze. Dijalog je stilizovan: dva lika vode razgovor, sastavljen od pitanja i odgovora. Po pravilu, ne javlja se troje ili više likova u istoj sceni. Pored toga, sadrži veliki broj pesama, njih oko sto deset, među kojima su i epske. Struktura *Kođikija* sagrađena je od stihovnog i proznog teksta koji se prepliću, što je karakteristično za usmenu književnost.

Pored navedenih karakteristika, u delu *Kođiki* javljaju se tipizirani likovi, koji se kružno smenjuju kroz delo. Na primer, princ Jamato Takeru iz druge knjige podseća nas na boga Susanoa iz prve knjige, koji često ne može da se kontroliše. Srodan je i lik princa Oohacuse Vakatakerua (kasnije, car Jurjaku) iz treće knjige. Uprkos sličnim osobinama, postoji i razlika: bog Susanoo, kao kulturni junak, uvodi red u ljudsku zajednicu, dok princ Jamato Takeru tragično završava život sledeći carevu naredbu da krene u pohod. Princ Oohacuse Vakatakeru postaje silni car, vlada zemljom kao apsolutni despot. Tri lika tačno prate pomeranje od mitskog vremena ka vremenu ljudske zajednice. Sukejuki Miura ističe da takvo kružno ponavljanje likova ili motiva jeste plod usmenog kazivanja (Miura 2002: 363). Delo *Kođiki* nije moglo da se rađa bez dvorskih kazivača, odnosno narodnih pevača koji su svojim glasovima prenosili pamćenje drevne zajednice. Zato je on kolevka japanske književnosti u pravom smislu te reči.

Dok je knjiga *Nihonšoki* često pominjana i citirana, i pomno proučavana u zvaničnim dokumentima na dvoru, *Kođiki* je bio dugo u njenoj senci, veoma retko čak i spominjan. Citat jedva vidimo u čuvenoj antologiji pesama *Man'jošu* (tom II, 90. pesma), a za njega je retko ko znao posle VIII veka. Najstarija i najverodostojnija verzija je prepis napravljen 1371–72. godine, u budističkom hramu Šinpukuđi, koji se i danas koristi kao nezaobilazan za naučno proučavanje *Kođikija*.

Ozbiljno proučavanje ovoga izuzetno značajnog dela počinje tek u XVIII veku, u Edo periodu. Motoori Norinaga (1730–1801), utemeljitelj nauke o Japanu, *kokugaku*, počeo da se bavi istraživanjem ovoga dela. Tragajući za izvornim jezikom i temeljima duhovnosti japanskog naroda pre dolaska budizma i konfucijanizma, Norinaga je više od tri decenije posvetio pisanju komentara i napomena za *Kođiki*. Njegov doprinos je ogroman: razrešio je čitanje svakog kineskog ideograma u tekstu. Njegovo mukotrpno izučavanje je krunisano kao izdanje *Kođikiden*, u 48 tomova. Prvi tom je izašao 1790, a poslednji, posthumno, 1822. godine. Zahvaljujući njegovom proučavanju, danas se zna prava vrednost *Kođikija*, ne samo u Japanu već širom sveta. Današnje razumevanje veoma složenih arhaičnih tekstova u delu *Kođiki* dobrim delom dugujemo Norinaginim komentarima i napomenama, koji i danas služe kao osnova tumačenja dela. Mogli bismo reći da je on otkrio i oživeo delo *Kođiki*.

Polazeći od Norinaginog naučnog istraživanja, moderni naučnici su krajem XIX veka počeli da proučavaju i daju savremeno tumačenje ovog drevnog istorijskog zapisa iz drugih uglova. Služeći se novim naučnim dostignućima i metodama sa zapada, japanski filolozi analizirali su tekst *Kođikija* sa tipološko-komparativnog aspekta, poređenjem sa sličnim mitološkim pričama drugih naroda. Takajama Ćogju (Takayama Chogyu), Anesaki Ćofu (Anesaki Chofu), Takagi Tošio (Takagi Toshio) i dr, nastojali su da se *Kođiki* tumači i analizira u kontekstu proučavanja mitologija sveta. Haga Jaići (Haga Yaichi, 1867–1927), posle studijskog boravka u Nemačkoj, modernizovao je istraživanje dela *Kođiki*, primenjujući filološki pristup. Značajan je i rad komparativiste Muramacu Takea (Muramatsu Takeo), autora dela *Studija o japanskoj mitologiji* (Nihon shinwa no kenkyu, I–VI, 1954–1958). On je sa engleskog preveo srpske narodne priče na japanski.

Kasnije, 1929. godine filozof Cuda Sokići (Tsuda Sokichi) objavio je kapitalno delo *Novo proučavanje dela Kođiki i Nihonšoki (Kojiki oyobi Nihonshoki no shinkenkyu)*, u kome se ta dela tumače sa sociološkog aspekta. Precizno definišući *teiki* i *kjuđi*, Cuda je utvrdio da tekstovi koji se odnose na period pre IV veka nisu verodostojni kao istorijske činjenice. U knjizi *Drevna japanska kultura (Kodai nihon bunka,* 1920), filozof Vacuđi Tecuro (Watsuji Tetsuro), ukazao je na umetničku vrednost dela *Kođiki*. Njihove knjige su doprinele modernizaciji metodološkog pristupa, jer nisu više tumačili *Kođiki* kao tekst sakralnog karaktera, već kao predmet naučnog istraživanja kakvo zaslužuje svako klasično delo kao kulturno nasleđe Japana.

Tokom Drugog svetskog rata, međutim, delo *Kođiki* se koristilo za propagandu državne nacionalističke ideologije. Cuda je optužen za nepoštovanje neprikosnovenosti cara. U takvim okolnostima skoro je bilo nemoguće naučno istražiti delo *Kođiki*, koje se smatralo svetom knjigom i dokazom da je car bog na zemlji, kako su tadašnje vlasti tvrdile. Tek posle rata iznova počinje njegovo istraživanje. *Kođiki* se rasvetljava multidisciplinarno, u njegovo proučavanje se uključuju razne naučne discipline: sociologija, istorija, etnologija, antropologija, mitologija, religija, arheologija, filologija, komparativistika, lingvistika i nauka o književnosti. Među istraživačima, posebno se ističe komparativista Obajaši Tarjo (Obayashi Taryo), koji je proučavao folklor tipološko-komparativnim pristupom, otkrivajući prisutnost određenih tipova mitoloških priča iz *Kođikija* u raznim regionima sveta. Danas se veliki broj stranih proučavalaca bavi *Kođikijem*, rasvetljavajući nove dimenzije ovog vrednog istorijskog zapisa.

KOĐIKI I NJEGOVA STRUKTURA

Rastanak boga Izanakija i boginje Izanami podseća na grčku mitološku priču o Orfejevoj poseti donjem svetu. Iako je boginja molila boga da je ne gleda sve dok ga ne pozove, bog je pogleda i time je zauvek onemogućen njen povratak iz zemlje smrti. Priča o princu Majova, koji je ubio očuha, čim je saznao da je ubica prinčevog oca, odmah nas asocira na Šekspirovog *Hamleta*. U delu *Kođiki* nalazimo priče sa internacionalnim motivima, koji su prisutni i prepoznatljivi i u zapadnoj kulturi. Svaka priča može da se čita zasebno. Ali *Kođiki* ima prstenastu strukturu, u kojoj priče čine jednu celinu. On je sistem kroz koji se provlači jedinstvena vremenska nit. Iako se u njemu gotovo ne pominje godina ili datum događaja, vreme teče progresivno od prve priče prve knjige do poslednje priče treće knjige. Mogli bismo reći da *Kođiki* prati ljudsku zajednicu kako se rađa pomoću mitova.

U drevnom Japanu, pojam vremena se odnosio na smenjivanje pokolenja. Vreme se određivalo po generaciji, kao vreme predaka, dedova, očeva, sinova i potomaka. Zato je rodoslov imao izuzetan značaj. Prva knjiga opisuje rađanje zemlje i bogova. Druga knjiga počinje sa legendarnim prvim carem Đinmuom, čije postojanje nije naučno dokazano, a završava se s carem Ođin, za čije vladavine stiže konfucijanizam iz Koreje. Treća knjiga počinje konfucijanskim poimanjem cara Nintokua kao *svetog cara*, a završava se caricom Suiko, koja je zaslužna za uvođenje budizma u Japan. Vremenski okvir dela *Kođiki* odražava pomeranje filozofije i ideologije, od izvorne japanske religije, *šintoizma*, preko konfucijanizma, do budizma.

Što se prostora tiče, *Kođiki* ima jedinstveni sistem u kome su priče raspoređene. Svet je podeljen na sledeća polja: Uzvišeno nebesko polje (*Takama no hara*: nebeski prostor, za bogove); Središnja zemlja trščanih polja (*Ašihara no Nakacukuni*: zemaljski prostor, za bogove i ljude); Zemlja noćne tame (*Jomi*: podzemni prostor, za mrtve); Zemlja Ne (*Ne no Katasu*: podzemni prostor, za mrtve): Zemlja večnosti (*Tokojo*: prostor iza mora, neka vrsta utopije); Morsko polje *(Vatacumi)*. U vezi sa Zemljom noćne tame i Zemljom Ne ima nekoliko različitih teorija. Kanda smatra da i jedna i druga potiču od različitih misaonih koncepcija, dok Saigo smata da svaki naziv označava jednu dimenziju iste zemlje (Macumoto 2003: 207). Prema Macumotu, iako i jedna i druga imaju element smrti, Zemlja Ne istovremeno teži vaskrsavanju, životu: bog Susanoo kao vladar Zemlje Ne uvek brani život, dok nam boginja Izanami samo donosi smrt iz Zemlje noćne tame (Matsumoto 2003: 307). Između Središnje zemlje trščanih polja i Zemlje noćne tame, ili Zemlje Ne, nalazi se brdo Hira kao granični predeo između dva sveta. U prvoj knjizi priče su vezane za sva mesta, s obzirom da se radi o rastanku i osnivanju zemlje, dok su sve priče i pesme u drugoj i trećoj knjizi vezane isključivo za Središnju zemlju trščanih polja.

Prva knjiga, u kojoj se najviše oseća duh *šintoizma*, izvorne japanske vere, predstavlja pogled na svet iz najranijeg perioda japanske kulture. S obzirom na to da je osnovna svrha ovoga istorijskog zapisa da se objasni nastanak zemlje, najpre božanski par, brat i sestra Izanaki i Izanami rađaju ostrva: zemlju Jamato koju čini osam velikih ostrva. *Kođiki* ne govori o poreklu *čoveka*. Nastanak čoveka je opisan kao nicanje trave. Za razliku od hrišćanstva, koje čoveka shvata kao biće nalik na Boga, kome je određen viši položaj od životinja, *šintoizam* kao politeistička religija, u svakoj pojavi našeg sveta podjednako vidi božanstvo. Čovekov život i smrt shvaćeni su kao jedan ciklus: čovek je kao zelena trava, zimi vene, umire, ali niče ponovo u proleće, i tako se život obnavlja i nasleđuju ga potomci.

Naoki Macumoto (Naoki Matsumto) ističe da je struktura dela *Kođiki* slojevita, naglašavajući dva bitna sloja. Prvi, etnološki sloj, nastao je pre formiranja moćne dinastije koja može da utiče na strukturu priče, sadrži elemente internacionalnih motiva, srodnih sa drugim narodnim pričama. Drugi sloj, koji bismo mogli nazvati političkim, čine motivi kojima se objašnjava poreklo i legitimnost dinastije Jamato i japanskih careva: priče u kojima su bogovi nizane su po vremenskom sledu. (Matsumoto 2003: 73). I jedan i drugi su važni za razumevanje i tumačenje dela *Kođiki*.

U pričama *Kođikija* ključni likovi su bogovi, ili njihovi potomci, tj. carevi. Prvu grupu čine apstraktni bogovi. Oni se na samom početku prve knjige predstavljaju bez opisa tela ili aktivnosti, bez jasnog karaktera. Iako nemaju jasne ličnosti, oni igraju veoma važnu ulogu: naređuju prvom paru, bogu Izanakiju i boginji Izanami da stvaraju zemlju. Tu spadaju i Jaojorozu no kami (osam miliona bogova), tj. mnoštvo raznih bogova, bez konkretnih opisa. Oni se javljaju, na primer, kao bogovi koji pokušavaju da vrate Veliku boginju Amaterasu iz nebeske pećine.

Druga je grupa bogova konkretnih pojava. Tu spadaju bogovi prirodnih pojava, kao što su bog mora, bog vetra, bog planine, bog drveta i dr. Ima i bogova koji se odnose na proizvodnju, kao što su bog vatre, boginja žitarica i sl. Zatim, tu su i bogovi vezani za civilizaciju, kao što je bog kuće, bog krova itd.

U pričama u kojima su bogovi glavni likovi, dosadašnja tipološko-komparativna istraživanja nalaze srodne elemente sa mitovima drugih naroda sveta.

Motiv tabua gledanja, koji je prisutan u priči boga Izanakija i boginje Izanami, tipičan je primer internacionalnog motiva. Izanakijev odlazak u Zemlju noćne tame ima srodnu sižejnu strukturu kao mit o Orfeju, junaku koji za svojom dragom odlazi u svet mrtvih, ali je izgubi zauvek jer je prekršio zabranu gledanja.

Priča o poreklu žitarica koja objašnjava da je pet osnovnih žitarica nastalo od delova leša boginje Oogecuhime, sadrži motiv preobražaja mrtvog tela, poznat po nazivu *Hainuvele*, rasprostranjen po Indoneziji i Južnoj Americi (Obayashi 1986: 242).

Istraživači su već zapazili prisustvo mnogih srodnih motiva između japanskih i indonežanskih. Poznato je da je struktura priče o bogu Ho no Ninigiju koji je uzeo za ženu boginju Konohana no Sakujabime koja simbolizuje cveće (procvat i prolaznost), a odbio njenu stariju sestru, boginju Ivanagahime, koja simbolizuje stene (ružnoća i dugovečnost), slična indonežanskoj narodnoj priči o banani i kamenu koje je bog poslao s neba. U japanskoj priči kaže se da su japanski carevi postali smrtni pošto je bog Ho no Ninigi odbio ružnu sestru koja bi mu donela dugovečnost. Po narodnoj priči iz Indonezije, ljudi su postali smrtni jer su uzeli samo bananu za hranu odbivši kamen (Obayashi 1986: 314).

Pored tematsko-motivskog plana, srodnost vidimo i u samoj strukturi priče. U pričama *Kođikija* nekoliko puta se javlja trojstvo bogova, od kojih bog u sredini nema jasnu ulogu. Kavai Hajao (Kawai Hayao) ga naziva *sredinom nedelanja* (Obayashi 1986: 307–315). Prvo trojstvo čine tri boga, Ame no Minakanuši, Takami Musuhi i Kamu Musuhi iz samog početka *Kođikija*, od kojih se bog Ame no Minakanuši u daljem sižejnom toku gubi. Drugo trojstvo se javlja prilikom umivanja lica boga Izanakija u vodi: od levog oka se rađa Amaterasu, Velika boginja Sunca; od desnog oka Cukujomi, bog Mesec; a od nosa bog prirodnih sila Susanoo. Drugi, bog Mesec, samo se ovde pominje i gubi se u daljem sižejnom toku. Treće trojstvo odnosi se na priču o Umisaćibikou i Jamasaćibikou koji se svađaju oko izgubljene udice. Od tri sina koje je u vatri rodila boginja Konohana no Sakujabime, srednji sin, bog Hosuseri, nestaje u daljem tekstu. Obajaši koji je zapazio istu strukturu trojstva sa *sredinom nedelanja* i u indonežanskoj mitologiji, pretpostavlja da je bog u sredini tu da da celovitost ili jedinstvo (Obayashi 1986: 315). Zanimljivo je da prvo trojstvo nastaje na nebu, u vazduhu, kao samotni bogovi, drugo se rađa u vodi od samog muškog boga, dok se treće rađa u vatri od boginje koju je oplodio bog. Čini se da se tri trojstva u delu *Kođiki* kružno ponavljaju, uz tri osnovna elementa: vazduh, vodu i vatru, kao i uz tri načina nastajanja bića: nicanje, samooplođenje i oplođenje, pomerajući se od imaginarnog ka realnom.

Drugi, politički sloj, takođe čini bitnu poetiku ovoga dela. Ideologija koja se provlači kroz delo *Kođiki* jeste isticanje božanskog porekla careva kojima je Velika boginja Amaterasu poverila da vladaju zemljom. Građa koja se sastoji od raznih priča i predanja, sačuvanih u raznim plemenima, reorganizovana je i uređena. Današnje čitaoce, pogotovo van japanskog prostora, zbuniće mnoštvo imena bogova, čiji su međusobni odnosi složeni. Za lakše razumevanje teksta, ovde ćemo navesti osnovni rodoslov u prvoj knjizi: bog Izanaki (otac) – Velika boginja Amaterasu (vladarka Uzvišenog nebeskog polja) – bog Ame no Ošihomimi – bog Ho no Ninigi (poslat da vlada Zemljom) – bog Hiko Hohodemi (bog Hoori, tj. Jamasaćibiko) – bog Ugajafukiaezu (otac cara Đinmua) – bog Kamujamato Ivarebiko (car Đinmu).

Pre ovoga osnovnog rodoslova dodat je korpus koji sadrži priče o postanku sveta. Oko bogova ili boginja iz ovog rodoslova razgranate su priče i pesme o drugim bogovima koje slave drugi narodi, kao što su narod iz zemlje Izumo ili narod Hajato sa ostrva Kjušu.

PRVA KNJIGA: VREME BOGOVA

U prvoj knjizi, koja govori o vremenu bogova, najbolje se vidi poetika ovoga dela. Svet bogova prikazan je kao zavičajno mesto ljudskog roda, a sadašnjost se shvata kao nastavak vremena bogova. Dok *Nihonšoki* posvećuje ovom vremenu samo dva od trideset tomova, *Kođiki* mu posvećuje čak trećinu od celine. Osnovni vremenski okvir čine od nastanka prvih bogova na Uzvišenom nebeskom polju, do rađanja boga Kamujamato Ivarebikoa koji će se kasnije, u drugoj knjizi, ustoličiti kao car Đinmu. Smisao tih mitova je da se dokaže krvno srodstvo carske porodice s nebeskim bogovima i legitimitet njene vlasti.

Radnja u prvim pričama smeštena je na Uzvišenom nebeskom polju, na kome nastaju i nestaju apstraktni bogovi, koji su i samotni. Zatim slede priče o rađanju zemlje: bog Izanaki i boginja Izanami, po naredbi apstraktnih bogova počinju da stvaraju, najpre, ostrva koja će činiti japansku zemlju, a zatim nastavljaju na njima da rađaju bogove. Od njihovog snošaja rađaju se trideset tri boga. Idilična slika rađanja dramatično se menja kada se rodi bog vatre. Boginja Izanami od opekotina pada u postelju i odlazi u Zemlju noćne tame. Vatra, ključ civilizacije, prekida sklad koji je do tada postojao i unosi nemir i haos među bogovima.

Po povratku iz Zemlje noćne tame gde se oprostio od boginje Izanami, bog Izanaki, prilikom pročišćenja svoga tela, odevnih predmeta i nakita, bez snošaja, rađa niz drugih bogova. Najznačajnije je rađanje tzv. troje uzvišene dece. Bog Izanaki naloži Velikoj boginji Amaterasu da vlada Uzvišenim nebeskim poljem, bogu Cukujomiju poverava Zemlju noći, a bogu Susanou daje Morsko polje na upravljanje. Bog Susanoo, međutim, odbija očev nalog tražeći da ode u Zemlju Ne da vidi svoju mrtvu majku. Kao što smo već pomenuli, bog Cukujomi, kao *sredina nedelanja*, više se ne pojavljuje, i daljnja radnja se odvija oko dva ključna lika, Velike boginje Sunca i boga Susanoa, koji čine kontrast: poslušna sestra i neposlušni brat.

Kulturni bog Susanoo pun je snažnih osećanja koja se stalno menjaju. Lik mnogih protivrečnosti, naizmenično stvara i ruši. Pošto je prognan sa Uzvišenog nebeskog polja, na putu je ubio boginju žitarica, Oogecuhime. Iz njenog mrtvog tela nastaje pet vrsta žitarica (pirinač, proso, soja, crveni pasulj i ječam) i svilena buba. Stigavši na Zemlju, u zemlju Izumo, ubija osmoglavu džinovsku zmiju i tako spasava boginju Kušinadahime, kojom će se oženiti i živeti u mestu Suga. Osmoglava zmija je metafora reke Hi. U njenom gornjem toku nalazio se rudnik gvožđa i zbog toga je njena voda u vreme poplava dobijala crvenu boju kao da njome teče krv. Ubistvo osmoglave zmije znači ukroćenje vodene stihije i predstavlja početak poljoprivrede, koji je bio nagovešten ubistvom boginje žitarica. Mač Kusanagi koji je bog Susanoo pronašao u zmijinom repu, pojaviće se ponovo u priči o junaku Jamato Takeruu, kao sveti mač koji mu spasava život.

Sledi ciklus priča o bogu Ookuninušiju, gospodaru zemlje Izumo, koji će uz blagoslov boga Susanoa, izgraditi Središnju zemlju trščanih polja. U prvoj priči o belom zecu, bog Ookuninuši se javlja u ulozi vrača, koji leči ranjenog zeca. On mora da prođe kroz mnoga iskušenja: dva puta umire, i dva puta vaskrsava. Na kraju odlazi u zemlju Ne, kod boga Susanoa. Susanoova ćerka Suseribime odmah se zaljubi u njega, pomaže mu da savlada sva iskušenja koja mu je bog Susanoo pripremio. Sva ta iskušenja mogu se tumačiti kao odraz običaja inicijacije, ritualnog uvođenja mladih u društvo odraslih. Bog Ookuninuši beži iz Zemlje Ne, a bog Susanoo, stigavši do brda Hira na granici onog i ovog sveta, nazvao ga je bogom Ookuninušijem, velikim gospodarom zemlje, čime mu je poverio vlast nad Središnjom zemljom trščanih polja.

Priča o ustupanju zemlje počinje odlukom Velike boginje Amaterasu da zatraži od boga Ookuninušija da joj preda vlast jer njen potomak treba da vlada Središnjom zemljom trščanih polja. Posle rasprava sa njenim izaslanicima, bog Ookuninuši se konačno slaže da se povuče u veliko šintoističko svetilište. Tada bog Ho no Ninigi, unuk Velike boginje Amaterasu, silazi sa neba da preuzme vlast nad Središnjom zemljom trščanih polja. Silazak boga Ho no Ninigija predstavlja bitan momenat za promenu shvatanja o životnom veku. Pošto je bog Ho no Ninigi odbio da uzme za ženu ružnu ćerku boga planine Oojamacumija, ovaj mu proriče da potomci nebeskog boga više neće imati večni život. Do tog trenutka svi bogovi imali su večni život. Bogovi ne umiru, već se samo sklanjaju ili povlače. Oni su prisutni iako se ne vide, kao što je bog Susanoo. Oni su bića van vremenskog okvira.

Kada bog Ookuninuši, potomak boga Susanoa, ustupa Središnju zemlju trščanih polja unuku Velike boginje Amaterasu, izgrađivanje zemlje se završava. Bog Ho no Ninigi postaje vladar Središnje zemlje trščanih polja. Za razliku od Uzvišenog nebeskog polja (nebo) čije su vlasti stabilne, jer njima upravlja Velika boginja Sunca Amaterasu, Središnja zemlja trščanih polja menja vladare. Bog Susanoo, koji je prvi zavladao zemljom Izumo, povlači se u Zemlju Ne. Bog Susanoo poverava zemlju bogu Ookuninušiju, koji se oženio Susanoovom ćerkom Suseribime koja je živela u Zemlji Ne. Mogli bismo da tumačimo da upravo zbog toga, Središnja zemlja trščanih polja, zemlja u kojoj smo mi ljudi, tu dodiruje Zemlju smrti. Bog Susanoo ima posredničku ulogu, da spaja tri prostora: nebeski, zemaljski i podzemni.

Na kraju priče o silasku unuka Velike boginje javlja se još jednom motiv rađanja dece u vatri. Boginja Konohana no Sakujabime, da bi dokazala da su njena deca sinovi nebeskog boga, porađa se u vatri. Bog Hosuseri, srednji sin, kao već pomenuta *sredina nedelanja*, neće se više pojaviti u priči, dok ostala dvojica sinova, Hoderi i Hoori (Umisaćibiko i Jamasaćibiko), postaju glavni likovi u poslednjoj priči prve knjige. Bog Hoderi predstavlja magičnu moć ribolova na moru, dok bog Hoori za lov na planini. Kada je izgubio bratovljevu udicu, bog Hoori odlazi bogu mora Vatacumiju. Oženio se njegovom ćerkom, boginjom Tojotamabime, koja će mu pomoći da pronađe udicu. Zahvaljujući magičnoj moći koju mu je dao bog mora, bog Hoori će pobediti svoga brata Hoderija. Priča se završava rastankom od žene, koja se vraća u zemlju mora. Iako je zamolila da je ne vidi dok traje porođaj, bog Hoori krši zabranu: provirio je i video da je ona morski pas. Po povratku u zemlju mora, ona mu šalje mlađu sestru, boginju Tamajoribime, da uzgaja njihovo dete, boga Ugajafukiaezua. Bog Ugajafukiaezu će uzeti boginju Tamajoribime za ženu, s kojom će imati četiri sina, od kojih će bog Kamujamato Ivarebiko, kasnije postati prvi car Đinmu. Svim ovim pričama, kroz prvu knjigu, potvrđuje se božansko poreklo predaka carske porodice.

Drevni Japanci su smatrali da su japanski carevi potomci Velike boginje Amaterasu. Sve vlasti na ovoj zemlji poverene su im od nje. Bogovi koji su sišli s neba da vladaju prostorima ove zemlje, vezani su za poljoprivredu, posebno žitarice. Ime boga Ho no Ninigi znači „izobilje pirinčanog klasja", a on silazi na vrh planine Takačiho koji u prevodu znači „visoko brdo od hiljadu pirinčanih klasova". Potomci nebeskih bogova su se oženili ćerkama zemaljskog boga planine, Jamacumija i boga mora, Vatacumija, i time su sjedinili sunce, zemlju i vodu. Istovremeno, ove mitološke priče su i odraz istorijskog procesa pokoravanja naroda Hajato sa juga i primorskog naroda Ama sa severa ostrva Kjušu.

Prva knjiga dela *Kođiki*, s jedne strane, pripoveda o postanku Središnje zemlje trščanih polja, kojoj je božanska moć data sa Uzvišenog nebeskog polja, a, s druge strane, govori o nama nedostižnim svetovima kao što su Zemlja noćne tame, Zemlja Ne, Zemlja večnosti i Zemlja morskog polja: neki bogovi odlaze u taj imaginarni svet, a neki dolaze odande. Drugim rečima, svet mitova *Kođikija* je jedinstveni poredak koji ne obuhvata samo nama vidljive, dostižne svetove, već i nevidljive i nedostižne: i jedni i drugi čine jedinstvenu celinu, koja nam obezbeđuje život, ne samo materijalni već i duhovni.

DRUGA I TREĆA KNJIGA: VREME LJUDI

Dok u prvoj knjizi sižejna struktura prati vertikalno pomeranje bogova sa nebeskog prostora na zemaljski svet, u drugoj i trećoj knjizi prati se horizontalno proširenje zemlje sa zapada prema istoku. Pohod na istok cara Đinmua na početku druge knjige, kao i pohod na istoku cara Ođina na njenom kraju, najbolje to ilustruje. Drugom knjigom prelazimo sa mitskog na istorijsko vreme. Druga i treća knjiga sadrže rodoslove trideset i tri cara, kao i priče o njima, njihovim prinčevima i princezama, i uglednim velikodostojnicima sa dvora. Za petnaest careva zabeležena su predanja o njima, dok za njih osamnaest postoje samo kratki opisi i rodoslovi. Stoga, neka poglavlja nam ostavljaju utisak kao da su nedovršena. Međutim, u drugoj i trećoj knjizi veoma važnu ulogu imaju rodoslovi careva jer daju jasan vremenski i prostorni okvir. Rodoslovi ne pokazuju samo vremenski tok već i prostorno širenje uticaja dvora u Jamatu pošto se potčinjena plemena vezuju za carsku lozu stvarnim ili imaginarnim krvnim srodstvom. U *Kođikiju* se pominje više od dve stotine imena takvih plemena i kad se pogleda iz kog mesta oni potiču, može se tačno odrediti teritorijalna celina koja je bila pod vlašću dinastije. Tu su i sačuvana prvobitna usmena predanja, koja su prenošena pojedinačno, po plemenima, izvan celovitog sistema dela *Kođiki*.

Dok se u drugoj knjizi presto nasleđuje vertikalnom linijom otac-sin, u trećoj knjizi, koja počinje carem Nintokuom, nasledstvo postaje veoma složeno jer se uvodi i horizontalna linija brat-brat. Razlika između druge i treće knjige oseća se i u samim predanjima. Dok se u drugoj knjizi još uvek zadržava dosta mitoloških elemenata, u trećoj ih je vrlo malo. U drugoj knjizi, u pričama o crvenoj streli i princu Jamato Takuruu, još su prisutni motiv metamorfoze, karakteristični za prvu knjigu. Likovi iz druge knjige, kao što su car Đinmu, princ Jamato Takeru i carica Đingu, imaju božansku moć. Oni čuju i razumeju božji glas, smiruju božji gnev. U trećoj knjizi nema nijednog cara koji poseduje takvu magičnu moć. Može se smatrati da je to uticaj konfucijanizma koji je tada prihvaćen na carskom dvoru Japana. Treća knjiga, međutim, sadrži mnogo narodnih pesama u kojima se čuje autentičan lirski glas drevnog Japana.

Na tematsko-motivskom planu, u drugoj i trećoj knjizi učestale su priče o izdaji ili pobuni koja prati nasleđivanje prestola. Ovaj korpus pokazuje da se božanski presto čuva, suočavanjem s iskušenjima, krizama i teškoćama. Pored toga, u drugoj knjizi se često govori o pohodima: pohod na istok cara Đinmua, pohod na zapad i istok princa Jamato Takerua, pohod na Širagi carice Đingu i dr. Ovde je vrlo jasno podvučena prvobitna ideologija dela *Kođiki*: pokoravanje neposlušnih da bi se pokazao legitimitet carske vlasti. Svi junaci su prikazani kao čvrsto opredeljeni za izgrađivanje zemlje.

Pored već pomenutih epskih elemenata, u drugoj i trećoj knjizi *Kođikija* ima obilje baladističkih i lirskih momenata, što ovo delo čini posebnim. Postoji veliki broj priča o ljubavi i prosidbi, o tragediji dvoje zaljubljenih, o ljubavi muža i žene. Karakteristično je da se u tim pričama javljaju pesme, koje nose i elemente sižejnog toka. I u prvoj knjizi bilo je priča sa motivom prosidbe, ali on ima funkciju osvajanja nove zemlje, kao što je prosidba boga Ho no Ninigija, koji je zaprosio boginju Konohana no Sakujabime, ćerku boga planine, što je značilo da nebeski bog osvaja zemaljski prostor. U drugoj i trećoj knjizi funkcija osvajanja zemlje se povlači a priče su obogaćene stihovima.

Ima ljubavnih priča koje sadrže i motiv izdaje. Posebno se ističe tragična priča o carici Sahobime i njenom bratu Sahobikou. Car Suinin napada rođenog brata svoje drage carice Sahobime jer je priznala da ju je brat nagovorio da ubije cara u želji da preuzme presto. Sahobime se kolebala između odanosti mužu-caru i bratu i odlučila je da sudbinu deli sa bratom. U vatri rađa dete, predaje ga caru, a umire za poginulim bratom. Srodna je priča o prestolonasledniku Kinaši no Karuu i njegovoj sestri princezi Karu no Ooiracume. Pošto je otkrivena njihova zabranjena ljubav, princ biva prognan. Za njim pođe i princeza. Njih dvoje su sami sebi oduzeli život. Ova priča se smatra najstarijim primerom motiva *šinđu* (samoubistvo udvoje zbog ljubavi), karakterističnog za japansku književnost.

Baladistički element primećujemo i u priči o pohodu princa Jamato Takerua. Kada princeza Ototaćibanahime odluči da se žrtvuje da bi smirila boga mora i tako omogućila princu Jamato Takeruu da pređe more i da nastavi pohod, ona mu ostavlja jednu od najlepših ljubavnih pesama, ikad ispevanu na japanskom jeziku.

> U malom polju
>   u toj zemlji Sagamu,
> rasplamsa se vatra,
>   a u plamu stojeći,
>   ti mene dozivaše!

Ova pesma čitaocima otkriva suštinu shvatanja ljubavi kod drevnih Japanaca. Princeza želi da mu uzvrati ljubav jer ju je Jamato Takeru dozvao, kada je bio u najvećoj opasnosti, u plamenu na polju. Njihova ljubav je svakako telesna, kao što se vidi u dijalogu između Jamato Takerua i Mijazuhime, kada govore o mesečnom ciklusu. Telesna ljubav nije amoralna, o tome se piše često veoma otvoreno, sa konkretnim nazivom genitalnih organa, što je karakteristično u primitivnom društvu. Ali, priča o princezi Ototaćibanahime govori o čvrstom spajanju telesnog i duhovnog. Mogli bismo reći da je to ljubav iznad telesnog: toliko snažno, toliko duboko i iskreno, njihovo osećanje prevazilazi telesno postojanje. Princeza je čula njegov glas kroz vazduh, kada je njegov život bio ugrožen, a zato je želela da mu uzvrati ljubav.

Kao i druga klasična književna dela, u delu *Kođiki* se psihološki momenat vrlo malo opisuje rečima. Kada se poredi sa čuvenim ljubavnim romanom iz X veka, *Genđi monogatari*, u kome su najtananija ljudska osećanja slojevito i precizno opisana, pripovedni postupak u delu *Kođiki* je sasvim drugačiji. Umesto opisa osećanja, opisuju se konkretne radnje, telesni pokreti, kratko i sažeto. Siže se razvija rapidno, brzo se smenjuju slike, ne ulazi se u unutarnji svet likova. Ali upravo zato, jezikom simbola, ostavlja na nas snažan utisak. Takav način pripovedanja možda je blizak i privlačan današnjim čitaocima novog milenijuma.

Kođiki, kao najstarije delo na japanskom jeziku, slikovito prikazuje japansku drevnu filozofiju, pogled na svet, odnos između prirode i čoveka, o svetovima koji nas okružuju, ne samo kao telesna već i kao duhovna bića. U ovom istorijskom zapisu ne vidimo moralni okvir na koji smo navikli kroz civilizacijski razvoj. Granica između zla i dobra često nije jasna. U svetu *Kođikija* spajaju se tama i svetlost, zlo i dobro. *Kođiki* nam prikazuje surovost, zlo našeg sveta. U pohodima i bitkama likovi često ne biraju sredstva. Princ Jamato Takeru pobeđuje neprijatelja na prevaru. Važna je pobeda. Istina, ponekad se stiče utisak da i u našem stvarnom životu zlo pobeđuje dobro. Ali, *Kođiki* govori i o drugoj strani našeg sveta. Postoji i dobrota koja nam pomaže, spasava nas, rešavajući težak zadatak. Videli smo kako je magični mač Kusanagi, koji je junaku Jamato Takeruu poklonila njegova tetka, princeza Jamatohime, spasio mu život kada je bio opkoljen vatrom.

U *šintoizmu* postoji ključna misao, *misogi*, tj. pročišćenje. U njoj voda ima važnu funkciju da očisti čoveka od grehova. I danas, u vrtu šinstoističkih hramova nalazi se česma sa kutlačama i vernici umivaju ruke da se očiste od grehova. Videli smo kako su se rodila tri uzvišena boga u vodi. Rodili su se kada se bog Izamagi umio posle povratka iz Zemlje noćne tame, nečiste zemlje mrtvih. Pročišćenjem tela od tuge, sukoba, nesporazuma i grehova, obnavlja se život i nastaje nova snaga. Naš svet je nalik na vodu. Stabilna voda može nam doneti sreću, zemlju može činiti plodnom, dok nestabilna voda, kao poplava, može naneti ljudima veliku štetu. Drevni Japanci su videli snagu vode koja obnavlja naš svet beskrajno.

Pored misli *misogi*, *Kođiki* krije još jednu važnu misao: staro verovanje, *kotodama*. *Koto* je reč, *dama* je duh. Drevni Japanci su verovali da dobri dusi nastaju dobrim rečima, a zli dusi nastaju ružnim rečima. Verovali su da se ostvaruje dobro kada izuste dobru reč, a ružna reč prouzrokuje nešto loše. Poznato je da savremena lingvistika polazi od teze da je odnos između označitelja i označenog proizvoljan. Kada se toga setimo, ideja *kotodama* možda zvuči primitivno. Ali, zar nismo često svedoci otuđenja samog jezika? On se sve više udaljava od naših doživljaja. U savremenom životu u kome je sve naglašenija pragmatična funkcija jezika, reči su često bez duboko doživljenog, bez nadahnuća. Ideja *kotodama* koja se provlači kroz delo *Kođiki* može da nam oživi nešto što je odavno nestalo, zaboravljeno. *Kođiki* je zavičaj reči, ne samo Japancima, već i onima koji se pitaju šta nam je zapravo jezik, šta nam znači reč.

Iako je *Kođiki* bio dugo zaboravljen, ima nekoliko elemenata koje su nasledili književnici u Japanu. Bog Ookuninuši može se smatrati prototipom idealnog ljubavnika, koga najbolje predstavlja junak u čuvenom ljubavnom romanu *Genđi monogatari*. Bez književne tradicije koja počinje delom *Kođiki*, spisateljica Murasaki Šikibu ne bi mogla da oblikuje glavni lik, princa Hikaru Genđija, koji nam prikazuje svetlost i tamu ljubavi koja se rađa između muškarca i žene. A žanr *utamonogatari*, poetski roman, koji se javlja u X veku duguje svoju osnovnu strukturu pričama iz treće knjige *Kođikija*, u kojima se smenjuju stihovni i prozni tekst a govore o ljubavi.

U umetnosti današnjeg Japana, *Kođiki* inspiriše mnoge stvaraoce iz različitih medija. Savremeni pesnici Irisava Jasuo, Takahaši Mucuo, Takagai Hirojasu i mnogi drugi nalaze u njemu inspiraciju za svoje stihove. Poznati reditelj dugometražnog animiranog filma Mijazaki Hajato stvara filmove oslanjajući se na mitski svet *Kođikija*, što se najbolje vidi u njegovom poznatom animiranom filmu, *Princeza Mononoke*.

Stari japanski vladari smatrali su da se ne može izgraditi zemlja bez mitova, koji su temelji našeg bića. Njima je bilo veoma važno da čuvaju mitove jer se tako gradi i brani zemlja. Danas, kada smo se toliko udaljili od bogova i mitskog sveta, ugroženi su prostori gde su bogovi bili nastanjeni: vazduh, voda i zemlja. I ljudska zajednica je u krizi: sukobi i ratovi nastavljaju se i dalje. Čini se da je došlo vreme da se ponovo istinski suočimo s rečima koje su čuvali glasovi kroz vekove.

Nadamo se da vam delo *Kođiki* nudi novi vidokrug, i da se prema vama otvara novi svet kroz koji ćete putovati. Ako na putu budete našli nešto, na primer magični dragulj, to će biti velika sreća za prevodioce, koji su proveli sedam godina na mukotrpnom zadatku prevođenja.

Beograd, 14. 9. 2008.   *Kajoko Jamasaki*

LITERATURA

Inoue, M. (1984). *Nihon no rekishi 1*. Tokyo: Chukobunko.
Konoshi, T. (2004). *Kojiki: tenno no sekai no monogatari*. Tokyo: NHK books.
Matsumoto, N. (2003). *Kojiki shinwaron*. Tokyo: Shintensha.
Miura, S. (2002). *Kogoyaku Kojiki*. Tokyo: Bungeishunju.
Obayashi, T. (1986). *Shinwa no keifu*. Tokyo: Seidosha.
Ogihara, A. (ed.) (1973). *Kojiki, Jodai kayo*. Tokyo: Shogakukan.
Osone, S. (ed.) (1983). *Kenkyushiryo: Nihon koten bungaku 2*. Tokyo: Meijishoin.
Saigo, N. (2005, 2006). *Kojiki chushaku 1–8*. Tokyo: Chikuma gakugeibunko.
Sakamoto, M. (2005). *Kojiki to Nihonshoki*. Tokyo: Seishunshuppansha.
Takeda, Y. (1984). *Shintei Kojiki*. Tokyo: Kadokawa shoten.
Takemitsu, M. (1999). *Kojiki Nihonshoki o shiru jiten*. Tokyo: Tokyodoshuppan.
Tsuguta, M. (2002). *Kojiki 1–3*. Tokyo: Kodansha gakujutsubunko.
Umehara, T. (1980). *Kojiki*. Tokyo: Gakken.

SADRŽAJ

NAPOMENE *(Prevodioci)* 5

KNJIGA PRVA

UVOD 9
  1. O STARIM VREMENIMA 9
  2. CAR TENMU I PRIREĐIVANJE HRONIKE
    KOĐIKI 12
  3. CARICA GENMEI I ZAVRŠETAK HRONIKE
    KOĐIKI 15

POSTANJE 18
  1. PET NEBESKIH BOGOVA 18
  2. SEDAM POKOLENJA BOGOVA 20

BOG IZANAKI I BOGINJA IZANAMI 22
  1. BOŽANSKO VENČANJE NA OSTRVU ONOGORO 22
  2. RAĐANJE ZEMLJE 24
  3. RAĐANJE BOGOVA 28
  4. ODLAZAK BOGINJE IZANAMI 31
  5. BOG IZANAKI POSEĆUJE ZEMLJU JOMI 34
  6. PROČIŠĆENJE BOGA IZANAKIJA 38
  7. DEOBA VLASTI IZMEĐU TROJE UZVIŠENE
    DECE 41
  8. POVLAČENJE BOGA IZANAKIJA 42

VELIKA BOGINJA AMATERASU I BOG SUSANOO 44
  1. BOG SUSANOO USPINJE SE NA NEBO 44
  2. ZAVET DVA BOGA 46
  3. BOG SUSANOO DIVLJE SLAVI POBEDU 50
  4. POVLAČENJE U NEBESKU PEĆINU 51
  5. PROGONSTVO BOGA SUSANOA I POREKLO PET
    ŽITARICA 54

BOG SUSANOO UBIJA DŽINOVSKU ZMIJU 55
  1. DŽINOVSKA OSMOGLAVA ZMIJA 55
  2. MAČ KUSANAGI 57
  3. PALATA SUGA 58
PODVIZI BOGA OOKUNINUŠIJA 61
  1. BELI ZEC IZ INABE 61
  2. STRADANJA BOGA OOKUNINUŠIJA 63
  3. ODLAZAK U ZEMLJU NE 64
  4. OOKUNINUŠI PROSI NUNAKAVAHIME 68
  5. LJUBOMORNA SUSERIBIME 72
  6. POTOMCI BOGA OOKUNINUŠIJA 76
  7. BOG SUKUNABIKONA I BOG PLANINE MIMORO 79
  8. POTOMCI BOGA OOTOŠIJA 81
POKORAVANJE SREDIŠNJE ZEMLJE TRŠČANIH POLJA 84
  1. KAKO IZASLAŠE BOGA AME NO HOHIJA 84
  2. KAKO IZASLAŠE AME NO VAKAHIKOA 86
  3. KAKO IZASLAŠE BOGA TAKE MIKAZUĆIJA ... 90
  4. POKORAVANJE BOGA KOTOŠIRONUŠIJA 91
  5. POKORAVANJE BOGA TAKE MINAKATE 92
  6. BOG OOKUNINUŠI USTUPA ZEMLJU 93
BOG HO NO NINIGI, UNUK NEBESKE BOGINJE   95
  1. ROĐENJE HO NO NINIGIJA I ZAPOVEST O SILASKU 95
  2. BOG SARUTABIKO KAO PREDVODNIK 96
  3. UNUK NEBESKE BOGINJE SILAZI SA NEBA ... 97
  4. BOGINJA AME NO UZUME I BOG SARUTABIKO 100
  5. KLETVA NA VENČANJU KONOHANA NO SAKUJABIME 102
BOG HOORI 105
  1. UMISAĆIBIKO I JAMASAĆIBIKO 105
  2. POSETA MORSKOJ PALATI 106
  3. POTČINJAVANJE BOGA HODERIJA 108
  4. BOG UGAJAFUKIAEZU 110

KNJIGA DRUGA

CAR ĐINMU 115
  1. POHOD NA ISTOK 115
  2. KUMANO NO TAKAKURAĐI 118
  3. VELIKI GAVRAN PREDVODNIK 120
  4. BRAĆA UKAŠI 122
  5. PESME SINOVA PLEMENA KUME 124
  6. IZBOR CARICE 128
  7. IZDAJA PRINCA TAGIŠIMIMIJA 131

CAR SUIZEI 134
CAR ANNEI 135
CAR ITOKU 137
CAR KOŠO 138
CAR KOAN 140
CAR KOREI 141
CAR KOGEN 143
CAR KAIKA 147
CAR SUĐIN 152
  1. ŽENE I DECA 152
  2. SLAVLJENJE BOGA SA PLANINE MIMORO ... 154
  3. PREDANJE O PLANINI MIMORO 156
  4. IZDAJA PRINCA TAKE HANIJASUA 157
  5. CAR KOJI PRVI VLADAŠE ZEMLJOM 160

CAR SUININ 161
  1. ŽENE I DECA 161
  2. SAHOBIKO I SAHOBIME 164
  3. NEMI PRINC HOMUĆIVAKE 167
  4. TANIHA NO MATONOHIME 171
  5. VEČNO MIRISNI PLODOVI DRVETA 172

CAR KEIKO 173
  1. ŽENE I DECA 173
  2. PRINC OOUSU 176

3. PRINC OUSU UBIJA BRAĆU KUMASO 178
4. JAMATO TAKERU UBIJA IZUMO TAKERUA ... 180
5. JAMATO TAKERU POKORAVA ISTOČNE
   ZEMLJE 181
6. VENČANJE SA MIJAZUHIME 185
7. TUGOVANKA ZA ZAVIČAJEM 187
8. BELA PTICA USPINJE SE U NEBO 190
9. POTOMCI PRINCA JAMATO TAKERUA 192

CAR SEIMU 194

CAR ĆUAI 195
1. ŽENE I DECA 195
2. CARICA POSEDNUTA BOŽANSKIM DUHOM I
   CAREVA SMRT 196
3. CARICA ĐINGU OSVAJA ZEMLJU ŠIRAGI 198
4. POBUNA PRINCA OŠIKUME 200
5. VELIKI BOG KEHI IZ CUNUGE 202
6. PESME U SLAVU PIĆA 204

CAR OĐIN 206
1. ŽENE I DECA 206
2. DEOBA VLASTI IZMEĐU TRI PRINCA 209
3. VENČANJE SA JAKAVAEHIME 210
4. HIMUKA NO KAMINAGAHIME 213
5. PESME PLEMENA JOŠINO NO KUZU 216
6. DANAK IZ ZEMLJE KUDARA 218
7. POBUNA PRINCA OOJAMAMORIJA 221
8. DOLAZAK AME NO HIBOKOA 224
9. BOG AKIJAMA I BOG HARUJAMA 227
10. CAREVI POTOMCI 229

KNJIGA TREĆA

CAR NINTOKU 233
1. ŽENE, POTOMCI I SPOMENI 233
2. VLADAVINA SVETOG CARA 236
3. LJUBOMORNA CARICA I KIBI NO KUROHIME 237

SADRŽAJ

    4. LJUBOMORNA CARICA I JATA NO VAKIIRACUME 240
    5. CARICA IVANOHIME U PALATI CUCUKI 244
    6. PRINC HAJABUSAVAKE I PRINCEZA MEDORI 247
    7. JAJE DIVLJE GUSKE 250
    8. BROD PO IMENU KARANO 252

CAR RIĆU 254
    1. ŽENE I DECA 254
    2. POBUNA PRINCA SUMINOE NO NAKACUA . . . 255
    3. HAJATO NO SOBAKARI 257

CAR HANZEI 260

CAR INGJO 261
    1. ŽENE I DECA 261
    2. UREĐIVANJE TITULA I IMENA PLEMENA 262
    3. PRINC KARU I PRINCEZA KARU NO OOIRACUME 264

CAR ANKO 270
    1. STRADANJE PRINCA OOKUSAKE 270
    2. PRINC MAJOVA 271
    3. STRADANJE PRINCA IĆINOHE NO OŠIHE 274

CAR JURJAKU 276
    1. ŽENE I DECA 276
    2. KUĆA ŠIKI NO OOAGATANUŠIJA 277
    3. HIKETABE NO AKAIKO 279
    4. DEVA S PLANINE JOŠINO 282
    5. POLJE AKIZU 283
    6. PLANINA KAZURAKI I VELIKI BOG HITOKOTONUŠI 285
    7. BRDO KANASUKI 287
    8. SLUŠKINJA IZ MESTA MIE 288

CAR SEINEI 293
    1. PRINCEZA IITOJO 293
    2. PLES DVOJICE PRINČEVA 294
    3. *UTAGAKI*, NADMETANJE PESMAMA 296

CAR KENSO	299
1. STARICA OKIME	299
2. ZEMLJA SA GROBNICE	301
CAR NINKEN	303
CAR BURECU	304
CAR KEITAI	305
CAR ANKAN	307
CAR SENKA	308
CAR KINMEI	309
CAR BIDACU	311
CAR JOMEI	313
CAR SUŠUN	314
CARICA SUIKO	315

INDEKS LIČNIH IMENA

(Abe no Haehime...) 319

POGOVOR

Kajoko Jamasaki: KOĐIKI, ZAVIČAJ REČI I MISLI
   ZEMLJE JAPANA 353

KOĐIKI

*

Izdavačko preduzeće
RAD
Beograd, Dečanska 12
radbooks@eunet.rs

*

Lektor i korektor
Danica Vukićević

*

Korice
Nenad Simonović

*

Priprema
Grafički studio
CRNOMARKOVIĆ
Beograd, Solunska 23

*

Štampa
ELVOD-PRINT
Lazarevac

CIP – Каталогизација у публикацији
Народна библиотека Србије, Београд

821.521:398
821.521.09:398

КОЂИКИ : записи о древним догађајима / превели са старојапанског Хироши Јамасаки-Вукелић ... [и др.]. – Београд : Рад, 2008 (Лазаревац : Елвод-принт). – 384 стр. ; 21 cm. – (Светска књижевност / [Рад])

Тираж 1.000. – Стр. 353–375: Кођики, завичај речи и мисли земље Јапана / Кајоко Јамасаки. – Напомене уз текст. – Регистар.

ISBN 978-86-09-00997-6

а) Кођики
COBISS.SR-ID 151970828

www.ingramcontent.com/pod-product-compliance
Lightning Source LLC
Chambersburg PA
CBHW051033160426
43193CB00010B/924